新 / 闻 / 传 / 播 / 学 / 丛 / 书

■主编■李琨■

转型社会中的大众传媒与公共利益

刘必华 / 著

中国传媒大学出版社

·北京·

总　序

西南政法大学新闻传播学院是重庆市第一所经教育部正式批准建设的新闻学院，筹建于1994年，1995年开始面向全国招生。

学院在办学之初提出了“主新辅法”的培养模式，形成新闻学和法学相结合的独特学科交叉优势，并整合了法学、哲学、文学、管理学等学科资源，形成“媒介视野、法律正义、社会责任”三者并重的办学特色。

学院2010年更名为“全球新闻与传播学院”，这是学院保持发展法制新闻特色办学15年之后的一次理性拓展，力求充分整合国际国内优势资源，培养具有全球视野的新闻与传播人才。

2015年是学院成立二十周年，为总结我院办学经验，醇化学术氛围，提升学术影响力，从2014年起，我院陆续向社会呈献西南政法大学“新闻传播学系列丛书”。

第一套丛书共11部作品，已经于2014年5月由法律出版社出版。这11部作品分别为：《新闻侵害人格权研究》（蒙晓阳教授著）、《中国电视娱乐文化批评》（李林容教授著）、《法律的电视虚构生产——中国当代法律题材电视剧研究》（陈笑春教授著）、《1903年：上海苏报案与清末司法转型》（蔡斐副教授著）、《中国出版物版权输出竞争策略研究》（裴永刚副教授著）、《媒体是信任危机的帮凶吗？》（郭晓科副教授著）、《关于“家”的想象与叙述：20世纪90年代以来家庭伦理电视剧的叙事文化研究》（贺艳副教授著）、《三峡工程纪实影像传播史》（郑微波副教授著）、《重庆都市报发展史》（赵文丹副教授著）、《关注热点：特定议题新闻报道研究》（陈丽丹副教授著）、《地理影响与文化表征——重庆电视纪录片研究》（周松博士著）。

这11部作品分别代表了我院教师，尤其是青年教师在新闻与法治研究、国际新闻研究、影视与新媒体研究、政治传播研究等四个研究方向的代表性成果，也是我院新生代学术实力的一次整体亮相。

即将面世的这套丛书共15本，是我院面向社会推出的第二套丛书。该套丛书的作者主要以我院的青年博士为主，也是我院青年教师在新闻与法治研究、国际新闻研究、影视与新媒体研究、政治传播研究等四个研究方向所取得的最新成果。

李珮教授等所著的《网络环境下突发事件传播与管理研究》，旨在通过对我国网络环境下突发事件案例的剖解、反思，以及引入政治经济学、社会心理学等学科的研究方法，从系统论视角出发，勾勒突发事件在网络环境下的“异化”以及不同诉求传播主体间的博弈、妥协与共谋。根据网络环境下突发性事件发展的新形势，提出“网络舆情事件”的概念，并据此指出相应管理制度的缺失和法制建设的盲区。在此基础上，深度思辨突发事件政府应急管理陷入的误区，并尝试在“中国特色”框架之下给出网络环境下加强突发事件管理的对策建议。

陈笑春教授所著的《影视作品里的中国法治进程》，主要以法治题材的电影电视作品为例探讨了虚构的影视作品对于现实法治进程的再现及其社会语境。该书以法治题材影视作品发展的滥觞、发轫、兴起、多元和转型这五个时期为分野，每一个部分中选取了具有典型意义的影视作品进行具体分析。影视作品对个体生活的再现，令法治领域与其他社会领域之间的关系在微观故事中变得具体而多样，诠释了法治内涵的现实性和丰富性。

贺艳副教授所著的《媒介表征与城市形象：以重庆为例》以重庆为研究个案，从较为宽泛的媒介界定出发，试图探讨以下问题：在文学作品、报纸、电视、电影、网络等多种媒介所传播的内容之中，重庆呈现为怎样的形象？重庆的这些形象又是怎样被建构的？媒介所呈现的重庆形象还存在着哪些问题？

蔡斐副教授所著的《戈公振新闻思想研究》，以中国新闻传播史奠基人戈公振先生为研究对象，以历史的眼光和翔实的史料剖析了戈公振新闻本位、新闻法制、新闻教育、自由主义、新闻编辑、媒体经管等新闻思想的各个维度，全面展示了戈公振新闻思想的丰富内涵和时代特征。

谷李副教授所著的 *Intellectual Constellations*（*1980—2008*），提出文学、电影文本和文化经济政策及其讨论、批评作为知识分子聚集并集中表达和建构自身与世界关系的场域。通过对上世纪 80 年代初到 21 世纪初的个案分析，该书勾勒出一种可称之为后社会主义情感结构的现象的一些侧面。

杨婷副教授所著的 *Effects of SNS Uses on International Students' Socialization*：*Focusing on Chinese Students In Korea*，研究了在韩中国留学生的社会化状况。分成两个阶段，第一阶段为定量研究阶段，通过自填式问卷调查，对社会化结果（包括学习动机、社会融入程度等六个变量）以及社交媒体的使用对于各个变量产生的影响进行了调查；在第二个阶段，运用深层访问法，分三个阶段（期盼阶段、遭遇阶段、习得与改变阶段）对被访者的社会化状况进行了分析。

刘娟副教授所著的《疫病防治与健康传播：重庆的天花灭绝实践（1891—1952）》，在挖掘大量民国时期原始材料的基础上，从阶级基础、社会组织、文化建构及行为模式等方面，以 19 世纪以来天花防治为背景，截取重庆开埠直至宣告天花灭绝为时间切片（1891—1952），描述牛痘接种的信息从传播到扩散，最终改变民众防疫行为的过程。本研究的价值在于以历史的视角拓展了“创新扩散理论”在健康传播中的运用，认为阶级基础是重庆乃至新中国成立后迅速扑灭以天花为代表的烈性传染病的重要原因，以期为当下疫病防控提供本土经验。

屈永刚博士所著的《儒家政治正当性观念发展研究——从孔子到董仲舒》，以西汉初期之前儒家政治正当性观念为研究对象，以孔、孟、荀正当性观念为基点，上溯殷周时期，下及西汉初期（以董仲舒为代表），对西汉初期以前儒家政治正当性观念的渊源和发展作出了系统的梳理。

刘大明博士所著的《宋代新闻传播与政治文化研究》，主要介绍了宋代在新闻传播、政治文化等诸领域获得的前所未有的发展，重点阐述了宋代邸报的新闻活动、宋代出版传播活动和宋代文人谈兵论战及其兵学文化繁荣等系列议题。

申可君博士所著的《城市社区居民参与机制研究》，试图通过分析居民参与要素的新特点，构建一套有效促进居民参与社区建设的六个二级参与机制，并剖析该机制的形成、分类及其影响因素。同时，提出推动居民参与机制运行的保障条件，以期能助力基层政府摆脱长久以来居民参与不足的困境。

廖宇翃博士所著的《大众传媒对城乡统筹发展的作用研究》从经济学、管理学和传播学相结合的新角度研究了城乡二元结构和城乡统筹发展的问题，通过实证研究发现了知识和信息在城乡之间的不均衡分布是城乡差异的基本原因，提出了缩小城乡差异的新途径是改变知识和信息在城乡之间的供需失衡状态。

刘必华博士所著的《转型社会中的大众传媒与公共利益》提出当代中国社会转型的复杂性与矛盾冲突的尖锐性，要求建立以公共利益为基本取向的传媒体系。该书从体制、话语与实践三个层面考察了中国传媒服务于公共利益的表现，并从传媒治理、职业道德和受众参与等方面提出了建议。

任正安博士所著的《走出现代的尴尬——边缘民族传统文化与现代传播的土家族样本》观察了在新传播环境下西部少数民族地区社会沟通与媒介使用现状与变迁，将文化传播和媒介教育相结合，以少数民族媒介素养教育为出发点，探讨如何更好地在少数民族集中的西南地区提升媒介教育，进而提高其媒介素养，传播本民族文化，以对传受双方及其与社会文化环境的多元互动的高度重视探索传播效果的有效提升。

徐金讲师所著的《解码与编码——广告创意实务》旨在运用符号学和结构学视角对经典广告进行分解，寻找出独特可行的广告创作思路，总结出广告思维及创作规律，并通过广告创作实例展示广告创意及创作方法的运用。

这套丛书集中体现了西南政法大学新闻传播学的传承和创新，也是我院新生代学术实力的再一次整体亮相。

甲戌年间建经纬，荏苒岁月二十载。

日钟两江之灵秀，月沐法府之鸿光。

法治新闻创特色，全球视野开新章。

心系天下得清誉，五湖九州望徜徉。

我们真诚地期待着学术界对我院新闻传播学系列丛书提出宝贵的意见和建议。

是为序。

李珮

2015 年 12 月于毓秀园

目　录

第一章 绪 论

第一节 传媒与公共利益研究的现实需求

公共利益已成为学界关注的热点问题，这是中国改革和社会转型进行到当前阶段的必然结果。

改革开放 30 多年来，中国取得了举世瞩目的巨大成就，将此誉之为“奇迹”并不为过。但实事求是地讲，改革所付出的社会成本也是巨大的，中国出现了“经济快速发展与内部外部矛盾同步持续深化的现象”（秦晖，2009），社会转型面临着越来越严峻的挑战。

而且，改革进行到现在，以往那种有人受益而无人受损的“帕累托改进”式的改革空间，已经很难再有。改革进入攻坚阶段，中国社会若要继续前行，就必然出现利益的深度调整。利益调整以公共利益为取向，还是以维护既得利益和特殊利益为目标，成为改革矛盾之焦点所在。如何看待和处理公共利益，是关系到改革能否突破瓶颈、社会转型的方向是否正确、中国梦能否实现的重大问题。因此，在政治、经济、社会、文化等领域，公共利益都受到越来越多的关注。

在政治领域，公权力的行使本应服务于公共利益，但由于政治体制改革不到位，权力作为一种特殊资源，经常被资本化和非公共领域使用，出现了权力的部门化和私人化倾向，严重损害了公共利益。政府的管理体制和管理模式仍然相对滞后，与社会发展趋势不相适应，往往造成政府行为的“越位”与“缺位”，也影响到公共利益的保障。如何以公共利益为导向，进一步深化权力体制改革，加强反腐败制度建设；进一步深化行政管理体制改革，从制度层面规范政府职能和政府行为；进一步深化政治运行机制改革，健全政治参与的制度保障，不断扩大政治参与的广度和深度，促进民主政治的积极有序发展，成为政治体制改革的紧迫要求（包心鉴，2010）。我们必须构建以人为本、活力高效、民主开放、有利于确保政治权力公共性和公信力的政治体制及其运行机制，维护公共的政治利益。

在经济领域，公共利益也面临着分配不公、发展模式不可持续等诸多挑战。分配结构不合理造成收入差距拉大，贫富分化加剧。我们以前靠经济增长“把饼做大”来消弭矛盾的方式，已经不那么有效，“饼如何分”的问题越来越受到社会的关注。就总体而言，20世纪90年代之后，更多的社会利益在社会中上层如行政管理者、经理人、企业家、专业技术人员等为代表的阶层中被分配，而产业工人，农业劳动者，个体工商户和无业、失业、半失业阶层则较少能够享受到社会利益。工人和农业劳动者实际上承担了中国20世纪90年代以后改革措施与社会发展带来的绝大多数代价，其中有相当一部分人没有享受到经济飞速增长所带来的好处，有些人甚至被甩出改革的列车，从整个社会结构中“断裂”出去，生活在城市与乡村的最底层（孙立平，2004）。政府如何以公共利益为中心，加大国民收入分配的调整力度，延缓贫富分化趋势，从根源上解决社会不公问题，这些已成为社会经济发展中亟待解决的问题，也是维护公共利益的必然要求。

在社会领域，公共利益受到公共服务不到位和社会冲突容纳能力低下等问题的困扰。当前，社会成员对公共服务的需求明显增加，而公共服务无论在数量上还是在效率上，都远远不能满足社会成员的需要。在教育、社会保障、医疗卫生等领域的公共服务中，都存在着明显的投入和供给不足，以及明显的分配不公问题。有限的公共服务资源往往是从领导干部、公务员等强势群体开始往下覆盖，收入高、生活稳定的群体通常能享受到更充分的公共服务，而最需要这些服务的弱势群体却往往得不到服务，从而削弱了社会公共服务的公平性。有研究者甚至明确提出：“公众日益增长的公共品需求同公共品供给短缺低效之间的矛盾，已经成为当前我国社会的主要矛盾。”（杨鹏，2005）另外，原有的社会体制存在明显的僵化与滞后，对于社会冲突的容纳和调解能力有限，难以适应实际生活中经济结构、公民权利意识等迅速向现代化转型，导致利益冲突的压抑与激化，并出现了冲突向群体化和暴力化方向演变的趋势。群体性上访等事件日益增加，民众的不满情绪往往得不到正常发泄和有效疏导。如何以公共利益为导向，加大公共服务领域的投入力度，提高公共服务分配的公平性，同时强化社会对矛盾冲突的容纳和调解能力，已成为我们维护社会公共利益，促进社会和谐与稳定，降低社会转型风险的当务之急。

在文化领域，公共利益的实现面临着文化冲突和价值冲突的挑战。在社会转型期，经济体制的深刻变革、社会结构的深刻变动，以及利益格局的深刻调整，导致社会思想观念的深刻变化。当下社会的经济来源、利益分配、就业方式等日益多元化，这些也促进了思想文化的多元化。多元化是社会活力的表现，但是在这一过程中，不可避免地产生了各种文化和价值规范之间的冲突。正如米勒（Müller）指出的那样：“在变革的年代里，人们突然感到无所适从……民族的文化价值和有效性也受到质疑。而这将导致一场非常严重的危机，并孕育着巨大的危险。”（哈拉尔德·米勒，2002）许多人的内心世界失去了归依，以价值失落、价值混乱、价值扭曲为表征的社会现象愈发突出，传统的“大一统”文化认同出现危机。实践证明，公共利益的实现，既需要繁荣的经济基础、民主的政治体制、和谐的社会环境，也离不开强有力的文化支撑。因此，“中国社会不可避免地要经历一次深刻的价值重建和文化转型”（衣俊卿，1995）。如何在当前条件下达成全社会的文化认同，进一步提升整个社会的精神凝聚力，实现思想上的百花齐放和文化上的统一，推动主流价值观引导下的文化多样性发展，成为文化建设的一项重大而艰巨的任务。

众多研究者指出[①]，中国的改革已经到了关键阶段，必须对既有的发展方式加以调整，要真正以公共利益为改革导向，完善市场经济体制，促进以民主法治为核心的政治与社会改革。若能够突破当前的改革难关，中国就能跨越大多数发展中国家难以跨越的门槛，进入民主法治、繁荣富强的现代化国家行列；若突破不了，中国就有可能陷入“拉美陷阱”，导致经济停滞、社会动荡。中国当前所面临的深层次问题，呼唤着以公共利益为导向的更加广泛、全面和深刻的改革。

与整体改革需求相呼应的是，传媒改革中也出现了公共利益缺失的问题，对公共利益导向的吁求日益凸显。

在当前我国内地的传媒业中，有两套主要的衡量媒体行为的标准。其中最基本的就是党性原则与“喉舌论”，我们可以视其为政治标准。从这些政治标准之中，已经衍化出一整套的制度。在传媒形态与功能迅猛扩张的今天，政治标准及其衍化出来的传媒制度，依然是整个传媒体系运行的核心逻辑：传媒体系在本质上是一种宣传工具；“事业单位”是与此适配的制度安排；宣传部门掌控下的各媒体集团是它的结构方式；“新闻宣传”与“舆论引导”是它的功能发挥；“喉舌论”是它的理论表达。在新中国成立之初和政权建设的过程中，这套理论和制度有不可磨灭的历史功劳；在改革开放 30 年之后，它依然发挥着难以替代的作用，同时也面临着强大的压力。

另外，改革开放 30 年来，传媒业从讨论“新闻是不是商品”开始，逐渐确立起另一个评价标准——市场。市场化的评价标准从“社会主义市场经济建设”中获得了合法性，也呼应了政府的财政运作需要，更释放了传媒业的发展活力，因而得以与“喉舌论”并列，成为当前传媒运营的两大主要逻辑之一。传媒改革的 30 年，在很大程度上是传媒市场化的 30 年。传媒业也从当年需要拨款的“财政包袱”成长为国民经济的重要产业之一。

政治与市场双重因素的共同作用造就了中国当前独特的媒体制度——“一元体制，二元运作”。新闻媒体归国家所有，它既要完成现行政治结构所要求完成的意识形态宣传任务，又要通过广告等市场经营收入支撑自身的再生产。简言之，它用国家所有制赋予的政治优势在市场上获取经济收入，又用市场上赚取的经济收入完成意识形态领域需要完成的政治任务（胡正荣，2003）。

在这种体制之下，“安全”与“赚钱”成为许多新闻媒体的主要行为逻辑。一些媒体负责人认为，安全是政治标准，需要按上级要求完成宣传任务；赚钱是经济标准，需要强化传媒的市场竞争能力，提升传媒产业发展的速度。李良荣教授将其归纳为白纸黑字，一个字儿都不能错；金子银子，一个子儿都不能少。广东《清远日报》总编辑潘伟在 2010 年的新年贺词中写道：“不惹麻烦的报纸才是最好的报纸。”“广告多的报纸就是好的报纸。”这番话在新闻界引发了批评浪潮，但未尝不是一些媒体老总们内心想法的真实写照。

潘伟的话尽管有些偏激，却为我们提出了一系列值得深思的问题：在矛盾多发、社会转型的关键时期，新闻媒体只要做好宣传、能赚到钱就行了吗？究竟什么样的媒体才算是好媒体？对于研究者而言，问题也是同样的：我们只要研究媒体如何按照现有的理论和制度更好地进行宣传和经营就行了吗？传统的媒体宣传和媒体市场理论究竟存在哪些缺陷，

① 相关论述可参见吴敬琏：《呼唤法治的市场经济》，三联书店 2007 年版；迟福林：《第二次改革——中国未来 30 年的强国之路》，中国经济出版社 2010 年版；陈志武：《陈志武说中国经济》，山西经济出版社 2010 年版；丁学良：《中国经济再崛起——国际比较的视野》，北京大学出版社 2007 年版。

需要如何改进和发展？从新闻传播的角度来看，还有哪些重要且有价值的研究领域尚未得到充分重视和深度开发？

在这一系列的追问之下，我们可以发现，媒体在价值观上存在明显缺失：当前的主流观念，是将媒体视为重要的执政工具和经济组织，而对媒体作为一种重要的社会公共服务机构的性质，对于媒体在社会转型时期的功能，我们在认识上还有所不足。传媒政策的目标，也主要集中于能否保证意识形态安全和能否快速有效地扩大产业规模。这两点当然非常重要，但是并不完整。比如，“反映产业规模的数据并不能显示媒体资源占有的人均水平，媒体资源在群体中的分布形态、内容制作和流通体制等方面牵涉到的公正、开放等基本原则的问题，无力批判市场对媒体公共性的侵蚀，以及数字鸿沟（digital divide）对两极分化的深化和扩大等问题”（潘忠党，2008）。至于如何充分发挥传媒的社会功能，推进深层次改革的进行，匡正社会转型过程中可能出现的偏差，维护社会的整体利益和健康发展，也是付之阙如。如果我们在评价一个传媒体系时，只能夸耀它的产业规模和经济效益，而谈到它对一个健全社会的促进作用时则乏善可陈，那么我们很难承认这是一个合理的传媒体系。

必须承认传媒改革所取得的巨大成就及它对社会转型所起的推动作用，没有媒体的推动，就不会有公民社会的成长和权利意识的觉醒。但与此同时，我们也要看到，大众传媒在许多重大事件中的表现并不令人满意。在“SARS”期间，对于关系到大众切身利益的重要公共卫生信息，媒体先是秘而不宣，任由谣言传播，导致恐慌情绪蔓延，当时广州市民之间相互转发的海量短信甚至导致当地移动通信网络瘫痪；在消息公开后，媒体仍发布了一些具有误导性的信息，过多考虑“减少疫情带来的社会影响”，结果延误了疫情防治的最佳时机，造成了严重的社会经济损失，也对中国的国际形象产生了不良影响。2009年发生的“石首事件”中，面对一起由非正常死亡案件引发的群体性事件，政府发布的新闻在三天多的时间里一直语焉不详，无法进行有效沟通的官民双方最终爆发大规模冲突，当地的新闻媒体则发布了一条名为“湖北石首多部门联合举办公交车火灾事故处置演习”的报道，称“湖北石首市汽运公司联合消防、交警、医疗等部门举办了一次公交车火灾事故处置演习，市政府相关领导现场观摩了此次演习”，如此指鹿为马，简直是匪夷所思。

对于新闻媒体在重大事件中的失声与失职，我们虽然不能将板子全打在媒体身上，但这已经能够说明当前的传媒改革存在着结构性的缺陷，难以适应社会转型的迫切要求。既有的政治与产业标准无法保证现代传媒的功能在社会生活中得到充分发挥，而且由于强势利益集团拥有大量的政治、经济和文化资源，在现行体制下，一些传媒机构完全有可能与之结盟，甚至沦为强势利益集团的奴仆，从而丧失社会瞭望与改革臂助的职责。

因此，有必要树立衡量传媒行为的公共利益标准，并将之作为传媒改革的前行目标。

公共利益标准意味着我们不是从某一特定团体的角度来看待传媒及其行为，而是从全社会福祉的高度来看待它。这就意味着要“使社会的传播资源和传播权利在各阶层间的分配更趋向于公平、公正与合理”（赵月枝，2004），让传播制度更好地服务于公众的多元化需要及共同利益，媒体则要成为公共性的信息传播机构与舆论机构，提供有关社会公共事务的准确而全面的信息，促进公共讨论，在不同利益的调节与妥协中，达成整个社会所认同的共同目标。

实际上，公共利益并非新鲜的标准。服务于公共利益，早就是大众传媒的最高宗旨。梁启超曾经说过：“宗旨固有择焉，牟利亦宗旨也，媚权贵亦宗旨也，悦市人亦宗旨也；

故为报馆者，不可不以热诚慧眼，注定一最高之宗旨而守之……若为报者能以国民最多数之公益为目的，斯可谓真善良之宗旨焉矣!”（梁启超，1901）如果将公共利益视为媒体的社会属性，那么在以往的传媒改革中，我们看重的是媒体的政治属性和经济属性，公共利益导向未能得到明确与重视。传媒改革进行到今天，社会呼吁以公共利益为导向的传媒改革迅速起步。

如果说“喉舌论”指引下的媒体在新中国成立和政权建设的过程中发挥了重要作用，市场力量带领媒体告别了传统的“真理报模式”（洪兵，2005），那么在中国共产党由革命党向执政党转型的背景下，媒体应该何去何从就成为一个关键问题。在传媒改革面临拐点的紧要关头，对这一问题的回答与实践不仅关系到新形势下媒体功能的准确定位及充分发挥，而且事关社会主义和谐社会的建设，乃至中国社会转型的成败。从这一点来说，从公共利益的视角研究大众传媒的转向有着重要的学术价值和现实意义。

当然，我们关注的并不是大众传媒与公共利益之间不言自明的逻辑关系，而是在转型社会的背景下，传媒为公共利益服务的理想与实践之间的差距。因为明确了公共利益的定义并将其作为传媒的基本目标，并不等于这种目标会自动实现，应然和实然之间，难免会有差距。那么，是什么原因造成了应然和实然之间的这种差距？传媒维护公共利益的宗旨如何得以实现？本书将试图寻求以上问题的答案。

第二节 传媒与公共利益研究的现状

一、社会转型研究

自 20 世纪 90 年代开始，社会转型的概念逐渐进入中国学术话语体系，普遍为各学科所接受和运用，它主要用以描述、分析中国社会自 20 世纪 70 年代末以来的社会变迁。

部分学者认为，中国社会结构发生的变动是社会转型的核心所在。他们以中国社会结构的变迁为切入点，从社会阶层重新划分的角度来研究社会转型的态势与特点，并总结了社会转型的中国经验。李培林认为，中国的转型经验体现在六个方面：渐进式改革成为中国改革的普遍规则；经济体制转轨与社会结构转型同步进行；社会稳定优先原则与谨慎的民主化探索；长期坚持低生育政策和减少贫困；由人口大国向人力资源大国转变；坚持对外开放和超越意识形态的国际合作（李培林，2007）。

以郑杭生等人为代表的学者则认为，社会转型的关键是“现代化”。他们将社会转型视为与社会现代化重合的过程，意指从农业的、乡村的、半封闭的传统型社会向工业的、城镇的、开放的现代社会的转型。他们将中国社会转型分为三个时期，并认为在第三阶段也就是改革开放之后，社会转型才进入加速期。

还有一部分学者认同比利时经济学家热若尔·罗兰（Gerard Roland）的观点：“转型就是大规模的制度变迁”（热若尔·罗兰，2002），认为转型的关键在于制度的转变。转型与一般意义上的制度变迁的不同之处在于，它指的是整体意义上的制度系统的结构和性质的改变，或者说是体制模式或类型的变化。由于这种变化的剧烈和显著，以至于改变后的制度在形态分类的意义上不能再归入原来制度的类型。

孙立平以提出“断裂三部曲”的观点而闻名。他的诸多观点，如“社会断裂”“权利失衡”“利益博弈”等概念，引发了广泛的社会反响。他还力主建立转型社会学，以推动社会理论的进展。

西方社会学者以西方社会为蓝本，将社会转型的主要内容概括为“六化”：（1）经济转型即工业化；（2）社会转型（狭义）即城市化；（3）政治转型即民主化；（4）文化转型即世俗化；（5）组织转型即科层化；（6）观念转型即理性化。

不管持哪派观点，学者们都公认，转型所代表的社会变迁在“量”的向度上是巨大的，在“质”的向度上是根本性的，在内容上则是多重与复杂的。经济学家汪丁丁认为，中国正在进行着世界唯一的“三重”转型：文化转型、社会转型和政治转型。近年来关于社会转型的研究越来越强调，转型不仅仅是片面的社会经济水平的提高问题，它是整个社会迈向现代文明，实现人的全面发展的途径和手段。

正是由于社会的深刻转型，才拉开了新闻改革与传媒功能扩张的序幕；也正是由于社会转型所呈现的广袤而深刻的变化，才为传媒改革不断提出新的时代命题。只有置身于中国社会转型的历史场景中，方能真正理解中国传媒变革进程中的欢欣与苦痛，进步与阻碍。因此，要研究中国媒体，就不能脱离当前中国社会的转型特征。

二、大众传媒与社会转型研究

研究大众传媒与社会转型的学者，大多认为媒体对社会转型有积极的推动作用。在这方面最主要的流派就是发展传播学。发展传播学认为，大众传媒是社会发展过程中的“奇妙的放大器”，通过改善大众传媒的基础条件和传播资源，可以推动社会其他事项的进步。发展传播学倡导充分利用媒体等传播手段，帮助人们全面认识他们所处的环境及变革的手段，帮助人们解决冲突、达成共识，帮助人们制定改革和可持续发展的计划，帮助人们获取必要的知识和技能以改善自身的处境和社会状况，提高机构的效率。E. M. 罗杰斯（E .M. Rogers）的《创新与扩散》、丹尼尔·勒纳（Daniel Lerner）的《传统社会的消逝》、威尔伯·施拉姆（Wilbur Schramm）的《大众传播媒介与国家发展》等，都是这一领域的代表作。

需要指出的是，在传媒发挥促进作用的过程中，它还需要市场力量的支撑和公民社会的配合，否则其效果就会大打折扣。

有研究者试图在发展传播学的基础上建立社会转型传播学。姚君喜在《社会转型传播学》一书中着力探究了转型社会中传播对人的全面发展的推动作用，并对传播分化与传播失衡、传播结构与传播整合、传播制度与传播控制等社会转型背景下的传播问题提出了自己的见解。他强调社会良性传播网络的构建，以及各种不同的传播方式的融合。（姚君喜，2008）

西安外国语大学的张建中在《大众媒介与社会转型：墨西哥个案考》一书中，研究了作为拉丁美洲国家重要一员的墨西哥在20世纪80年代以来社会民主化转型的过程中大众媒体所发生的变化，以及在这一社会转型过程中大众媒体所扮演的角色。张建中在对墨西哥的媒体转型与社会转型进行分析之后发现，在过去的20多年中，大众媒体的确促进了墨西哥民主的发展，墨西哥的民主化在转型之后得到了进一步的巩固。在这一巨大的社会政治、经济转型过程中，大众媒体也经历了一系列巨大的转变：对媒体的编辑审查逐渐取消；媒体对总统选举的报道逐渐变得公正；在竞争过程中市场的力量逐渐凸显出来。总体而言，各个新闻媒体组织是社会民主化过程中的受益者，同时它们也受到政治和经济这两种力量的牵制。张建中认为，强有力的政府，活跃的公民社会，竞争激烈的自由市场会更关注广大公民的利益，这些因素也为一个更加民主的社会的建立奠定了基础，而大众媒体的独立和开放有助于这些影响因素朝着积极的、正面的方向发展（张建中，2009）。

对于社会转型中的传媒功能的发挥，研究者的论述还是以媒体的四大功能为主。詹姆斯·库兰（James Curran）认为，媒体的主要民主任务是告知（inform）、检视（scrutinize）、讨论（debate）以及表达（represent）（库兰，2006，120 页）。实际上，这四点也是传媒之于公共利益的主要作用。还有学者结合中国转型期的社会现实，论述了“促发展”“维护稳定”等具有转型特色的媒体功能的发挥。有研究者认为，在当前社会矛盾显化的背景下，尤其要注意坚持信息的公开、透明，媒体要积极表达民意，及时报道“急流险滩”，发挥“船头瞭望者”和“社会解压阀”的作用（曾庆香、李蔚，2009）。

三、大众传媒与公共利益研究

大众传媒如何服务于公共利益的问题，已在全球范围内引发广泛关注。

西方社会对这一问题的担忧，主要来自商业力量对传媒领域的侵蚀。媒体垄断程度日益加深、公共电视面临危机等趋势正在挑战传媒服务于公共利益的能力，并引发了学界的批评。

早在 20 世纪 40 年代，哈钦斯委员会就倡导传媒及其从业者的社会责任意识，意图以职业操守对抗商业势力，维护公共利益（新闻自由委员会，2004）。西方新闻界还先后出现过民主参与和公共新闻的思潮。但是这些媒体改良运动或是失之于理想化，或是与传统的客观性原则相冲突，都未能取得足够的成效。直到今天，西方社会依然为老问题头疼。

夏倩芳的博士论文《公共利益与广播电视规制》讨论了欧美广电业的管理政策与公共利益之间的关系。媒体垄断和传媒体系全球化是在新自由主义指导下一系列政企合力的结果。公共利益被重新定义为一种符合经济和消费主义的价值观，这使得在传媒政策的制定过程中，关于公共利益的表达更加不平等（夏倩芳，2004）。她对“公共利益”概念被政商势力摆布的论述很有深度，但论文并未涉及社会转型期的媒体环境。

赵月枝认为，市场主宰下的内容多样化并不等于思想文化上的多元化，由广告商支配的传播市场上“一元一票”的消费者至上原则与“一人一票”的民主原则有根本区别。（赵月枝，1998）大卫·克罗图（David Croteau）则认为，永远无法满足的媒体产业的盈利诉求与社会大众对媒体应致力于服务公共利益的要求之间，永远存在着矛盾。他概述了两个分析媒体的概念性框架：市场模式和公共领域模式（大卫·克罗图，2007，185 页）。上述两位学者的研究都是直接以“大众传媒与公共利益”为主题，有相当重要的借鉴作用，但由于研究蓝本是西方发达国家的传媒业，并不完全适用于社会转型现状下中国的社会现实。

必须注意的是，西方研究传媒与公共利益的学者，大都将矛头指向市场机制的缺陷，批评商业势力对公共传播造成的不利影响。但是，彼之抑制力量，正是此之解放力量。在中国，过度市场化所导致的“煽色腥”主义、新闻职业道德被侵蚀等负面现象，固然已经出现，但市场机制并不是传媒服务于公共利益的主要障碍，相反，它还是一种未能完全发挥的解放力量。在中国社会转型的过程中，“市场所起到的促使传媒类型多样化、目标多元化的作用，将会随着社会权力格局的不断分化而继续发挥，不断拓展中国社会公共表达的空间与可能”（张宁，2007，129 页）。中西方媒体生态的不同，是我们在研究中必须注意的。

近年来，潘忠党、陈力丹、李良荣等学者，先后发文探讨我国传媒与公共利益之间关系的问题。李良荣教授感叹：“我国的传媒业从来没有像现在这样，如此地重视公众，同时如此地藐视公众。重视公众，是重视公众的眼球。藐视公众，是藐视公众的权益，无视公众的利益。”（李良荣，2007）他认为：“意识形态安全、公共利益、商业利益三者之间孰轻孰重的选择，决定中国新闻改革的未来走向。中国传播业必须确立公共利益至上的原则，并以此作为制度安排来约束传媒业。”（李良荣，2007）

张金海教授也指出，在中国的传媒业中，公共利益的失落，与意识形态取向和市场利益取向的强势形成鲜明对比，导致政府、传媒、公众三角关系的结构性失衡。要想博弈结构均衡，就必须实现基于公共性的传媒结构调整（张金海，2007）。

汪晖认为，20 世纪 80 年代以来，原有的“党国”体制发生深刻变迁，执政党试图体现和代表整个社会的利益和意志，但在“去政治化”的外壳下，党派、特殊利益集团和国家仍然拥有进入和操纵公共领域的能力，它们经常以不同方式形成对公共讨论和民众参与的压抑。真正的问题在于，我们应如何揭示和避免传媒的遮蔽性，争取大众传媒的公共性（汪晖，2009）。

曾繁旭研究了 NGO（非政府组织）与中国媒体的互动，发现“新闻实践正在某些议题上逐渐向‘民意表达’开放，媒体也由党的宣传机器转变成一个推动社会变化以及市民社会生长的发动机”（曾繁旭，2009）。

许多研究者都观察到，由于传统媒体受制于权力中心，网络在中国传媒服务于公共利益的发展进程中起到越来越重要的促进作用（王毓莉，2007；胡泳，2008；唐，2008）。

林芬、赵鼎新则在传媒对社会运动的报道中，发现中国媒体所具有的独特的批判性。在中国，媒体不但倾向于对社会运动作正面报道，而且还会挑战现有的制度并积极介入。研究者将之归结为中国媒体在社会核心价值观念缺失情况下的反体制倾向（林芬、赵鼎新，2008）。他们对媒体批判性的解释提醒我们，在传统的思想控制不可避免地衰落之后，传媒需要寻找新的核心价值观，以支撑它在新一阶段的转型。从当前的环境来看，服务于公共利益的媒体价值观既可获得广泛的社会认同，又切中当前的社会需要，是较为合适的选项。

2009 年 10 月，复旦大学新闻学院举办了一场以“传媒与公共性”为主题的研讨会。与会者通过对群体性事件报道、舆论监督、网络跟帖等传播现象的分析，讨论了中国传媒的公共性表现，以及影响传媒与公共性关系的因素。研究者们普遍认为，在国家与社会关系变迁的背景下，中国社会的公共领域有所变化，传媒作为公共空间的功能相比以往有了很大的扩张，这是让人欣喜的。但同样具有现实性的描述是，这些现象“都是市场逻辑不经意催生的成果，并非是以社会和体制的民主化为基本出发点而设计的改革目标之实现”（潘忠党，2008）。而我们知道，市场逻辑与公共利益并非完全一致。如果对传媒服务于公共利益的机制未能有制度性的安排，而任凭市场化浪潮与政治上的严控结合在一起，传媒改革的前景实际上并不光明。胡正荣教授就此发出警告：“从长期看，资本力量裹挟着政治力量形成的双寡头（duopoly）垄断将会对媒体的公共利益角色产生难以估量的影响，特别是在政治力量日益缺乏全新的意识形态控制力和吸引力的情况下，资本以及受其支配的价值体系将会日益侵蚀本来就已经非常脆弱的公共利益及其价值体系。”（胡正荣，2003）更有研究者认为，在传媒产业化的过程中，“政治权力和资本沆瀣一气，攫取传媒资源以实现其集团或阶级利益，正日益成为现实的危险”（潘忠党，2008）。

在这种情形下，学者们对于传媒公共性的期待就可以理解了。“传媒与公共性”研讨会的征稿启事中如此写道：“就理想层面而言，中国传媒运营指向的根本属性和价值纬度应该是公共性。以塑造传媒公共领域为期待，以公共利益至上为目标，以公共话语实践为行动。如何以公众为服务对象、以传媒为公共平台、实现传媒运行和使用的公正，既是新闻实践者不懈努力的使命，也是传播研究者持续关注的焦点。”这是迄今为止，在内地出版的学术刊物中少有的、对传媒的公共利益属性的明确而急迫的呼唤，如果说它还不能证明新闻学界对此观点达成了一致或默契，那么至少也可以说明，在新一轮传媒改革拉开序幕的时刻，传媒在保障公共利益中所扮演的角色已经引起相当一部分研究者的重视。

在当前的传媒研究中，研究者大多将公共利益作为一种标准或目的，对公共利益本身是什么，传媒究竟如何为公共利益服务，传媒在为公共利益服务过程中的现状、障碍与前瞻性的分析则付之阙如。当然，对于传媒与公共利益的研究，不能总停留在“传媒以服务于公共利益为天职”这种抽象的命题上，而是要展开对传媒体制、实践和话语的历史场景的独特的分析。

第三节　相关的理论视野

一、国家与社会理论

“国家与社会”是理解当前中国社会变迁的常用视角。“由于国家—社会关系理论尤其注重考察制度与其所处的社会环境二者之间的互动关系，因此，它对于分析近代历史变迁中的社会及中国当前的体制改革运动，尤其具有重要的参考价值。”（吴清，1994）

“国家与社会”分析视角建立在国家与社会分立的基础上，以解答由于这种二元分立所带来的政治与社会问题。在近代之前，国家与社会高度统一，当然无法形成国家与社会相分离的概念。因此，把“国家与社会”作为一个理论分析工具是从近代才开始的。

在近代社会，市场经济的发展使得社会终于能借助市场的力量发挥自主性，摆脱软弱无力的状态，并导致市民社会与政治国家的分立。而这样一来，就“使得既有社会秩序和权威模式成了问题”（杰弗里·亚历山大，2002，51 页）。正是随着市民社会的兴起与壮大，国家与社会之间的关系结构得以重建，才使代议制政府得以顺利诞生，形成“小政府、大社会”的格局。从此，国家与社会间关系的重构成为各种社会关系的基础，公共利益也是国家与社会分化后出现的事物。

“国家与社会”分析视角在中国的兴起，是对客观现实进行理论分析的需要。1978 年以前，中国社会都处于国家政治的直接控制下，国家“吞并”了社会，完全取消了社会与国家这两者间的差别和界限。改革开放以来，中国国家与社会间的关系发生了深刻变化。市场经济的改革方向，促使社会中的各种资源得到流动，给社会的发展带来了广阔的空间，社会结构的分化打破了国家一统天下的局面，使得仅从国家的角度已无法解释改革中出现的一系列新情况、新问题，无法证明企业自主、社会自治的合理性与正当性。“国家与社会”理论成为解释中国社会变迁中常用的理论（刘先江，2006，18页）。

需要注意的是，这里所指的“国家与社会”，并非指那种特定的“市民社会反抗暴政国家”的、将国家与社会二元对立的范式。实际上，在现代社会，国家与社会并不是完全对立的零和博弈，两者既相互制约，也相互促进，并且两者之间出现了越来越多的融合地带，而这些融合之地，正是中国媒体大放异彩的舞台。

二、协商民主

协商民主（deliberative democracy）[①] 是一种民主治理理论，它强调平等、自由的公民以公共利益为取向，在平等对话和理性讨论中达成共识，通过共同协商制定决策（陈家刚，2004，3页）。

协商民主的优点在于，它并不是将政治仅仅理解为权力或者控制，而是强调理性基础上的公民协商对话，以解决大家共同关心的问题。它具有温和与理性的特征，并且以公共利益为归依，充实了政治的合法性，因而受到人们的关注。伊恩·奥弗林（Ian O'Flynn）在《协商民主与分裂社会》一书中指出，协商民主的政治平等、互惠原则和公平原则，非常有利于解决分裂社会中出现的矛盾与冲突。（O'Flynn，2006）

协商民主理论对于如何解决中国社会转型期所出现的社会不公与冲突加剧问题，具有良好的适用性。

中国在转型过程中，经济领域内的自由度将不断扩大，而政治领域仍然属于低度参与。中国政府对大众传媒、民间结社、集会等公共领域的有效控制，使社会的政治参与要求被成功抑制。这两大领域“一松一紧”，形成了中国特色的“新权威主义”模式，它使中国在维持社会稳定的同时，实现了经济的高速增长。

但是，这一模式的缺点也逐渐显示出来：“滋养特殊利益集团，增加交易成本，使民主过程中的公众参与大打折扣，媒体舆论无法形成对政府滥用职权的监督制衡机制。”（李炳烁，2006）这就使社会不公和两极分化日益明显，协商制度的缺乏又使矛盾冲突很难得到化解，社会稳定受到挑战。

要解决社会冲突，首先要进行利益协调，再者要增进沟通理解，而这两点正是协商民主的长处。在政治参与度很低的情况下，普通民众的利益诉求无法通过正式的渠道有效地体现于公共决策之中。而协商民主则强调，公共政策制定和实施的前提是所有受决策影响的人都能平等参与到决策的形成过程中来，这就为普通大众表达自己的利益提供了渠道，使利益博弈不再完全被政治精英与经济精英所主导。另外，社会成员之间的理性讨论与协商，也会增进公民之间的相互理解，一个经过充分讨论和利益协调后出台的政策，与未经讨论就出台的政策相比，肯定是前者更能促进社会的团结，也更能得到广泛的社会认同，从而使政策的推行更为顺利。而且，协商民主具有较强的包容性，在某种程度上也发挥着

---

① 也译作审议民主、商议性民主、商谈民主等，以陈家刚的“协商民主”译法最为学术界所认同。

“安全阀”和“缓冲区”的功能。

在协商民主理论中，媒体是一个关键环节。无论是利益表达，还是辩论与协商，媒体都被视为最开放、最重要的渠道。协商民主理论视野下媒体作为“公共论坛”和“利益聚合平台”的设想，对于中国社会转型中的媒体角色具有相当重要的借鉴作用。

参考书目

包心鉴：《高度重视“后危机时代”的政治体制改革》，《理论视野》，2010年第3期。

〔英〕边沁：《道德与立法原理导论》，时殷弘译，商务印书馆2000年版。

蔡雯：《美国“公共新闻”的历史与现状——对美国“公共新闻”的实地观察与分析》，《国际新闻界》，2005年第1、2期。

陈家刚：《协商民主：民主范式的复兴与超越》，陈家刚选编：《协商民主》，上海三联书店2004年版。

陈韬文等：《传媒的公共性是传媒研究的核心议题》，《传播与社会学刊》，2009年第8期。

〔美〕大卫·克罗图、〔美〕威廉·霍伊尼斯：《运营媒体：在商业媒体与公共利益之间》，董关鹏、金城译，清华大学出版社2007年版。

〔英〕丹尼斯·麦奎尔：《麦奎尔大众传播理论》，崔保国、李琨译，清华大学出版社2006年版。

耿步健：《从马克思、恩格斯经典论述谈集体利益高于个人利益》，《求索》，2005年第9期。

〔德〕哈拉尔德·米勒：《文明的共存》，郦红、那滨译，新华出版社2002年版。

洪兵：《转型社会中的新闻生产——〈南方周末〉个案研究（1983年—2001年）》，复旦大学2004年博士学位论文。

胡泳：《众声喧哗》，广西师范大学出版社2008年版。

胡正荣：《后WTO时代我国媒介产业重组及其资本化结果——对我国媒介发展的政治经济学分析》，《新闻大学》，2003年第3期。

〔英〕杰弗里·亚历山大：《国家与市民社会：一种社会理论的研究路径》，邓正来译，中央编译出版社2002年版。

〔美〕杰弗里·亚历山大：《社会学二十讲》，贾春增、董天民等译，华夏出版社2000年版。

李炳烁：《超越古典共和主义与自由主义——协商性民主与合法性重建》，《江苏大学学报（社会科学版）》，2006年第5期。

李继东：《英国公共广播政策变迁与问题研究》，中国传媒大学出版社2007年版。

李金铨：《超越西方霸权》，牛津大学出版社（香港）2004年版。

李良荣：“传播与中国”，复旦论坛之圆桌论坛，2009年12月。

李良荣：《公共利益是中国传媒业立足之本》，《新闻记者》，2007年第8期。

李良荣：《论中国新闻改革的优先目标——写在新闻改革30周年前夕》，《现代传播》，2007年第4期。

李培林：《东方现代化与中国经验》，《社会理论》2007年第1期。

梁启超：《本馆第一百册祝辞并论报馆之责任及本馆之经历》，《清议报》，1901年12月21日第100期。

林芬、赵鼎新：《霸权文化缺失下的中国新闻和社会运动》，《传播与社会学刊》，2008年第6期。

刘海龙：《谁之危机？何种危机？——以瓮安事件和晋宁事件为例》，“传媒与公共性”第二届中国青年传播学者研讨会，2009年。

刘先江：《“国家与社会”视野中的政府管理社会化研究》，华中师范大学2006年博士学位论文。

〔美〕罗伯特·W·麦克切斯尼：《传播革命》，高金萍译，上海译文出版社2009年版。

〔美〕罗伯特·W·麦克切斯尼：《富媒体，穷民主：不确定时代的传播政治》，谢岳译，新华出版社2004年版。

罗世宏：《自由报业谁买单？新闻与民主的再思考》，《新闻学研究》（台湾），2008年第95期。

《马克思恩格斯全集》（第30卷），中文1版，人民出版社1995年版。

潘忠党：《传媒的公共性与中国传媒改革的再起步》，《传播与社会学刊》，2008年（总）第6期。

秦晖：《改革战略中的“尺蠖效应”》，《人民论坛》，2009年第15期。

〔比〕热若尔·罗兰：《转型与经济学》，张帆等译，北京大学出版社2002年版。

孙立平：《博弈：断裂社会的利益冲突与和谐》，社会科学文献出版社2006年版。

孙立平：《转型与断裂——改革以来中国社会结构的变迁》，清华大学出版社2004年版。

〔美〕唐（W. F. Tang）：《中国民意与公民社会》，胡赣栋、张东锋译，中山大学出版社2008年版。

陶卫华：《吴敬琏谈中国改革30年》，《小康》，2008年第4期。

汪晖、许燕：《“去政治化的政治”与大众传媒的公共性》，《甘肃社会科学》，2006年第8期。

王缉思、王逸舟：《中国学者看世界——国家利益卷》，新世界出版社2007年版。

吴清：《国家—社会关系：变迁与发展的政治动力之谜》，《上海社会科学院学术季刊》，1994年第3期。

夏倩芳：《公共利益与广播电视规制》，武汉大学2004年博士学位论文。

〔美〕新闻自由委员会：《一个自由而负责任的新闻界》，展江等译，中国人民大学出版社2004年版。

徐勇：《市民社会：现代政治文化的原生点》，《天津社会科学》，1993年第4期。

杨鹏：《中国社会当前的主要矛盾是什么》，《学习之友》，2006年第3期。

姚君喜：《社会转型传播学》，上海交通大学出版社2008年版。

衣俊卿：《论社会转型时期的生存模式重塑》，《北方论丛》，1995年第4期。

殷大奎：《关于建立公平高效的卫生医疗服务体系》，新浪网，见 http://finance.sina.com.cn/hy/20060920/15262932019.shtml，2006年9月20日。

曾繁旭：《国家控制下的NGO议题建构：以中国议题为例》，《传播与社会学刊》，2009年第8期。

曾庆香、李蔚：《论发泄型群体性事件的信息传播特征与媒体报道》，《现代传播》，2010年第8期。

〔美〕詹姆斯·W·卡利：《新闻教育错在哪里》，李昕译，《国际新闻界》，2002年第3期。

〔英〕詹姆斯·库兰等：《大众媒介与社会》，杨击译，华夏出版社2006年版。

张建中：《政治、权力与选举：大众媒介与墨西哥的民主转型》，中国传媒大学2009年博士学位论文。

张金海等：《传媒公共性与公共性传媒——兼论传媒结构的合理建构》，《武汉大学学报（人文科学版）》，2007年11月。

张静：《公共空间的社会基础——一个社区纠纷案例的分析》，社会转型与社区发展—社区建设研讨会论文集，2001年。

张宁：《中国转型时期政府形象的媒介再现》，复旦大学2007年博士学位论文。

张志安：《新闻生产中的“自我审查”——以2008年“毒奶粉”等事件为个案》，“传媒与公共性”第二届中国青年传播学者研讨会，2009年。

章平：《大众传媒上的公共商议》，《新闻大学》，2010年第4期。

赵月枝：《公众利益、民主与欧美广播电视的市场化》，《新闻与传播研究》，1998年第2期。

赵月枝：《批判·理性·正气》，人民网，见 http://www.people.com.cn/GB/14677/21965/22072/2329964.html，2004年2月10日。

Cook，Timothy（2005），“The Function of the Press in a Democracy”，in G. Overholser and K. Jamieson（Eds），*Institutions of American Democracy*：*The Press*，New York：Oxford University Press.

Curran，James（2005），“What Democracy Requires of the Media”，in G. Overholser and K. Jamieson（Eds），*Institutions of American Democracy*：*The Press*，New York：Oxford University Press.

Friedrich, Carl J. (1950), *Constitutional Government and Democracy*, Boston: Jinn and Company, p. 462.

Gans, H. J. (2003), *Democracy and News*, NewYork: Oxford University Press.

Garnham, Nicholas (1992), "The Media and the Public Sphere," in Craig Calhoun (ed.), *Habermas and the Public Sphere*, Cambridge, MIT Press.

Gunther and Mughan (2000), *Democracy and the Media*, Cambridge: Cambridge University Press.

O'Flynn, Ian (2006), *Deliberative Democracy and Divided Societies*, Edinburgh University Press.

第二章 对公共利益的考察与界定

公共利益是现代社会中广泛使用的名词，从政府部门到公关公司，许多行业都号称以维护公共利益为宗旨，当然也包括大众传媒。

但是由于公共利益的含义较为模糊，可包括的范围较广，所以它经常被随意地使用。一些特殊利益和既得利益被包装成公共利益，资本与权力能够趁机以“公共利益”的名义横行无忌。比如，不少地产商就打着“公共利益”的旗号强拆居民住房，堂而皇之地损害公民的个人合法权益，引发了大量社会矛盾。由于这种界定上的混乱，使本应为民众带来福利的“公共利益”，成为剥夺与损害他们的借口。

因此，理清公共利益的内涵与外延，是实现公共利益的第一步，也是传媒与公共利益研究的第一步。

如何定义公共利益？我们要从对公共利益的历史考察入手。

第一节　对公共利益的历史考察

一、“公”与“公共”的来源

“公”字很早就出现在中国的文化典籍之中。《诗·召南·采蘩》中有言：“夙夜在公。”《礼记·礼运》中说：“大道之行也，天下为公。”

台湾学者陈弱水概括了“公”字在传统文化中的五种含义。第一种，作为一个政治社会概念，“公”最原始的含义是朝廷，政府或国家。第二种，内涵相当复杂，但核心意义是“普遍”或“全体”，它指的不只是朝廷、政府，且及于国家、“天下”，甚或可以是人间和宇宙的总和。第三种类型的“公”是从第二种类型变化而来的，特别流行于宋明理学之中。这个类型的特色是，“公”直接代表“善”或世界的根本原理——如义、正、天理，“公”的内涵不必然是普遍的福祉或普遍平等的心态，只要是正确的道理，就可以是“公”。第四种类型是民众应该为全体牺牲小我的观念。第五种类型的“公”以“共同”为主要含义，可以指涉生活中许多层次的事务和行为。（陈弱水，2006，100 页）但是，现代意义上的“公共”一词在古汉语中并没有出现。

在西方，“公共”（public）一词起源于古希腊。古希腊城邦林立，而城邦由公民组成，维持有效的公共精神就显得尤为重要。现代意义上的“公共”正是从这里萌芽，其来源之一是古希腊词汇“pubes”或“maturity”，强调个人能超出自身利益去理解并考虑他人的利益，同时意味着一个人具备公共精神，标志着他已经成熟并且可以参加公共事务；二是源于古希腊词汇“koinon”，英语词汇“common”（共同）就起源于该词，意为人与人之间在工作、交往中相互照顾和关心的一种状态（陈弱水，2006，101 页）。从中我们可以得知“公共”的含义：一是“公共”意味着对自身利益的超越，从而构成人类社会生活的基础；二是“公共”以“交往”为前提，这就意味着公共必须借助于社会交往与传播才能形成。这种观点，与现代意义上的“公共”已经很接近了。

据尤尔根·哈贝马斯（Jürgen Habermas）研究，直到 17 世纪中叶，英国才开始使用“公共”一词，在当时，其含义通常用“世界”或“人类”等词汇来替代；而“公众”一词在德国直到 18 世纪才开始出现，并从柏林传播开来（哈贝马斯，1999，24 页）。

二、“利益”的来源

在古汉语中，“利”与“益”最初是分开使用的：利的本意是指人们的物质需要，引申为便利；益乃溢之本意，初指盈、满，引申为善行。两字连用，表示“好处”。

在西方，英文中表示利益的 interest 一词源于拉丁文 interesse。它由 inter 加后缀 esse 构成，原意为“处于……之中”，因为“在其中”就必然形成利害关系，即为利益。

率先把利益问题提到社会首要位置的是 18 世纪的克洛德·阿德里安·爱尔维修（Claude Adrien Helvétius）。他认为，利益是社会生活的基础，是社会生活中唯一的、普遍起作用的社会发展的动力和社会矛盾的根源，一切错综复杂的社会现象都能够从利益那里觅求到解释（王伟光，2001，11 页）。

马克思、恩格斯也认为，“每一既定社会的经济关系首先表现为利益”（《马克思恩格斯选集》第 3 卷，209 页）；“人们奋斗所争取的一切，都同他们的利益有关”（《马克思恩格斯全集》第 1 卷，82 页）。进而得出结论：“利益冲突是现代历史的动力”（《马克思恩格斯选集》第 4 卷，250 页），利益决定政治活动，“政治权力不过是用来实现经济利益的手段”（《马克思恩格斯选集》第 4 卷，250 页）。

三、公共利益的发生与发展

公共利益的起源可追溯到古希腊。当时的经济形态是奴隶制下的商品经济，而公共利益与商品经济是紧密相连的，因为只要是商品经济，就必须讲求等价交换，经济上的平等价值延伸到政治领域，产生了当初的民主制度。民主制度成为培养公共观念和公共利益的温床。

现代意义上的公共利益，则是人本主义和法治国家出现之后产生的，这种公共利益的构建与实现在本质上是一种社会契约，它以承认私权为起点，在法律的框架内依照法定的程序，在各种不同利益博弈的基础上形成。（杨寅，2004）同时，它还是国家与社会相分离的产物。没有社会空间的成长，就没有公共利益可言。

中国传统的社会结构中最显著的特点就是家国不分，有人将其比喻为一个“国家——家族（家庭）——个人”的“同心圆”。家国同构的后果，就是国家与社会混同。甚至连“国家”与“社会”这两个概念本身都是舶来品，是“海通以后输入之新观念”（梁漱溟，1987，166页）。

据杜维明教授考证，在中国传统概念里没有“社会”，只有“群”。现代中文的“社会”一词，源自英文的“society”，经日本人的“shakai”转译成中文的“社会”（杜维明，1997，58页）。

“社会”观念的缺失，在国家与社会的混同中，造成了“强国家，弱社会”的传统。统治者甚至认为“国”与“民”为此消彼长的关系。商鞅有言：“民弱则国强，国强则民弱。故有道之国，务在弱民。……民辱则贵爵，弱则尊官，贫则重赏。以刑治民，则乐用；以赏战民，则轻死。故战事兵用曰强。民有私荣，则贱列卑官，富则轻赏。治民羞辱以刑，战则战。民畏死、事乱而战，故兵农怠而国弱。……政作民之所恶，民弱；政作民之所乐，民强，民弱则国强，民强则国弱。”（《商君书·弱民篇》）商鞅对国家与社会的关系完全是一个“你死我活”的描述。于是，为了保证子民为其所用，必须弱民，务必使他们“去私”而处于贫贱朴素的地位，才会为国家所用（孙隆基，2004，309页）。国与民的利益被对立起来，公共利益也就无从谈起了。

既然社会中“工业革命与市场经济”“国家与社会相制衡的制度结构”“法治社会”等公共利益得以发育所必备的外部条件皆付之阙如，那么现代的公共利益概念也就无法从中国的传统农业社会中产生。

中华人民共和国成立之后，由于利益主体具有高度的同一性，“党和国家的利益”覆盖了全社会，在国家利益概念的笼罩之下，公共利益未能成为一种独立形态的利益。

改革开放之后，公共利益逐渐恢复了它的本来面目。市场经济的变化，必然带来原有利益格局的变化。在高度一体化的利益格局被打破之后，社会分化出越来越多的不同利益阶层和群体，利益的多元化已是大势所趋。在这一社会利益变动的大背景下，党和国家都进行了适应性的调整。国家的阶级色彩不断淡化，国家越来越代表各种社会群体的共同利益，而非特定阶级的利益，公共利益的概念因之兴起。在政治指导思想上，“三个代表”重要思想和“和谐社会”理论的提出，是公共利益得到政治层面重视的明显标志。

公共利益是在现代社会结构中才能存在的事物，它能够在中国的社会主义制度中得到承认和重视，本身就表明原有的国家与社会关系的重大调整，市场经济的推进和公民权利意识的觉醒，都促进了社会的发育。国家承认了利益格局多元化的现实，并开始有限度地允许社会力量参与到利益的定义与分配中来，国家垄断公共利益的历史被打破了。

当然，我们也要看到，国家利益与公共利益在相当程度上是重合的。公共利益包含了国家利益，而国家利益属于公共利益中较高的层次。促进社会进步、发展经济、提高公共福利等事务，既是国家利益又是公共利益。尤其是在当代社会发展中，政府通过加强民主制度建设、鼓励公民广泛参与、充分发挥公民组织和公共机构的作用等方式，促使国家与公共利益结合得越来越紧密，这同时也是政治改革的努力方向。

第二节　公共利益的界定

一、各学科中对“公共利益”的定义

如何界定公共利益的概念，无论在理论还是实务方面，这都是一个令人困扰的问题。

对利益的解释，相对而言比较简单，不外乎是“一个主体对另一个客体的享有”。美国法学家罗斯科·庞德（Roscoe Pound）认为，利益是“人类个别地或在集团社会中谋求得到满足的一种欲望或要求”（罗斯科·庞德，1984，83—84 页）。

但是，“公共”二字的含义，成了公共利益界定中的难题。[①] “公共一词实在无法给出一个完整而清晰的定义”（黄学贤，2004）。有人将“公共”定义为数量上的多数，有人则定义为地域上的广泛，有人定义为“非商业”，还有人说“公共即国家”。

此外，公共还是一个具有强烈价值判断色彩的词语，这意味着，“公共”的界定，不但要包括对事实的判断，还要包括对价值的判断。而事实和价值判断纠缠在一起的后果，就是从学术到实践上，都引发了对“公共”界定的争论。“这两部分未能充分划分清楚，是大量混乱想法的一个根源。”（罗素，1981，395 页）

“公共”一词的界定模糊，也导致了“公共利益”的难以界定和容易被利用。部分学者甚至否认公共利益在社会生活中的真实存在。公共选择理论的创始人詹姆斯·M·布坎南（James M. Buchanan）就认为，“在其作为整个公众的一种利益这个意义上，不存在任何公共利益。只存在各种特殊的利益”（詹姆斯·布坎南，2000，309 页）。美国政治学家哈里·S·杜鲁门（Harry S. Truman）也在《政治过程》一书中写道：“公共利益是一个神话。”

不过，大部分学者还是认为，即便公共利益界定起来非常困难，它仍然是一种客观存在的利益形态，而且还是现代社会的重要组成部分。许多学者都试图对它加以界定。

亚当·斯密（Adam Smith）认为，在市场经济的自由竞争中，市场主体间的相互作用和相互调整，可以自动实现公共利益。政府扮演好“守夜者”的角色即可。但是，“市场失灵”戳破了这一幻想。

功利主义的观点与亚当·斯密有类似之处。杰里米·边沁（Jeremy Bentham）认为，公共利益就是个体利益相加之和，即最大多数人的最大幸福。但这种观点也在现代社会中受到挑战。寄希望于公共利益的自动实现，被证明是不现实的。另外，个体之间的相互作用非常复杂，还可能潜藏冲突，所以公共利益不可能是个体利益的线性叠加。更何况，这种观点可能会与基本的社会公正理念相冲突。

在功利主义的原则下，只要社会其他成员所获得的快乐超过少数个体所承受的痛苦，那么政府就可以通过立法去强迫个人为社会作出牺牲。这固然不是功利主义创始人的原意，但功利主义的逻辑使这类明显不公的强制措施合法化与合理化。（张千帆，2005）而

① 公共利益的研究目的之所在，正是在于该词中的前半部分值得深究，即我们应该着重理清“公共”的含义。见李春成：《公共利益的概念建构评析——行政伦理学的视角》，《复旦学报》，2003 年第 1 期。

公民权利是公共利益的基本内容之一，公共利益的目标就是为了让公民生活得更好。所以即便是需要有部分利益的妥协以实现公共利益，也不可以剥夺公民的基本权利为代价，而应在维护好、发展好公民权利的基础之上通过协商对话进行利益调整，否则公共利益将走向自身的反面。

在当下，由于社会对于各种公共服务的需求在质量和数量上都越来越高，学者们对公共利益研究也给予了更多关注。我们来看看当前各领域的学者给出的公共利益的定义：

大卫·克罗图（David Croreau）和威廉·霍伊尼斯（William Hoynes）认为，公共利益指的是社会中那些公开的、易接近的、共享的、集体的和普遍的部分。（大卫·克罗图、威廉·霍伊尼斯，2007，132 页）美国学者詹姆斯·安德森（James Anderson）也认为，公共利益是“普遍而又连续不断地为人们共同分享的利益”（詹姆斯·安德森，1990，224 页）。这两个定义都指出了公共利益的普遍性和共享性。

E. R. 克鲁斯克和 B. M. 杰克逊指出，公共利益表示构成一个政体的大多数人的共同利益，而不是某个狭隘或专门行业的利益。公共政策应该最终提高大多数人的福利，而不只是少数人的福利。（E. R. 克鲁斯克、B. M. 杰克逊，1992，30 页）这一定义表明了公共利益在数量上的多数特征。相较而言，德国学者纽曼·斯克诺（Roman Schnur）的定义更为简洁有力，他认为，公共利益是指“一个不确定之多数（成员）”所涉及的利益。这一定义凸显了公共利益不同于特定的个体、组织利益的超越性，产生了较大影响，至今仍被学界广为承认（朱新力、黄金富，2004）。麻宝斌教授也给出了相近的定义：“公共利益是一个特定的社会群体存在和发展所必需的，该社会群体中不确定的个人都可以享有的社会价值。”（麻宝斌，2003，245 页）

有研究者提出，“公共利益就发生和形成于人与人、人与社会之间相互依存、相互作用的关系之中，是在人们相互之间的关系中存在和凸显出来的整体利益”（薛冰，2003）。这一定义的价值在于，它指出了公共利益存在于利益关系之中，隐含着利益协商的理念。

学者秋风认为，“所谓公共利益，应当是指全体社会成员的共同利益和社会整体利益，它具体体现为国防、外交等国家安全利益及社会经济秩序和公共福利等。”（秋风，2004）该定义指出了公共利益包含的具体内容。

而席恒教授则指出，公共利益是指满足社会或群体中全体成员或大多数成员的需求、实现他们的共同目的，代表他们的共同意志，使其共同受益的一类事物。（席恒，2006，9 页）与这一观点类似的，还有陈庆云教授的定义：公共利益是具有社会分享性的，为人们生存、享受和发展所需的资源和条件。在这个意义上的公共利益，具有分享机会的无差异性和分享方式的双重性（陈庆云，2005）。两位教授的定义的优点在于强调了公共利益的公共性特征，并且比较全面。

值得注意的是，我国诸多学者还将“公共利益”（public interest）与“共同的善”（common good）作为同义词，二词常出现在翻译作品中，如陈家刚在《协商民主》一书的附录中就将“common good”理解为公共利益（陈家刚，2004，335 页）。

以上对公共利益的定义各有特点，有的阐述了公共利益在数量上的特征，有的偏重它的社会本质，有的注重它的共享性，有的试图对它加以具体描绘。对公共利益的定义还可以找出很多，本书不再一一列举分析。

美国政治学教授弗兰克·索洛夫（Frank Sorauf）总结了五种比较典型的对公共利益的定义（Sorauf，1957）：（1）公共利益是共同拥有的价值（commonly-held value）。

(2) 公共利益是一种明智 (wise) 或者优先 (superior) 的利益。(3) 公共利益是一种道德命令 (moral imperative)。(4) 公共利益是一种利益的平衡 (a balance of interests)。(5) 公共利益是不可定义的 (undefined)。

二、"公共利益"的特征

从学者们对公共利益的定义和总结中，我们可以概括出学界对于公共利益的共同认识：

1. 公共利益的定义必须满足数量与地域的要求

按照少数服从多数的民主理论，以不确定的多数人作为"公共"的概念、以超过半数人的利益作为公共利益的基础，是一种到目前为止很有解释力并且广为学界接受的观点（杨峰，2005）。概言之，公共利益的主体必须是超越个体与某一具体群体、以不确定的多数人为特征的集合体。

除了数量的要求之外，公共利益还必须有地域的标准。德国学者洛厚德 (C. E. Leuthold) 从地域性的标准出发，认为公共利益是一个相关空间内大多数人的利益。换言之，这个地域空间依据地区划分，且多以国家的行政组织为单位。所以，地区内的大多数人的利益，足以形成公共利益（陈新民，2001，184 页）。这一标准主要是基于国家的行政区域来判定什么是公共利益中的"公共"，而行政区域在每一个国家基本都是固定的，比如，依照该标准，涉及一个省或者一个市的利益的，我们就基本可以说这是公共利益。该特征导致了公共利益具有的层次不同。

2. 公共利益具有开放的共享性

德国学者纽曼提出了界定"公共"含义的"开放性标准"。他认为"公共"意味着开放性，即任何人都可以接近，不封闭，但也不专为某些个人保留（杨峰，2005）。哈贝马斯也认为，凡对所有公众开放的场合，可称之为"公共的"，因为所有人都可以自由进入，而自由进入本身则为一个更高的目标——自由而公开的交流——提供了基础，从而可能产生一个民主的共同体。

当我们认定一种利益是公共利益时，这种利益对我们每个人都应该是开放的、可近用的。这种利益不会刻意地将某一主体拒之门外，也不会被某一主体所专享，如果专属于特定的主体，它就只是一种特殊利益而已。这是公共利益与集团利益的重要区别。

此外，对公共利益的享有是共容的，即增加新的受益者并不减少原有受益者的利益，比如优良的社会道德、有效的国防等。

3. 公共利益是一种不可分割的整体性利益

公共利益是全社会或大多数社会成员不可分割的整体性利益，满足全体社会成员的生存和发展。它虽然可以共享，但是却不可分割。公共利益所具有的数量不能像私人利益那样被划分，不能由个人按照他们的偏好多要一点或少要一点（罗尔斯，1988，266—267 页），也不允许被个人据为己有。

4. 公共利益具有价值上的正当性

利益是一个中性词，但是如果在利益的前面加"公共"二字，就意味着这一利益合乎道德要求，具有强烈的正当性。"公共利益中不能包括与道德相违背的东西"（吕世伦，2000，45 页）。有学者认为，"正义、公正、福利的概念……是公共的理念在具体情况下得以展开的核心问题"（杨建顺，1998，424—425 页）。

约翰·贝尔（John Bell）指出："公共利益"凸显一个社会的基本价值，这些价值可以进行归纳，尽管无法穷尽。但这些价值必须是维持和提升共同体所必需的，而非让一部分人为另一部分人的幸福埋单。这提醒我们，违背正义原则，牺牲部分人的合法权益而获得的利益不能称之为公共利益。正是在此种意义上，社会公平正义的理念成为"公共利益"的必要前提。

5. 公共利益的内容具有发展性

公共利益本身是一个开放的概念，它的内容会随着社会、历史的变迁而发展。"公共利益不可能是固定不变的，它总是处于争论中，总是处于谈判中。在任何一个特定的社会或特定的时期，任何公共利益将由不同的利益集团和压力集团的实力来决定。"（安德鲁·甘布尔，2003，301 页）

如果说亚当·斯密主张的国家产权保护、公共设施提供和行政与司法的社会职能，代表了当时对公共利益的一种理论的话，那么，之后出现的福利国家、福利政策则代表了公共利益的另一种理论。时至今日，全球几乎所有国家都把生态保护、环境治理及可持续发展看成是一类公共利益。因此，"历史条件的变化决定着公共利益的结构调整"（席恒，2006，12 页）。

三、"公共利益"的界定

综合国内外学者对公共利益的已有研究，本书对公共利益的定义如下：

公共利益是关系到个人作为社会成员所共同拥有的利益，它以公民权利为基础，以开放共享为特征，以公共物品为载体，主要通过公共服务的方式来实现。公共利益包括物质层面的利益，如生态环境、基础设施、社会福利等；也包括非物质层面的利益，如社会秩序、公平正义等社会共同价值等。尤其需要指出的是，在现代社会中，没有充分的公共信息交流和合理的利益协商，公共利益就无法得以呈现，更难以得到有效保障。

这一定义，解决了"公共利益是什么"的问题。但是只给出概念当然是不够的，我们还必须关注是谁、通过什么程序界定了公共利益，亦即事关公共利益的"游戏规则"是如何制定的。只有将公共利益"是什么"与"如何做"结合起来，才有可能真正维护好、发展好公共利益。

在公共利益界定的主体和程序研究中，我们要注意以下几点：

（一）在"由谁来界定"的问题上，公共利益并非只能由国家垄断

公共利益的实现，需要调动大量的社会资源，来实现公共服务的供给。在传统社会中，往往只有国家才有能力调动这些资源。因此，国家垄断了公共利益的界定和供应，成为公共利益的代表者。

而在现代社会中，国家当然还是公共利益实现过程中无可替代的角色，却已不再是唯一的角色。政府以外的各种社会自治组织，包括各种志愿者组织乃至一些营利组织，都越来越多地参与到公共利益的界定与供给中来，公共利益的实现变成了多种力量共同作用的结果，社会与市场的力量已成为政府的有益补充。有学者将这一变化趋势描述为：政府由传统的独占领导地位的角色转变为"调停者"与"掌舵者"（麻宝斌，2002）。

（二）在"如何来界定"的问题上，公共利益的实现必须经过公开平等的协商

既然政府不再是实现公共利益的唯一权威，那么，在多主体参与的情境下，要想达成

对公共利益的共识，仅靠行政命令是不够的，必须经由各主体间的协商，使所有利益相关者都能够根据充分信息，对利益调整达成理解与共识。协商让公民能够借助民主平等的程序参与利益的分配，同时，协商的过程也是公共舆论得以整合、公共利益得以表达的有效过程。协商并不能求得最高效率，却可以达成尽可能大的共识，因而能得到更广泛的承认与更顺利的执行。协商首先必须平等，平等意味着尊重各方，尤其是尊重相对较弱者的利益，它拒绝在公共利益旗号下对弱者的剥夺。协商还必须公开透明，公共利益不是暗箱中的利益交换与妥协，而是经过公共舆论检视过后的共同福祉。公开且平等的协商程序，本身就是公共利益的一部分。没有平等的协商和民主的沟通与对话，“公共利益”就只是一种话语霸权，它往往由于缺乏平等商谈所确立的合法性而失去公共认可的优势。公共利益不仅需要目的、价值之正当性，更需要倚重其形式、程序的合法性。

当然，合法的过程并不必然导出最正确的答案，但是合法的过程至少可以保证在决策过程中各方利益都被纳入视野并得到足够重视，并能保证大多数人赞同的建议最后胜出，同时也能照顾到少数人的利益。而且，公共利益既强调了作为公共利益基础的价值，又揭示了选择其他政策的后果。所以说“重要的是游戏规则，而不仅仅是特定的、孤立的结果”（夏倩芳，2004，22 页）。如果没有合理的游戏规则，公共利益必将沦落为强势利益集团遮羞的幌子。

（三）公共监督机制必不可少

公权力仍然是公共利益实现过程中最重要的力量。理论上，公权力的行使必须以公共利益为归依，但权力组织及其成员也有自身利益。公共选择理论认为，政府也是经济人，也会追逐自身利益的最大化，它完全有可能借公共利益之名谋求自身利益。权力在运行过程中，若缺乏有效的约束机制，难免会异化为特殊利益集团的工具。关键在于充分运用公共监督的权利来监督权力，督促政府真正履行好公共利益看护人和推动者的角色。

公共利益概念的提出，对于任何社会组织而言，都同时意味着授权与限制。授权是鼓励权力或权利的行使要服务和维护公共利益；限制在于设定权力、权利行使的范围或边界，使任何权力或权利的行使都不得损害公共利益。

大众传媒是公共利益的“游戏规则”中必不可少的重要角色。首先，公开平等的协商得以进行的前提，就是充分的信息供应，以及社会为公众的利益表达提供充分的机会。其次，社会参与是以媒体为平台的。大众传媒是除了政治机构之外的重要的利益表达与协商平台，而且对大众而言，媒体更易接近。最后，媒体也是公共监督机制的重要组成部分。所以，媒体作为社会交流的机构，是公共利益实现过程中的重要一环。

第三节　传媒与公共利益的相互支撑

一、新闻媒体与公共利益之间具有天然的血脉联系

新闻媒体与公共利益之间可谓血脉相连。

如上文所述，对于公共利益而言，新闻媒体是必不可少的中介物。

对于新闻媒体而言，公共利益则是其天职所在。依据马克思主义唯物史观，新闻传播活动起源于人类在生产劳动过程中对周围环境“知”的需要，因此，新闻媒体产生的根源就来自于社会公共利益的需要。

在现代社会，新闻媒体以公众的信任与支持为生存根基，而获取公众信任的最佳途径就是努力实现他们的利益。所以，新闻媒体以服务于公共利益为宗旨，是受到全球公认的行业理念。张季鸾在《大公报》的发刊词中写道：“报业天职，应绝对拥护国民公共之利益，随时为国民贡献正确实用之知识，以裨益国家。”英国广播公司（BBC）从开播的第一天起就声称，要“以利他主义思想为公众业者行为准则，把为公众利益而工作视为自己的天职”（温飚，2004）。可见，中外都有让传媒服务于公共利益的思想资源。

以服务公共利益为宗旨，不但是一种传媒价值伦理，也是一种经济机制。这就犹如中国传统社会中的“孝道”不单是一种人伦，还是一种养老机制一样。媒体越是维护公共利益，它就越受到公众信赖，也就越能够扩大自身的影响力，增强自身的市场竞争力。公信力更高的媒体在吸引广告商、投资者等方面具有高于其他媒体的能力。这意味着，公共利益代言人的角色会给媒体带来巨大的经济利益。媒体获得的经济收益越多，拥有的财力后盾越强大，就越不容易受到外界势力的干扰，从而会更加有利于媒体作为“公共利益代言人”（沈荟，2004）角色的实现。这是一种相互促进的关系。

更何况，社会主义媒体的土壤，本身就播撒了公共利益的种子。社会主义原本的意思就是提倡整个社会作为整体，社会资源和财富的管理与分配基于公共利益。以服务于公共利益为宗旨的传媒理念，正是对社会主义思想精髓和行为规范的重述和提升。

二、新闻媒体对公共利益的建构与维护

（一）新闻信息是对维护公共利益起重要作用的公共产品

1. 何为公共产品

公共产品（public good）是指具有消费或使用上的非竞争性和受益上的非排他性的产品或服务，即某些人对这一产品或服务的消费不会影响另一些人的消费。因此，公共产品能为绝大多数人共同消费或享用。

在社会上无数的产品和服务中，公共产品只占其中很少一部分，但它的重要性却无与伦比。公共产品是公共利益的载体，是文明社会得以续存的关键。

2. 新闻信息报道是准公共产品

按照程度差异，公共产品还可以进一步细分为纯公共产品和准公共产品。如果一种公共产品的消费者群体在从部分成员扩大到全体社会成员的过程中，其边际成本始终为零，那么这种公共产品就是纯公共产品。国防、立法、基础科学研究等就属于纯公共产品。纯公共产品的范围是比较小的，它主要由政府提供。

如果消费者群体扩大到一定数量，公共产品的边际成本开始上升，那么这种公共产品就属于准公共产品。医疗、公共交通、公共教育等就属于准公共产品。

就新闻信息报道而言，首先，它为大众提供了不可替代的社会环境描述，满足了人们的公共需要，当然具有公共产品的性质。其次，新闻作为一种信息，可以被多人同时享

有，这种共享并不影响人们对新闻信息的使用。而且新闻信息传播得越广，其价值发挥得也就越充分，这是新闻信息区别于私人物品的显著特点，也使新闻信息的消费具备了非排他性和非竞争性的特点。因此，新闻属于公共产品之列。

当然，新闻信息的消费群体扩大，会带来其边际成本的增加（增加的程度视媒体介质而不同，网络媒体基本上不会增加成本，广播电视的成本增加较小，而纸质媒体的成本增加较为明显）。另外，媒体以企业的形式生存，媒体内容中也表现出某些私人产品的特性。所以，新闻信息报道属于准公共产品。

3. 新闻媒体是公共服务的提供者

新闻信息报道属于准公共产品，那么，提供这一公共产品的新闻媒体的性质又是什么呢？固然，新闻媒体大多以企业的形式存在，并在市场上开展经营活动，具有商业机构的特征。但是，企业只是新闻媒体的生存方式，而不是它的真正本质，世界上也没有任何一个国家将新闻媒体完全当作普通产业来对待。媒体提供了环境监测、社会教育、公共讨论等诸多对社会而言极其重要的公共服务，所以，媒体的本质是公共服务的提供者，是一种公共服务部门。又由于公共利益主要是通过公共服务来实现的，因此，新闻媒体在公共利益的实现过程中起着举足轻重的作用。正如法国新闻学家贝尔纳·瓦耶纳所说，“新闻的社会权力要求全体公民能享受到手段和设施都与社会水平相适应的新闻。这是一种确实具有公共利益性质的服务，在很多方面可以与卫生、教育或交通部门相比，可以说是比较重要的部门”（贝尔纳·瓦耶纳，1986）。

（二）公共利益原则的两种类型：保守与积极

对于媒体在公共利益实现过程中所发挥的作用，前人已经有过许多论述，整体而言，我们可以将其归纳为两大类：防御性作用和扩展性作用，也可称为保守意义和积极意义上的公共利益原则。

从传统上来看，关于媒体服务于公共利益的论述，主要落脚于防御性作用，也就是使公共利益“免于被……侵害”的作用，“守望者”一词是对这一作用的较为通行的描述。获 2004 年普利策新闻奖的洛维尔·伯格曼（Lowell Bergman）认为，“新闻最大的价值莫过于其所揭露的问题可以换来所有人的安康和幸福，媒体的责任就在于将那些危害公众利益的事件暴露出来”（陈煜儒，2004）。英国全国新闻协会在其 2001 年年会上达成的 129 号协议中，对公共利益的解读也体现了这种传统观点，“公共利益包括：追踪或揭露犯罪或严重失职；保护公众健康和安全；使公众免于受到某些个人或组织言行的误导；揭露滥用公款或公共机构的其他贪污行为；解释当权者潜在的利益冲突；揭露小集团的贪欲；揭露位居高位之人的伪善”（罗以澄、刘兢，2006）。保守意义上的公共利益服务体现了传媒为守护公共利益而忠心耿耿、不畏强权的态度，展现了传媒业的勇气与担当，其一直以来都是传媒服务于公共利益的最基本也是最重要的方式。

但是我们也要意识到，“守望者”的角色在本质上是消极的，在这个概念下，我们通常从监督政府、保护公众、防止有权者滥用权限的角度来定义媒体的角色。而像哈贝马斯将媒体视为人民意志的工具的观点则是积极的。哈钦斯委员会提醒道：“就新闻界的表现而言，不仅是主动的不端行为，而且还有不作为和作为不够，都将事关普遍的福祉。”（新闻自由委员会，2004，53 页）在现代社会中，随着人们对公共服务的需求不断增加，以及公共利益范围的扩张，单一的防御性作用已经不足以保证传媒服务于公共利益的效果。

扩展性作为公共利益原则，弥补了这一缺憾。它要求媒体更充分地发挥自身的禀赋与能力，通过对社会生活更主动的介入，拓展公共利益的范围并加深其实现程度。这种对媒体的积极要求，体现在公共领域和公共新闻学的理论之中。

哈贝马斯设想的关于公共领域的理想模型是：公共领域是一个中立的地带，获得相关资讯、增进公众福祉的管道处处可得，各种讨论免于受到国家的掌控，而所有参与公开论辩的人都站在平等的基础上。在这个公共空间里，人们通过理性论辩，集体讨论他们所乐意见到的社会整体发展趋势，而这些讨论反过来影响政府的政策。在哈贝马斯构建的这个理想模型中，媒体处于相当核心的位置，它是公共领域的内在机制，能够促进公共领域的形成与良性运作。公共领域的理论论述，为媒体赋予了更加积极的意义。

公共新闻运动发源于美国，出于对媒体的公共事务报道尤其是选举报道的不满，美国新闻业界发起了一场传媒改革运动，试图让媒体在社会中发挥更积极、更有效的作用。最早提出“公共新闻事业”概念的罗森（Jay Rosen）教授认为，公共新闻包含四点基本价值：“（1）视人们为公民、公共事务的潜在参与者，而不是受害者和旁观者；（2）帮助政治共同体解决问题而不只是了解问题；（3）改善公共讨论的环境而不是看着它恶化；（4）帮助改善公共生活。”（罗森，2009，22 页）这就意味着，记者不仅要报道新闻，更要发起、组织和规范公众讨论。换言之，是要求新闻工作者的角色从公共利益的守望者转换为参与者，乃至促进者。这是一种更加积极的、主动的理念，它弥补了保守性公共利益原则的不足。

（三）公共利益原则的具体含义

既然现代传媒以服务于公共利益为宗旨，那么，公共利益原则的具体含义如何，包括什么样的具体内容呢？

夏倩芳教授认为，对于新闻媒体而言，公共利益的概念是多种元素的混杂，它的关系范围涉及媒体、企业、政府、社会和公众，从微观层面的隐私权保护、新闻侵权等，到宏观层面的政治、经济和文化权力的结构和分配关系，尤其是在政治经济制度框架里，更涉及政治利益和文化利益表达机会的公平性（夏倩芳，2004，23 页）。

对于公共利益原则的具体内容，学者们的论述各有不同，但是一般都集中于政治文化方面。它们包括：

（1）普遍的公共服务。要求新闻媒体的信息传播能够覆盖社会所有成员，人们不论贫富、地域，都能分享必要的公共信息。

（2）满足不同群体的诉求。社会中有许多阶层、群体，媒体要照顾到各种社会群体，而不是只偏重于其中一部分，要尽量满足不同层次、不同口味的受众的需求。其中尤其要注意，因为弱势群体掌握的传播资源较少，所以媒体必须提供弱势群体的近用渠道，以方便他们进行自我呈现与表达。

（3）服务公共领域。大众传媒要尽力促进社会良性互动机制的形成，促进理性的、具有民主意识的公众的成长。

（4）致力于公共教育。媒体要重视教育性质的内容，帮助青少年成长，并提升整个社会的文化与知识水平。公共广播电视要专门开办各种形式的教育节目，如果可能的话，还可使之成为学校正规课程的一部分。

（5）免于利益集团的操控。媒体应代表社会整体利益，不可被特定利益集团左右，更不可成为特定利益集团的牟利工具。

（6）注重媒体内容的质量而非追逐利润。媒体应尽可能生产高质量、有品位的内容，而非一味地追求市场占有率或追求利润。

（7）鼓励创造性。鼓励媒体生产出更多独特的、有创造力的内容。

就新闻媒体的内容生产层次而言，服务于公共利益的新闻信息报道与评论，应该具有下列四个特性：

（1）多元（diversity）。能反映当下社会各种多元的观点与经验，公民可以从中找到属于其自身经验的文化呈现与政治意见。

（2）创新（innovation）。指媒体内容与形式的创新，应该新鲜、有创意、具有原创性、并可以反映社会的动态本质。

（3）有实质意义（substantive）。一个健康社会的媒体，不论在新闻评论还是文化娱乐的内容上，都要尽可能地带有实质的社会意义，而非仅有细枝末节的琐碎意义。

（4）独立（independence）。既独立于政治势力之外，也独立于商业集团之外，尽量提供不受这两种势力干预的消息和观点（Croteau & Hoynes，2001，150 页）。

在界定公共利益的时候，我们要注意公共利益与公众兴趣之间的不同。在英语中，公共利益与公众兴趣是同一个词（public interest），事实上也有人试图将两者混为一谈。里根政府 1982 年任命的 FCC（美国联邦通讯委员会）主席马克·弗劳厄（Mark Fowler）曾经说过："公共利益就是公众感兴趣的东西（The public interest is that which interest the public）。"但实际上这两个概念之间是有明显区别的。在传媒领域，公众兴趣是指那些"以引起公众好奇心、欢愉和惊讶的手法来吸引公众关注"的内容；而公共利益则是那些"公众深切关注和有益于公众"的内容，如公共事务报道（徐迅，2003，296 页）。如果说两者之间有交叉，那么在公众兴趣中，那些"有正当理由关注"的内容属于公共利益。将公共利益与公众兴趣混为一谈，实际上是将受众定义为消费者而非公民，将公民的信息需求降低为消费者需要，进而将媒体产业利益与公共利益相混同。这种论调的背后隐藏着一些媒体追逐经济利益的冲动。

三、公共利益是大众传媒社会合法性的支撑

（一）服务于公共利益是合法性的基础

合法性（legitimacy）① 是一个政治概念，指政治权力在对社会进行统治或管理时如何得到社会和民众认可的问题。李普塞特（S. M. Lipset）对合法性的定义常常被引用："政治合法性是指政治系统使人们产生和坚持现存政治制度是社会的最适宜制度之信仰的能力。"（李普塞特，1997，55 页）哈贝马斯则指出："合法性意味着某种政治秩序被认可的价值。"（哈贝马斯，1989，184 页）从上述定义可以看出，公众的认同与支持是合法性的内涵。

要获得公众的认同与支持，权力就必须服务于公共利益的目的，而不能成为执政者牟

① legitimacy 与 legality 不同。legality 指在该法律秩序下的行为或制度符合具体的法律规定。而 legitimacy 除了有"合法有效"的意思外，还包含一个道德维度，有"正当的""正确的"等多重含义，涉及对权力或统治的正当与否的评价。见周濂：《政治正当性的四重根》，《学海》，2007 年第 2 期。

取私利的手段。“民主国家的公共行政和公共政策必须反映公共利益，这是政府施政的基本原则。”（张成福，2007）公共利益原则成为统治合法性的基础。“凡照顾到公共利益的各种政体就是正当或正宗的政体；而那些只照顾统治者们的利益的政体就是错误的政体或正宗政体的偏离。”（亚里士多德，1983，132 页）

对于合法性的价值，亚里士多德早有论述：“一种政体如果要达到长治久安的目的，必须使全邦各部分各阶级的人民都能参加而怀抱着让它存在和延续的意愿。”（亚里士多德，1983，88 页）正是由于合法性可以强化统治的正当性与稳固性，因此“任何统治都企图唤起并维持对它的‘合法性’的信仰”（马克斯·韦伯，1997，239 页），否则，“它就不可能永久地保持住群众（对它所持有的）忠诚心。这也就是说，就无法永久地保持住它的成员们紧紧地跟随它前进”（哈贝马斯，2000，264 页）。

合法性挑战不仅存在于政治领域，它是所有社会组织都必须面临的问题，每一个组织都在试图表明自身的存在对社会有所助益，以求得公众支持。媒体也不例外。马克思指出：“人民的信任是报刊赖以生存的条件。”（《马克思恩格斯全集》第 1 卷，234 页）由于媒体与公众的关系非常紧密，它对合法性的依赖超过一般的社会组织。当然，与政府的合法性一样，媒体的合法性也来源于它对公共利益所负的责任。

1925 年，时任美国商务部部长的胡佛（H. C. Hoover）在美国第四届广播年会上，首次表述了媒体管理中的公共利益原则：“天空是一种公共传媒，它的使用必须是为了公共福祉的需要。只有在公共福祉存在的情况下，电台频道的使用才具有正当理由。”（宋华琳，2005）哈钦斯委员会也断言，“只有将公民权利和公众利益纳入自身，新闻自由才能继续作为出版者的一项权利”（新闻自由委员会，2004，9 页）。可见服务于公共利益乃是传媒合法性的基础。

（二）新闻媒体的合法性危机

就全球范围而言，许多国家的媒体都面临着合法性危机。即便媒体一再宣称自己是公共利益的代言人，它们仍旧在逐渐失去受众的信任。根据美国皮尤研究中心 2005 年年底发表的一份报告，有 45%的美国人对他们在报纸上读到的、电视上看到的、广播里听到的事情不大相信或根本不信。而 20 年前，这一比例只有 16%。

在日本，新闻界意识到媒体的社会合法性正在流失。日本新闻劳动组合联合（新闻劳连）发布的《新闻人良心宣言》称：

> 新闻界正在面临着未曾有的危机。认真观察新媒体时代，大资本正在介入媒体产业，在新闻界的新闻人认识到，具有悠久历史，在监督权力、实现自由公正社会之中履行着极其重大任务的新闻界的现状令人担忧。报纸的内容、记者的道德屡受批判，损害了市民的信赖，导致读者疏远新闻界。……我们更为担心的是失去市场信赖、支持的新闻，很容易招致权力和大资本的介入。为了履行新闻本来的职责，重新得到市民的信赖，新闻界必须反省是否经常站在市民的一边，必须具有自我净化的能力。

而在中国，媒体的合法性危机是由社会转型所引发的。

改革开放之前，媒体是彻底的“体制内组织”，它的生存资源完全来源于既有体制，其合法性也是体制所赋予的。也就是说，党的合法性为“党的喉舌”赋予了合法性，这意味着媒体的合法性与它背后的公共权力高度相关。直到现在，传媒的公信力依然在很大程度上来源于政府权威。

改革开放以后，随着社会主义市场经济的深度拓展，媒体原有的合法性基础产生了变化。除了体制内所给予的资源之外，市场机制越来越成为媒体组织获取各种生存资源的主要方向。由于体制内的可得资源日渐削弱，所以要想在这种具有高度不确定性的市场竞争环境中吸纳足够的资源以维系生存，媒体组织就必须培育起能够在不同制度空间中开展动员活动的能力，首先就是不仅从体制内，而且更为重要的是从市场中获取资源的能力。要能够同时获取上述"传统的"与"现代的"两种资源，组织就必须同时具备"体制内合法性"和"体制外合法性"（沈原、孙武三，2000）。如果说体制内的合法性来源于权力的支持，那么体制外的合法性则来源于公众的认同。而体制内的合法性并不能完全等同并自动转化为体制外的合法性，对比各级党报及其下属的都市报在市场上的影响力，即可看到这一点。这种情况下，媒体就面临着合法性重构的挑战。

如果不能够顺利地获取新的合法性资源，媒体就无法获取公众对自身的认同，它在社会中的功能发挥也会受到影响。2009 年正月元宵节，因燃放烟花，央视新址引发大火，造成惨重损失，不可思议的是，此次火灾并未引发大众同情，反倒成了人们的娱乐谈资，网络上甚至一片幸灾乐祸之声，并夹杂了大量对央视日常表现的批评。这种"心态不正"当然有其他的社会原因，但同时也提醒我们关注媒体的社会合法性流失危机。新闻媒体如何在维持自身体制内合法性的同时，不断开发新的体制外合法性资源，已经成为它在社会转型期间所面临的严峻挑战。在这种情况下，公共利益原则因其所具有的社会号召力，可以成为构建大众传媒的社会声望和体制外合法性的重要支撑。

参考书目

〔意〕安东尼奥·葛兰西：《狱中札记》，葆煦译，人民出版社 1983 年版。

〔英〕安德鲁·甘布尔：《政治和命运》，胡晓进、罗珊珍等译，江苏人民出版社 2003 年版。

〔法〕贝尔纳·瓦耶纳：《当代新闻学》，丁雪英、连燕堂译，新华出版社 1986 年版。

陈家刚选编：《协商民主》，上海三联书店 2004 年版。

陈庆云等：《论公共管理中的公共利益》，《中国行政管理》，2005 年第 7 期。

陈弱水：《公共意识与中国文化》，新星出版社 2006 年版。

陈新民：《德国公法学基础理论》，山东人民出版社 2001 年版。

陈煜儒：《向社会普及和提高公共意识——英伦巡礼之五》，《财经》，2005 年第 14 期。

〔美〕大卫·克罗图、〔美〕威廉·霍伊尼斯：《运营媒体：在商业媒体与公共利益之间》，董关鹏、金城译，清华大学出版社 2007 年版。

杜维明：《一阳来复》，上海文艺出版社 1997 年版。

〔德〕哈贝马斯：《公共领域的结构转型》，曹卫东等译，学林出版社 1999 年版。

〔德〕哈贝马斯：《交往与社会进化》，张博树译，重庆出版社 1989 年版。

黄学贤：《公共利益界定的基本要素及应用》，《法学》，2004 年第 10 期。

〔美〕利普塞特：《政治人——政治的社会基础》，刘钢敏、聂蓉译，商务印书馆 1993 年版。

梁漱溟：《中国文化要义》，学林出版社 1987 年版。

刘连泰：《"公共利益"的解释困境及其突围》，《文史哲》，2006 年第 2 期。

吕世伦：《现代西方法学流派》，中国大百科全书出版社 2000 年版。

〔美〕罗斯科·庞德：《通过法律的社会控制》，沈宗灵、董世忠译，商务印书馆 1984 年版。

〔英〕罗素:《西方哲学史》,何兆武、李约瑟译,商务印书馆 1963 年版。

罗以澄、刘兢:《论新闻传播中的公共利益原则》,《当代传播》,2006 年第 4 期。

麻宝斌:《公共利益与政府职能》,吉林人民出版社 2003 年版。

麻宝斌:《治道变革:公共利益实现机制的根本变革》,《吉林大学社会科学学报》,2002 年第 3 期。

《马克思恩格斯全集》,中文 1 版,第 1 卷,人民出版社 1956 年版。

《马克思恩格斯选集》,中文 1 版,第 3 卷,人民出版社 1995 年版。

《马克思恩格斯选集》,中文 1 版,第 4 卷,人民出版社 1995 年版。

《马克思恩格斯选集》,中文 1 版,第 7 卷,人民出版社 1995 年版。

〔德〕马克斯·韦伯:《经济与社会》(上卷),林荣远译,商务印书馆 1997 年版。

聂伟迅:《论 20 世纪中国全能主义政治及其成因》,《江汉论坛》,2007 年第 9 期。

秋风:《什么扭曲了"公共利益"》,《中国经营报》,2004 年 7 月 14 日。

沈荟:《公信力:传媒经济与伦理的融合——对美国商业新闻媒体经济运作的思考》,《中国文化产业评论》,2004 年第 1 期。

沈原等:《"制度的形同异质"与社会团体发育》,中国青少年发展基金会编:《处于十字路口的中国社团》,天津人民出版社 2001 年版。

宋华琳:《美国广播管制中的公共利益标准》,《行政法学研究》,2005 年第 1 期。

〔美〕孙隆基:《中国文化的深层结构》,广西师范大学出版社 2004 年版。

王伟光:《利益论》,中国社会科学出版社 2010 年版。

温飚:《英国广播公司的改革之路》,《视听界》,2004 年第 5 期。

〔美〕西奥多·格拉瑟:《公共新闻事业的理念》,邬晶晶译,华夏出版社 2009 年版。

席恒:《利益、权力与责任》,中国社会科学出版社 2006 年版。

夏倩芳:《公共利益与广播电视规制》,武汉大学 2004 年博士学位论文。

〔美〕新闻自由委员会:《一个自由而负责任的新闻界》,中国人民大学出版社 2004 年版。

徐迅:《暗访与偷拍:记者就在你身边》,中国广播电视出版社 2003 年版。

薛冰:《个人偏好与公共利益的形成》,《西北大学学报(哲学社会科学版)》,2003 年第 4 期。

〔古希腊〕亚里士多德:《政治学》,吴寿彭译,商务印书馆 1965 年版。

颜运秋、石新中:《论法律中的公共利益》,《中国人民公安大学学报(社会科学版)》,2004 年第 4 期。

杨峰:《财产征收中"公共利益"如何确定》,《法学》,2005 年第 10 期。

杨建顺:《日本行政法通论》,中国法制出版社 1998 年版。

杨寅:《公共利益的程序主义考量》,《法学》,2004 年第 10 期。

〔德〕尤尔根·哈贝马斯:《重建历史唯物主义》,郭官义译,社会科学文献出版社 2000 年版。

〔美〕约翰·罗尔斯:《正义论》,何怀宏等译,中国社会科学出版社 1988 年版。

〔美〕詹姆斯·M·布坎南等:《同意的计算——立宪民主的逻辑基础》,陈光金译,中国社会科学出版社 2000 年版。

〔美〕詹姆斯·安德森:《公共决策》,唐亮译,华夏出版社 1990 年版。

张成福:《重建公共行政的公共理论》,《中国人民大学学报》,2007 年第 4 期。

张千帆:《"公共利益"的构成——对行政法的目标以及"平衡"的意义之探讨》,《比较法研究》,2005 年第 5 期。

张玉堂:《利益论》,武汉大学出版社 2001 年版。

赵成根:《民主与政治决策研究》,黑龙江人民出版社 2000 年版。

朱新力、黄金富:《论公共利益》,《浙江工商大学学报》,2004 年第 5 期。

〔美〕E. R. 克鲁斯克、〔美〕B. M. 杰克逊:《公共政策词典》,唐理斌译,上海远东出版社 1992 年版。

Croteau, D. & Hoynes, W. (2001), *The Business of Media: Corporate Media and the Public Interest*, California: Pine Forge Press.

Sorauf, Frank J. (1957), "The Public Interest Reconsidered", *The Journal of Politics*, Vol 19.

Tracey, M. (1998), *The Decline and Fall of Public Service Broadcasting*, UK: Oxford University Press.

第三章 公共利益视角下的社会转型与传媒转型

第一节　社会转型要求以公共利益为导向的体制变革

一、中国社会转型及其特征

1978年以来，中国始终经历着全面而深刻的社会转型。有学者认为，当前中国社会转型主要表现为相互联系的三个层面：其一，结构转化，当前中国社会的社会整体结构、社会资源结构、社会区域结构、社会组织结构等均在发生转化；其二，机制转换，当前中国社会的利益分配机制、社会控制机制、社会沟通机制、社会流动机制及社会保障机制等也在发生转换；其三，观念转变，随着社会结构的转化和社会机制的转换，人们在义与利、个人与社会等方面的价值观也在发生转变（刘祖云，1997）。

以下试分析中国社会转型的特征。

（一）社会转型由政府主导的经济改革所推动

首先，政府主导的方式意味着在中国的改革当中，政府是改革的倡导者和组织者。由于政府掌握着大部分的社会资源，因而政府在改革进程中占据了绝对的优势和主导地位。

其次，经济转型拉动了社会整体转型。改革开放是从经济领域起步的，由计划经济体制向市场经济体制的变迁，造就了大量新型的经济与社会组织，改变了社会资源的配置方式和大众的生活方式乃至政府的管理方式，逐渐诱发了整个社会形态上的变迁。但是迄今为止，政治、社会领域的改革未能与经济改革同步，出现了明显的失衡。

“强势政府”和“经济推动”这两个概念对于如何理解中国社会转型的动因与方向，包括传媒业的改革，是很有帮助的。

（二）渐进式改革

中国的社会转型是在长期的“大一统”、政治上高度集权的历史背景下进行的。考虑到中国缺乏民主传统，从政府到民众的民主意识都比较薄弱，而且中国是一个地域辽阔的多民族大国，所以在当今条件下，我们必须采用渐进式的改革推动社会转型，而不是采用“休克式”或革命式的激进方法，否则可能过犹不及，导致社会动荡。实际上，传媒体系向保障公共利益的迈进也是如此，要有一个渐进的过程。

（三）“压缩”与“层叠”

当代中国正处于急剧的社会转型时期。一方面，我们必须主动顺应世界性的现代化发展浪潮；另一方面，我们还必须加快自身的社会经济体制变革。因此，中国的社会转型是一个结构转型和体制转型相互交织的剧烈变迁过程。

西方的市场经济和社会体制的发展和完善，经过了上百年的时间。与西方相比，中国的社会转型则以历史浓缩的形式，将社会转型中的各种社会问题集中呈现出来，历史与现实、传统与现代、本土文化与西方文明多重因素交织在一起，带来了前所未有的冲突和碰撞。德国社会学家、风险社会理论创始人乌尔里希·贝克（Ulrich Beck）教授将中国的社会转型称作“压缩饼干”（薛晓源、刘国良，2005），贝克教授警告，当代中国社会因巨大的社会变迁正步入风险社会，甚至将可能进入高风险社会。

胡鞍钢认为，“当代中国再次进入社会不稳定的时期，其突出表现为：世界上最大规模的经济结构调整；世界上最大规模的下岗和失业‘洪水’；世界上最显著的城乡差别和地区差别；世界上基尼系数增长最快的国家之一”（胡鞍钢，2003，4页）。

官方也提出“黄金发展期”和“矛盾凸显期”层叠的概念，承认在经济高速增长、国力和人民生活水平大幅度提升的同时，社会的矛盾冲突不断凸显，发展的机遇和挑战并存。

“中国社会转型中的结构转型和体制转型同步进行，使转型中出现的结构冲突、机制冲突、规范冲突、利益冲突、角色冲突和观念冲突更加复杂，也使转型和发展中的稳定机制、协调机制和创新机制变得更加重要。”（袁方等，1988，45页）

二、利益分配不公导致社会转型风险

（一）经济增长不等于社会稳定

在改革开放初期，国民经济落后、物质生产极度匮乏、人民生活困难是最迫切的社会问题。因此，当时的改革思路，是强调以经济发展来满足人民大众日益增长的物质文化需要，用“把饼做大”的方式来首先解决民众的“温饱”问题，并化解由此而产生的社会矛盾与冲突，实现社会稳定快速发展。对此最为典型的表述是“经济工作是当前最大的政治，经济问题是压倒一切的政治问题”“政治工作要落实到经济上面，政治问题要从经济的角度来解决”（《邓小平文选》第2卷，231页）。

随着改革开放的深入和经济生产的迅速发展，中国民众开始由“温饱”跨入小康时代。与此相适应，政府的改革也开始由全力突出经济工作向以人为本、统筹兼顾的可持续发展的方向转变。从政府到社会中的研究者都意识到，仅仅“做大蛋糕”无法解决社会公平分享的问题，因为社会蛋糕的做大并不必然意味着社会所有成员的权利分享都能得到相应和平等的提高，相反，由于市场经济天然具有的“资本主义”本性和“经济理性”的力量，“如果没有必要的社会限制，社会蛋糕的做大有可能带来社会分享的更大不公”（万俊人，2006）。

利益的分享不公会造成严重的社会后果。“分配正义所涉及的不只是物品和金钱的多寡，而是社会成员之间团结的基础。一旦这个基础遭到破坏，社会群体就无可避免地分裂为相互对立、相互敌视，甚至相互暴力冲突的集团。”（江涌，2007）

因此，“并不是所有的经济增长都能带来社会持续的稳定。经验表明，只有公平的经济增长才会带来社会政治的稳定，不公平的增长则往往带来社会不稳定甚至是社会动荡”（胡鞍钢等，2003，21页）。当年在南美、亚洲的一些国家中，社会财富的不断增加并未伴随着财富的合理分配，GDP的增长只给少部分人带来了好处，大多数人的生活没有什么改善，贫富分化的加剧造成了社会动荡，最终葬送了经济发展所取得的成果。

问题在于，中国当前已经出现了“不公平的增长”或“无发展的增长”，社会利益的分配不公已导致社会利益结构的倾斜，影响到社会转型的方向。

（二）社会利益结构倾斜

1. 社会利益结构倾斜的原因

（1）利益分配不公。

初次分配不公。发改委专家出具的数据显示，国民收入初次分配领域中，在经济不断增长的同时，劳动者报酬的比重不但没有上升，反而呈下降趋势，职工工资占GDP的比重，由最高时1980年的17%下降到2007年的11%。《人民日报》一篇评论中列举的数据显示，作为居民收入主要渠道的工资收入，在生产要素中的分配比例偏低，小于企业运营成本的10%，远低于发达国家50%的分配比例。

再分配不公。从1995年至2007年，去除通货膨胀的因素，国家税收增长了5.7倍，城镇居民人均收入增长量则要少得多，只有1.7倍，农民人均收入增长了1.2倍。如果加上政府的另外一大笔卖地收入，则民众与政府的收入增长更悬殊。政府在国民收入中所占比重成倍增加，说明在中国经济高速增长的情况下，政府得益最多，最弱势的农民则得益最少。在社会福利的“再分配”上，制度因素也加强了利益分配的不平衡。以医疗资源分配为例，中国的早期公共卫生系统具有鲜明的社会主义特色，曾得到全世界的认可和赞许。它的优点是成本非常低，而且具有很好的可及性。但是到了2000年，在世界卫生组织的全球评估中，中国在“财务负担公平性”方面，位居尼泊尔、越南之后，排名第188位，列倒数第四，被列为卫生系统“财务负担”最不公平的国家。颜烨博士指出，目前收入差距的持续扩大是在市场化、非市场化和行政化（权力）因素的共同作用下促成的（王永生，2010）。“‘二次分配’不是缓解了，而是加剧了初始分配的不平等。”（秦晖，2007）

（2）民主法治不健全导致权力难以制约，权利难以保障。

朱学勤将20世纪90年代以后的改革称之为“权力的盛大节日”。由于对官员的权力没有有效的监督和制约，腐败现象大量出现。“从20世纪80年代中期以后，官员腐败就已经成为全社会关注的焦点问题；1992年以后，官员腐败则演化成一股强劲的社会趋势，虽有严刑峻法而不得根治，大小规模的社会动荡无不与此相关。官员阶层的各种经济犯罪和生活腐化现象非但没有消除，反而有所扩大，成为转型期官僚集团肌体上的一个病疾，非简单、局部的手术处理所能根除。”（中国战略与管理研究会社会结构转型课题组，1998）根据不同学者不同阶段的估计，中国的权力寻租所产生的租金总量占 GDP（国民生产总值）的比重始终保持在 20%～30%，年绝对额高达 4 至 5 万亿元人民币。巨额的租金总量，以及与腐败伴生的钱权勾结，导致财富占有的两极分化日益扩大。与此同时，由于对公民权利的保障较为薄弱，普通大众的合法权益很容易被剥夺。农民工的工资曾经十多年没有增长，利润增长大部分归于资方；在房地产商日进斗金之时，建房子的农民工却连自己微薄的血汗钱都拿不到，还由此催生了“温总理帮农民工讨薪”事件。弱势群体的合法权益得不到保障，这加剧了利益的不平衡流动。

2. 社会利益结构倾斜的表现

社会利益结构的倾斜，明显体现在贫富分化和特殊利益集团的出现方面。

（1）贫富分化加剧。

基尼系数是测定收入分配差异程度的指标，表明了社会利益结构异变的程度。一般认为，基尼系数在 0.2 以下，表示居民之间收入分配“高度平均”，0.2～0.3 之间表示“相对平均”，0.3～0.4 之间为“比较合理”，当基尼系数超过 0.4 时，表明居民收入差距过大，可能会引起社会不安定。当基尼系数超过 0.5 时，表明居民收入差距悬殊，会激化社会矛盾和社会冲突。

我国城镇居民个人收入的基尼系数，据世界银行测算，在 1978 年为 0.16，几乎是全世界最低的（李强，2002，183 页）。而到了 1998 年就急剧上升为 0.456，2005 年已经达到 0.496（汝信、陆学艺、李培林，2006，8 页），现在则可能已经超过 0.5，远高于国际公认的 0.4 警戒线。我国已经从一个平均主义盛行的国家转变为贫富悬殊的国家。

国家发改委 2009 年重点课题《促进形成合理的居民收入分配机制》也揭示，从 1988 年至 2007 年，中国收入最高的 10%的人群和收入最低的 10%的人群的收入差距，从 7.3 倍上升到 23 倍。社会财富日益向少数人集中。

美国经济学家西蒙·史密斯·库兹涅茨（Simon Smith Kuznets）在 1955 年发表的论文《经济发展与收入不平等》中，提出了著名的收入分配差距“倒 U 型”假设，即在经济发展过程中收入分配差距的长期变动轨迹是“先恶化、后改进”。发达国家的经验显示，人均 GDP 在 1,000 至 3,000 美元之间时，收入分配差距会恶化；当人均 GDP 超过 3,000 美元时，收入差距开始缩小。但中国目前的情况并非如此。

浙江省社会科学院杨建华教授 2009 年主持的一次针对浙江省收入分配的调查结果显示，浙江省人均 GDP 已经超过 6,000 美元，然而人们的收入差距非但没有缩小，反而在拉大。不论阶层、群体、户籍、性别，还是政治面貌，不同社会群体对社会贫富差距程度的主观感受及判断评价非常接近，认为“现在社会贫富差距很大”的已经占受访对象的 80%左右。从调查结果来看，贫富差距过大已成为所有社会群体的共同认知。杨建华认为：“现在中国的社会结构不是橄榄形，也不是金字塔形了，而是呈现倒‘丁字形’，底层庞大，拥有巨富的一‘竖’很小。这样的社会结构风险很高。”（徐寿松等，2010）

无独有偶，2009 年 12 月 9 日公布的《重庆市社会各阶层状况调查分析》揭示：位于西部的重庆市，也与沿海发达地区（如浙江省）一样，目前的社会阶层结构呈倒“丁字形”。

以上调查数据表明，中国的贫富差距日益悬殊，社会正在朝两极化发展。孙立平教授将中国社会结构的变迁概括为从“总体性的社会”到“分化性的社会”再到“断裂的社会”（孙立平，2004，109—118页）。此种演化趋势蕴含着巨大的社会风险。

（2）特殊利益集团的出现。

政府掌握着大部分社会资源，且缺乏对权力的有效制约，因而导致了以政治权力为中心的特殊利益集团的出现。

最典型的特殊利益集团是公务员群体。《当代中国社会结构报告》指出，在评价哪个群体从改革中受益最多时，公众回答中排在第一位的就是国家干部。而实际的收入调查也表明，“国家社会管理者”是收入上升最快的阶层之一。收入分配制度改革以来，公务员自2008年1月起大幅度加薪，而企业员工的工资一直难有提高；政府打破了国企员工的铁饭碗，公务员却还牢牢地捧着铁饭碗；在医改中，大部分地区的公务员享有公费医疗，而老百姓的医疗保障水平还较低；在养老保障体制改革的过程中，公务员体系也独成一体……所以每年的公务员录用考试中，出现几百人几千人竞争一个职位的奇观也就可以理解了。本来，在改革的过程中，自然会产生受益者和受损者，但是在不同阶段的改革进程中，掌握政治资源和经济资源的利益集团却总是成为各式各样改革的受益者。秦晖先生将之称作“尺蠖效应”：就像那一放一缩却只朝着一个方向移动的尺蠖，不管政策怎么改，“一个萝卜两头切，左右都是他得”。在这种体制下，即使政策设计者出于好心，实行起来却往往“扭曲”，跳不出“权家通赢”的圈子（秦晖，2009）。

有代表性的特殊利益集团还包括垄断国企。从理论上讲，垄断国企之所以被允许占据属于全民的资源，是为了更好地服务于全社会的公共利益。但现实情况是它们垄断了资源，其产生的垄断利润却只有很少部分转化为公共利益，主要是在内部自行分配，变成企业职工的奖金或福利。2008年的数据显示，石油、电力、电信、烟草等行业的员工人数不到全国职工总数的8%，但其收入相当于全国职工工资总额的60%左右，作为消费者的社会大众则承担了垄断国企带来的各种社会成本。但是，任凭大众如何呼吁改革，他们还是岿然不动，而且还会制造出各种“正当”的理由来证明自身行为的合法性。

特殊利益集团的特点在于，它总是和权力相关，并凭借权力获取不均衡的利益，而且它是封闭的，亦即受益群体只是社会中的某个团体且不对公众开放。这样很容易产生权贵资本。

特殊利益集团对社会转型危害最大的一点在于，它已经逐渐产生了“自为”的自觉意识，会用各种方式来维护自身的既得利益，导致众多领域内惠及大众的改革无法推进，或者使改革措施被扭曲而无法奏效；它甚至还会“俘获政府”，利用公共政策扩张自身利益，导致社会利益结构的进一步倾斜。特殊利益集团已经成为深化改革和社会转型的切肤之痛，它有可能扭转中国社会转型的方向，使中国偏离民主法治的市场经济道路，从而落入权贵资本主义的陷阱。在《呼唤法治的市场经济》一书的序言中，吴敬琏指出，我们必须清醒地认识这种潮流对于我们民族前途和未来的威胁。

3. 社会利益结构倾斜所带来的社会安全风险

（1）社会结构处于高危状态。

众所周知，安全稳定的社会结构中，应该存在一个庞大的中等收入阶层，从而使整个社会的结构呈现出两头小、中间大的“橄榄形”。当年有人十分欣喜地提出中国的中等收入阶层在壮大，但这种乐观情绪近来正在减少。在物价上涨且医疗、教育等费用增加的情况下，中等收入阶层的生存状况有所恶化，尤其是房价的节节高升，使购房者成为背负沉重债务的“房奴”，很多中等收入阶层就此被消灭在萌芽之中。中等收入阶层的萎缩已经引起社会关注，这意味着社会资源更加集中到少部分人手中，少量的富人和大量的穷人之间缺乏中等收入阶层作为过渡，社会阶层的分裂趋势更加明显。上文提到的倒“丁字形”社会结构的出现，以及有研究者认为中国正朝M形社会发展的结论（孙立平，2007），揭示了中国社会结构所具有的高风险性，这必然导致社会冲突和不稳定。中国社会科学院的一项研究表明，高达95.3%的城市居民认为中国“各个阶级阶层之间不同程度地存在着冲突”（李培林等，2005，91页）。

《当代中国社会结构报告》则指出，目前中国社会结构落后于经济结构大约15年，这是产生当前诸多社会矛盾的重要原因。

（2）内需不足，经济发展难以持续。

由于社会中的大部分人收入较低，中国的消费率（居民消费占GDP的比重）偏低，与欧美和日本等地相比有明显差距。社科院金融研究所中国经济评价中心主任刘煜辉指出，根据2010年的数据，全中国的消费量只抵得上美国的加州，但中国同时又是全球第二大奢侈品消费国。这种对比，形象地表明了中国的贫富分化状况。贫富分化使中国的经济增长缺乏宽广坚实的社会支撑，GDP主要依靠大量的政府投资和出口拉动，内需不足导致的经济结构失衡已经困扰中国经济多年。一旦遇到国际经济衰退的风暴，国内经济就易发生动荡，甚至有可能演变为社会危机乃至政治危机。这种经济发展模式是不可持续的，已经到了必须加以调整的地步。

（3）执政合法性流失。

前文已经谈到，民众的认同是执政合法性最重要的基础之一。

改革开放之前，党的合法性来自于领导民族解放运动、实现国家独立统一以及国民经济建设取得的历史性成功，也来自于意识形态中心型的合法性模式。“中国共产党主要借助马克思主义的主流意识形态来培育民众的认同感以凝聚人心，从而来控制和引导国家的政治生活。”（朱成君，2003）

改革开放之后，经济增长所带来的“政绩合法性”被认为是改革开放以来党获得合法性的主要途径之一。但是当经济增长所带来的利益不能被社会公平分享时，执政党的政绩合法性难免受到不利影响。

美国社会学家戴维斯·詹姆斯（Davies James）提出了“发展型相对剥夺感”的概念，他指出，当一个社会的价值能力和人们的价值期望均在提高，但社会的价值能力由于某种原因而有所跌落，从而导致价值期望和价值能力之间的落差扩大时，就会产生“发展型相对剥夺感”（戴维斯，1962）。这就意味着一段已经取得一定成效的改革历程，如果在处理随之而来的政治经济危机时不够有效，就可能导致社会动乱甚至革命。这种理论可以解释为什么几乎所有主要的革命都不是发生在社会最黑暗的时期，而是发生在正在进行改革、正在从黑暗向光明的方向发展的时候。阿马蒂亚·森（Amartya Sen）也指出，普遍的相对剥夺感是社会动乱的根源（阿马蒂亚·森，2004，69页）。“发展型相对剥夺感”的概念，对理解和应对中国社会转型时期的社会心理很有借鉴价值。

利益结构的倾斜，使社会主义的意识形态承诺与社会公正缺失的现实形成了鲜明对比。虽然群众的处境得到了整体性改善，但是大部分利益流向了小部分人，社会大众产生了“发展型相对剥夺感”，造成党的执政合法性的流失，也增加了社会动荡的风险。2008年7月1日，北京人杨佳闯入上海市公安局闸北分局，持刀杀人，造成六死三伤的后果。事后，杨佳居然被部分人称为“大侠”，视其杀害警察为行侠仗义之举，由此可见部分民众与政府之间对立的严重程度。政府合法性之流失，在基层已经是一个看得见的事实。

(4) 社会冲突加剧。

社会利益分配不公问题的出现和加剧，导致中国社会正在逐渐积累起越来越强烈的不满情绪。社会成员对贫富分化和社会不公正现象高度敏感，一旦出现"弱势群体"遭到强权侵害的事件，公众的情绪就很容易被点燃。"宝马车撞人""海事局官员林嘉祥猥亵女孩""邓玉娇杀官"等地方性的个体事件，可以迅速成为社会广泛关注的全国性事件，都表明了当前社会大众的情绪淤积与敏感程度。"一些地方的干群、党群关系紧张，社会就像置于火山口上。"(童大焕，2008) 只要在某个环节上碰擦出一点火花——如地方政府滥用警力，就可能会引爆难以预料的社会危机，甚至一些小小的、毫不起眼的无征兆事件，都有可能成为导火索。2004 年的"万州事件"，源头只是一句"当官的打人"的传言。"泄愤性群体事件"的多发表明，非直接利益冲突已经成为中国社会矛盾的重要表现形式。

而与民众情绪相对应的是部分地方政府漠视工人、农民等社会普通民众的权利要求与利益诉求，将损害群众利益当作增加企业与政府利益的前提。尤其是出现利益纠纷的时候，往往偏袒强势的企业等利益团体，甚至动用警力和强制措施，用专政手段来对待人民。

当积累下来的社会不满情绪遇到不公事件，冲突的爆发也就不可避免。

贵州省委书记石宗源在处理"瓮安事件"时说："冰冻三尺，非一日之寒，这起事件看似偶然，实属必然，迟早都会发生。事件背后的深层次原因是瓮安县在矿产资源开发、移民安置、建筑拆迁等工作中，侵犯群众利益的事情屡有发生，一些干部作风粗暴，甚至随意动用警力，导致干群关系、警民关系紧张。"

据统计，我国群体性事件数量从 1994 年的 1 万多起上升到 2004 年的 74,000 多起，增加了 6 倍多；参与人数从 1994 年的 73 万上升到 2004 年的 376 万，增加了 5 倍多（贾品荣，2007）。社会稳定面临着越来越严峻的挑战。

总而言之，政治与社会领域的改革未能很好地与经济改革配套进行，导致了社会利益的分配不公，社会中大多数群体的利益未能得到有效维护，由此引发了高度的社会安全风险，已危及中国向现代社会的顺利转型。

若要推动中国社会转型的进行，就必须开启以公共利益为导向的社会与政治制度改革，不断提升政治系统的利益整合能力和公共福利能力，只有这样，社会冲突才能得到根本的化解，也才能真正实现社会稳定。正如任仲平所指出的那样，"转变以单纯物质增长为核心内容的传统经济发展方式，让人民从发展中分享红利，满足人的全面发展需求，是继续发展的重要动力"（任仲平，2010）。

三、以公共利益为导向的政治与社会体制变革

(一) 公共利益在转型社会中的作用

公共利益具有普遍性，它为社会公众所共同分享，同时为全体社会成员提供生存和发展的条件，并在实践中促进每一主体正当利益的达成，它还凝结着社会共同体的一致的价值与目标。公共利益之于社会就如同阳光、空气之于个人一样，因此，公共利益对于社会的存在与发展具有不可替代的意义。英国社会学家罗伯特·莫里森·麦基弗（Robert Morrison Maciver）在《社群，一种社会学的研究》中强调，社会必然应当建立在人们共

同追求的价值与利益之上，社会的主要特征便是社会公共利益。

在利益多元化的现代社会中，公共利益还意味着利益的合理平衡状态。以公共利益为导向的社会制度，必然要保证社会利益分配的公正；必然要求社会利益应该尽可能地普惠大众而不是集中于某一个特定的小群体；必然承认占社会比例大多数的成员的利益较之少部分人的利益，更具有优先性。

在转型社会中，公共利益扮演着尤为关键的角色。因为转型导致社会形态的转变，旧的社会结构与秩序被打破，新的社会结构和秩序尚未建立；社会利益关系发生深刻变化，利益格局面临重大调整；社会矛盾和冲突显化，社会风险增大。此时，公共利益作为社会团结剂的作用就显得非常重要，它提供社会冲突化解机制、平衡社会利益分配、促进社会的谅解与整合。可以说，维护好、发展好公共利益是社会顺利转型的必备条件，也是推动和谐社会建设的内核。

（二）社会危机要求进行以公共利益为导向的制度变革

一般而言，一个国家上层建筑的顺应速度很难赶上经济和社会体系的变化。对于转型中快速变动的社会而言，尤其如此。上层建筑的不适应必然会形成一段乃至几段艰难调整的时期，历史上每个快速发展的经济体都有过这样的经历，中国也不能例外。

在快速克服物质匮乏之后，中国社会面临着如何分享物质的难题，改革必须更好地吸纳与整合民众利益才不会招致反对，这显然对社会制度提出了更高的要求。迄今为止，中国在应对这一挑战上表现得并不算很好。

政治学家亨廷顿（Samuel P. Huntington）认为：如果一个社会的变迁规模很大，而且这些变迁所带来的社会变化不能被及时消化（即所谓“制度化过程缓慢”），就很容易发生社会运动和革命（塞缪尔·亨廷顿，1999）。

当今时代，民众热切盼望共享改革发展成果、解决收入分配问题；盼望公平化、绿色化、国民福利最大化的经济发展方式（任仲平，2010）。社会政治系统如何吸纳这些越来越迫切的权利要求，如何将它们整合进来并加以制度化，是中国当前面临的重大课题。仅仅着眼于经济的单兵突进，已经不足以推进中国的现代化转型大业。我们在谈论中国的“后发优势”时，也要警惕同时出现的“后发劣势”（Curse to The Late Comer）①。事实上，近50年来新出现的发达国家屈指可数，而众多发展中国家之所以折戟沉沙于现代化之路，正是因为没能过得了制度建设这一关。巴西从20世纪60年代进入经济飞速增长时期，跻身工业16强国之列，当年号称“巴西神话”。但是由于其忽视社会其他领域的发展，到20世纪80年代以后，巴西的社会两极分化现象异常严重，社会动荡不安，最后出现经济与社会的大衰退，令其成为一颗“经济彗星”。巴基斯坦当年也曾有过经济起飞，但由于未能实现经济与政治、社会之间的协调发展，结果发生大规模内战，国家分裂、社会动荡，是为“巴基斯坦悲剧”（刘祖云，2007，221页）。改革开放以来，中国取得了举世瞩目的经济成就，但是也因为社会分化而出现了诸多社会问题，这是我们必须警惕的。

---

① 此概念由美国经济学家沃森（Watson）提出，直译为“对后来者的诅咒”，杨小凯教授称之为“后发劣势”。其大意是：落后国家对发达国家的模仿主要有两种模式，一种是模仿制度，另一种是模仿技术和工业化的模式。虽然后发国家可以在没有基础制度的情况下通过技术模仿实现快速发展，但是会给长期的发展留下许多隐患，甚至会导致长期发展的失败。

中国必须尽快调整其上层建筑，启动以公共利益为导向的政治与社会体制改革，以避免社会动荡的发生。

中央党校教授王贵秀曾在《半月谈》上发表文章，指出政治改革势在必行。他引用了1986年邓小平关于“我们越来越感到政治体制改革的必要性和紧迫性”的讲话，指出苏联垮台正是其僵化的旧体制长期积累的众多矛盾发展到一定阶段的结果，从长远看中国不搞政治改革是不行的。他认为，政治改革并不必然会带来不稳定，恰恰相反，它是维护和强化社会稳定的根本途径，不搞政治体制改革，就不能消除体制性的不稳定因素，社会安定就只会是暂时的、表面的，社会迟早会因矛盾的积累而出现不稳定甚至动荡（王贵秀，2000）。

温家宝总理也在2009年“两会”的记者招待会上说：“我们要积极推进政治体制改革。我以为在当前最重要的是三个方面：一是要发展社会主义民主政治，保障人民的自由和权利；二是推进司法体制改革，促进社会公平正义；三是加强各方面的监督，使政府的行政运转依法进行，并置于监督之下。”

于建嵘则指出，当前社会体制僵化，缺少足够的弹性来容纳、适应实际生活中经济结构、公民权利意识等向现代化的迅速转型。因此必须进行社会体制改革，调整社会利益关系，改变分配体制中存在的重国家轻民生、“二元分割”、体制内外的差距日益扩大等各种问题，否则，“光靠技术性的减压方式还是解决不了体制缺陷带来的社会稳定压力”（于建嵘，2009）。

迟福林认为，中国应着力推进三大方面的改革：一是以经济增长方式转型为主线的经济体制改革；二是以适应社会公共需求转型为主线的社会体制改革；三是以政府转型（公共服务）为主线的行政管理体制改革。

研究者们普遍认为，要想推动中国社会的顺利转型，仅对制度作小的修补或技术性的改进是远远不够的，必须通过全面的制度创新才有可能。有人如此比喻：

> 有一艘船，船底有一道缝，开始很小，不过随着船航行的速度越来越快，缝也就越裂越大，水也进得越来越多，如果一任水这样灌下去，不用多久船就得沉，现在船上的人该怎么办好呢？人们下意识地就会想到爬到船底把缝给补上，当然这是一个最根本的办法，可是要这样做却并不简单，尤其是当船开得很快又不能轻易停下时，因此作为一种比较可行的替代法，就是把水从船里直接舀出去。设想船上还有些能工巧匠，居然发明出了排水机，还有排水量更大的换代产品不断地出现，这时若是再提补缝的计划也许就显得有点“愚蠢”了。
>
> “舀水方案”是成功的，于是这艘船开得也更快了，水同时也进得更多了，而舀水的人也舀得更起劲了，仿佛一切都在按有序的方式有条不紊地行进，一切又“平安无事喽”。

作者的意思很明显：这么发展下去，总有一天船会沉的。为了保证船和船上的人的安全，“补船”（制度创新）应该与“舀水”（技术改进）的工作同时进行。

进入新世纪以来，政府比以往更加重视上层建筑落后于社会发展所导致的后果，并主动采取改革措施，应对社会转型的态势。这一变化典型地体现在中国共产党由革命党向执政党的转型上。共产党的执政理念越来越“试图体现和代表整个社会的利益和意志，而不是从特定的阶级代表性角度展开的命题”（汪晖，2009）。2002年年底召开的党的“十六大”提出了“三个代表”理论，从此，中国共产党不再仅代表无产阶级，而且代表先进生产力的发展要求、先进文化的前进方向，以及中国最广大人民的根本利益，成为社会各阶层利益的维护者和协调者。

社会危机和政府的主动应对，“促成了近年来中国政府和执政党改革方针的重大调整和转向，这就是胡温新政以来‘建立社会主义和谐社会’这个基本纲领的提出”（王绍光，2007，243页）。2005年年底，第十一个五年计划中提出了“和谐社会”的蓝图，这是自1978年以来第一次没有把经济发展作为高于一切的国家目标。在党的“十七大”报告中，“社会公平”先后八次被提及，成为出现频率最高的词汇之一。公共利益的吁求终于打通了从大众呼声到学术研究再到体制变革的进路，成为“新的改革共识”（王绍光，2007，243页）。

（三）信息传播体制变革是社会政治改革的重要组成部分

信息传播是保证社会运转的重要系统，在体制变革中，信息传播系统的改革也是重要的组成部分之一。因为社会政治制度改革的重要目标之一，就是改变中间缓冲地带十分逼仄的现状，增加现行体制的弹性，强化它对矛盾冲突的容纳和整合能力。而在这一过程中，传播系统的改革是其重要组成部分。

从客观上来看，在传播技术革命和社会转型的冲击下，中国当前的信息传播系统正承受着越来越大的改革压力。

传播技术革命为传播体制变革提供了前提。数字传播技术极大地提升了人类的传播能力，而发达的传播系统必然产生对社会透明度的更高要求。哈佛大学的托尼·赛奇（Anthony Saich）教授指出，信息革命和信息技术要求新一届政府在治理国家等各方面进一步增加政府透明度和公开化程度。另外，网络、手机等新媒体对普通民众的赋权，使传播渠道变得丰富多元，传统的传播管控正在失效。

社会转型中的冲突频发，则形成对传播体制变革的紧迫的现实需求。在众多群体性事件中，大众传媒在风险预示、促进理解、缓和矛盾等方面的表现还有不足，对事件的解释也往往沿袭着“少数别有用心”加“不明真相的群众”的模式，来掩盖当地的治理失败。传媒在转型社会中表达利益诉求、协调利益冲突、增进相互理解、促进社会和谐的“减压阀”作用未能得到充分发挥。因此，有必要推进当前信息传播体制的进一步改革。

第二节 社会转型与传媒转型

一、社会转型期尤其需要大众传媒发挥推动作用

在不同形态的社会中，民众对媒体的需求也各有侧重。在传统社会中，专制程度很高，社会结构单一，社会变化速度很慢，统治者非常注重统治的稳固性。这种转型前的社会形态限制了媒体功能的发挥，媒体主要起加固现行秩序的作用。

而在现代社会中，由于以民主政治和市场经济为目标的社会转型已经完成，社会的制度、结构都已大体稳定，受到社会主体的广泛承认。因此，即便社会环境的限制较小，媒体也会自觉塑造社会现状的合法性，并在这一框架之下倡导对社会制度的技术性修补而非体制性变迁，媒体更关心具体问题。由于社会对于体制变革没有那么急切的现实需求，所以与转型社会相比，媒体对社会制度的改造作用没有那么明显。

只有在转型社会中，由于制度变迁的规模巨大，阻力重重，社会对媒体的体制变革与推动功能的需求才会如此迫切。也正是由于转型期所涌现的众多社会风险与社会震荡，社会才更需要媒体充分发挥作用，媒体功能的发挥才有了更多的空间和机会。可以说，转型期是媒体的“黄金期”，是亟须媒体来维护社会公共利益的时期，是媒体功用最大化的时期。美国“进步时代”的媒体表现就是一个例证。

美国在19世纪末面临的问题与当下的中国有相似之处。那时美国的社会情况是：(1) 政治腐败。亨利·亚当斯（Henry Adams）在小说《民主》中借主人公之口说：“我已经活了75岁，这一辈子都生活在腐败中。我走过很多国家，没有一个国家比美国更腐败。”(2) 社会不公。贫富分化，寡头坐拥巨额财富，普通民众则仅能温饱。特权横行，女性歧视与种族歧视非常严重。(3) 社会道德败坏，假冒伪劣层出不穷。1906年，辛克莱尔（Upton Sinclair）描写屠宰业黑幕的小说《丛林》出版后，很多美国人连肉都不敢吃了。(4) 其他社会矛盾异常尖锐。

在这个充满震荡与冲突的社会转型期，美国媒体发挥了非常重要的作用。一批有志于维护公共利益和进行社会改革的作家和新闻工作者，利用当时的大众化期刊，以深度的解析和犀利的言论抨击了伴随社会转型而来的种种不公和腐败现象，与社会各界的进步力量一起，通过激活公众舆论、促使民众觉醒和支持立法等方式，抑制了社会达尔文主义思潮，避免了可能出现的社会失序。比如，《丛林》一书所引发的讨论，就促使美国政府建立了食品与药品管理局，并通过了1906年《肉品检疫法》。

媒体发起的“黑幕揭发运动”产生了深远的社会影响，极大地促进了社会制度的进步。正是在这个时期，美国进行了一系列制度建设，到20世纪20年代，美国已经建立起高效的现代国家机器，从而奠定了自身作为现代国家的坚实基础（王绍光，2002）。这个时期因此被称作是美国的“进步时代”。没有媒体的协助，没有在“进步时代”打下的基础，美国资本主义的命运也许会是另外一种结局。

借鉴美国“进步时代”的经验教训，对于推动中国媒体的进一步转型，建立真正能够促进社会体制进步的传播系统，使媒体能更有效地担当转型期的社会雷达和公共利益的维护者，在当前仍具有不可忽视的价值。

在社会转型的过程中，如果大众传媒维护公共利益的功能不能得到有效发挥，媒体无法及时提示社会问题、促进公共协商、改进并完善公共政策，那么社会的公共利益就难以得到维护，特定的利益集团就有可能扭曲社会发展的方向，社会转型就有可能滑向危险的陷阱。

诺贝尔经济学奖得主阿马蒂亚·森在《发展与自由》一书中指出，经济发展过程中如果没有基本的自由，包括信息自由、普通百姓参与的自由、言论的自由，那么这个发展的过程一定会被扭曲，一定不会产生对普通民众和社会基层生活状况持续改善的效果。中国社会出现的“利益主要由小部分人享有，成本主要由大部分人承担”的危险苗头，以及社会利益结构倾斜已经证明了这一点。

在中国当前进行的社会转型中，由于利益冲突的尖锐多发，而且弱势群体往往处于无力维护自身权益的窘境之中，因此，社会公众对媒体维护公共利益的表现就有着更为强烈的期许。《焦点访谈》虽然只是一个电视节目，却因为其舆论监督的巨大能量，而被底层民众称为“焦青天”，这一方面表达了民众对《焦点访谈》的赞扬，另一方面也隐含了民众对媒体作用的莫大期待。我们常常看到，缺乏博弈能力和途径的民众，最后的选择之一就是诉诸媒体，因此常常出现“公共利益的媒体救济”现象。

二、中国社会转型与传媒转型的相互推动

（一）社会转型为传媒转型提供了条件

中国社会转型的典型表现之一就是国家与社会关系的调整，这一调整为传媒转型提供了前提。

新中国成立 60 余年来，以 1979 年为界，中国的国家与社会关系发生了变化。前 30 年里，中国的基本制度特征可以用“全能主义政治[①]＋总体性社会[②]＋计划经济”来说明。社会生活的各个领域，包括经济、社会、文化、教育等，由于高度附着于政治框架而呈现出交织、黏着和不分化的状态（孙立平，1993）。

在这种“总体性社会”中，社会结构非常单一，“整个社会没有中介组织，形成了‘国家——民众’二层结构”（何清涟，2000）。也没有所谓的“公民社会”或者“公共领域”。传媒系统只能成为高度集权化的社会控制体系的一部分，其主要功用是进行阶级斗争和意识形态宣传。传媒机构则作为政府部门的一个附属机构和事业单位而存在，它具备事业单位的一切特征，即“事业活动的非经济化、事业主体的国有化、事业机构的行政化、事业经费的供给化、事业资源配置的非社会化、事业职能范围的扩大化”（黄恒学，1998，12 页）。

改革开放之后，情况有所变化。国家牢牢统治社会的状况开始松动。由于开始实行市场导向的经济体制改革，私营、外资等新的经济组织和与之伴生的各种民间组织得以蓬勃发展。随着国家对各种资源和社会活动空间的垄断不断弱化，社会日益成为一个与国家共存的、相对独立的提供资源和机会的源泉，国家与社会的边际发生了改变。“国家—民众”二层结构开始朝“国家—社会—民众”三层结构转化。

从国家与社会的纵向关系来看，国家对社会的控制范围在缩小，控制力度在减弱，控制方式也由直接控制向间接控制转变；从横向来看，社会出现了多元化趋势，社会自主性增强。

社会领域的拓张为传媒改革提供了空间，传媒转型于此起步。其主要内容包括两方面：

一是媒体突破了单一的宣传功能。在传播学进入中国的背景下，媒体的信息传播功能

---

① 美国芝加哥大学政治学教授邹谠发明的词汇，他将毛泽东时代的中国政治制度定义为“全能主义”，即国家政治权力对政治、经济、文化、意识形态和一般社会生活的全面控制与干预。

② 从“全能主义”这个概念演化而来，描述 1949 年后在中国内地建立起来的制度，其特点是执政党以国家的名义对经济以及各种社会资源实行全面的垄断，政治、经济和意识形态三个领域高度重叠，国家政权通过自上而下的统治机构对民间进行深入控制。

开始得到承认，并发展成媒体最主要的功能之一。然后是媒体的文化娱乐功能得到发掘，文化体育报道逐渐繁荣。与此同时，以“渤海二号”钻井台事故报道、大兴安岭火灾报道等案例为标志，媒体的舆论监督功能也开始得到越来越多的发挥。李良荣教授认为，近些年，新闻改革的核心就是解决了传媒的功能问题，即从单一的政治宣传转变为多功能并举。还有研究者将其总结为“从纯粹的政治权力领域走向‘具有政治功能的公共领域’的过程”（钱蔚，2002，33页）。黄旦教授则将其表述为媒体由“组织喉舌”向“社会喉舌”的转化（黄旦，1998）。

二是媒体市场化。新闻的商品属性得到承认后，媒体走向市场也就名正言顺了。市场化对媒体而言不仅仅意味着赚钱，它带来的影响是全方位的。媒体要进入市场，就必须摒弃以前“官办官看”的做法，开始以受众为中心。有人认为，“从‘以传者为中心’向‘以受众为中心’观念的转变，是新闻业面对市场经济所做出的最大转变”（谢静，1999，430页）。为了满足受众需要，取得市场竞争优势，媒体在报道内容、报道理念和叙事方式上展开了全面转型，到了今天再回顾30年前，可以说，新闻业的变化是翻天覆地的。

另外，媒体的市场化也催生了传媒业的繁荣。新闻出版总署财务司《2008年全国新闻出版业基本情况》显示，2008年全国共出版报纸1,943种，期刊9,549种。报纸日发行量突破1亿份大关，连续5年成为全世界报纸发行总量最大的报业市场。《2008年国民经济和社会发展统计公报》显示，2008年末，全国共有地级以上级别广播电台257家，电视台277家，县级广播电视台2,069家，有线电视用户1.63亿，电视节目综合人口覆盖率达到97%。根据国家工商总局的数据，2008年全国广告经营总额达1,899.6亿元人民币。中国已成为一个名副其实的传媒大国。

媒体的市场化还造成了传媒格局的转变。从省市党报体系中派生出来的都市报不但抢走了母报的市场份额，还分流了母报的社会影响力。在新闻媒体领域，一般而言，市场化程度越高，市场份额就越大，其社会影响力也就越大。市场化媒体的崛起，宣告着当年属于边缘的群体现在已经完成了向主流的转换。

如果要用一句话来总结传媒转型的现有成果，那就是“用市场化的方式突破了‘真理报模式’”，由此催发了传媒产业的繁荣发展和传媒功能的扩展。而传媒转型所取得的成果，也反过来推动着社会转型的步伐。

（二）传媒转型推动了社会转型

在社会转型的过程中，大众传媒凭借自身规模与功能的扩张，在记录中国社会变迁的同时，也成了中国社会进步的重要参与者与推动者。

在改革的发端和转折时期，媒体都发挥了关键作用，成为思想解放的先锋。作为改革开放先声的“真理标准大讨论”，就是由媒体发动的。《实践是检验真理的唯一标准》一文“从组稿、发排到修改，主要是由《光明日报》的同志完成的，决定发表的是总编辑杨西光。社会上有人说这篇文章组织来以后杨西光不敢发表，所以找了中央党校的同志来修改，并最后送请胡耀邦审查同意后才发表。这不是事实。据我所知，杨西光是横下一条心要发表这篇文章的”（陶铠，1999，236页）。

大众传媒还逐渐成为权力的重要制约力量。早在1987年，党的“十三大”报告就明确提出：“要通过各种现代化的新闻和宣传工具，增加对政务和党务活动的报道，发挥舆论监督的作用，支持群众批评工作中的缺点、错误，反对官僚主义，同各种不正之风作斗争。”从此，“舆论监督”就成为此后历次党代会政治报告以及其他中央文件的一个重要内容，并与人大监督、司法监督、党内监督一起，构成了有中国特色的社会主义监督体系。实际上，体制内部监督的效果有限，而舆论监督则可借助公众的力量无处不在，所以现在舆论监督已经成为对权力的各种监督力量中最广泛、最有效的手段之一。

大众传媒促进了社会制度的进步。2003 年 3 月，孙志刚因无暂住证被非法收容，两天后蹊跷死亡，经法医鉴定系遭毒打致死。《南方都市报》率先对此事进行报道，引发全国媒体联动，形成了强大的社会舆论压力，政府相关部门不得不深入调查“孙志刚案”。该事件之后多名法律界人士联合上书全国人大常委会，要求对收容遣送相关法规进行违宪审查。2003 年 8 月 1 日，《城市流浪乞讨人员收容遣送办法》废止。媒体对孙志刚事件的报道，终结了施行近 20 年的不合理的收容遣送制度，促进了社会的进步。

在“SARS”初期，由于传统的“捂盖子”思想作祟，媒体未能发挥应有的作用，反而成为信息的掩盖者和误导者，导致了严重的社会后果。我们对这一失误的反思，促进了日后疫情发布和政府信息公开的进步。《政府信息公开条例》于 2008 年出台，宣传管理部门对疫情报道的控制也有所放松。在随后的“禽流感”“猪流感”等疫情袭击下，媒体都能及时预警并进行社会动员，大大减少了社会损失，媒体的行为又进一步促进了对社会灾难的信息披露。在当前社会舆论日益开放的条件下，新闻媒体已经越来越成为一种社会力量参与到改革进程中来，许多重大政策出台的背后，都有媒体的身影。

在对群体性事件的报道中，媒体也开始逐渐抛弃单一的“少数别有用心的人”及“部分不明真相的群众”的解释框架，转而进行更为全面和及时的报道。这在一定程度上促进了社会沟通，缓和了社会矛盾。比如重庆发生的“罢运”事件中，当日早上 7 点左右发生“罢运”，新华社在 10 点左右就先后发出了《重庆主城区出租车全部停驶》等数篇报道。当天下午 4 点半，重庆市政府便主动邀请媒体召开新闻发布会，向社会公布了停运事件发生的原因，以及政府即将采取的处置措施。此后，重庆市党政官员与出租车司机对谈，沟通机制畅通之后，事件很快得到了妥善处理，避免了激烈的社会对抗。与这一成功蓝本相类似，在许多社会冲突事件的应对中，媒体都起到了正面回应群众利益要求、畅通利益攸关各方表达渠道的作用，帮助冲突各方以协商对话代替强硬对抗，最终求得事件的妥善解决，避免了更大的社会动荡。

从总体上来讲，新闻媒体促进了社会制度的进步，维护了社会公共利益，对社会转型起到了一定的推动作用。其间曾发生过很多经典的案例，为学界、业界所津津乐道。但是我们也必须注意到，许多典型案例都表现出“体制外”的特征，而且多为个案，并未形成惯例。由于这些案例往往与现行的新闻管理制度相冲突，带有“违规”的嫌疑，因此，它们能否呈现于公众面前，能够推进到什么地步，往往是不可预知的。也就是说，它们主要是偶发性的，而非制度使然的。孙志刚事件“就是由于种种条件凑巧结合起来”，引起了温家宝总理的重视，才使事件的处理得到转机（萧功秦，2003）。

所以我们可以明显观察到，媒体推动社会转型的步伐常常遇到阻力，它自身也往往在这一过程中遭受挫折。比如，当经历“SARS”教训的中国媒体以为政府会放开对突发事件报道的限制时，2008 年的西藏“3·14”事件中，中国媒体却又重蹈覆辙。即便是有了重庆处理罢运事件这个成功的样本，随后的三亚“罢运”还是退回到了传统的话语方式，媒体无视事件背后的利益纠葛，将其定义为屡试不爽的“恶势力”和“部分不明真相的群众”闹事。舆论环境的宽松与收紧是在不断变化的，媒体行为的底线也随之调整。传媒作用的发挥取决于政府的开明程度、官员的好恶、当局受到的压力有多大，以及对事件性质的判断，呈现出一定的临机性特征。

(三) 传媒转型的有限性

如何评价传媒转型所取得的成就？李良荣教授曾经总结了三种评价观点：就新闻体制改革而言，只能称之为“改进”，真正的改革还没有起步；就新闻观念改革而言，有了不少成绩，但起步太低，评价不能太高；就新闻业务改革而言，可以说成绩巨大，怎么评价也不过分（李良荣，1995）。就整体态势而言，李教授的总结非常有道理，即新闻业务的变革最为明显，专业化的操作规范已经在媒体内部得到承认和建立；新闻观念的变革次之，正在朝新闻规律本身回归；相较而言，体制变革则面临较多的阻力，变动没有前两者那么大。不过，这毕竟是15年前的结论。从当下的情形来看，新闻体制改革所取得的成就是不可否认的，尤其是近些年来，主流媒体已开始从理念上由“宣传”向“传播”转变，明确强调重大突发事件报道要迅速及时、公开透明，积极鼓励传媒加强舆论监督；此外，传媒产业化进程继续推进，开放程度不断提高；这一切变化，给媒体带来了新鲜活力。整体而言，新闻体制改革走在了政治改革的前列。当然，它作为政治改革的一部分，也受到诸多因素的限制，不可能完全超越现阶段的政治改革进程。即便我们承认新闻媒体已经开始从“组织喉舌”向社会公共传播机构转型，但是这种转变也还处于初期，大众传播媒体在我国社会生活中的实际作用远没有达到理想的状态。

1. 传统思维仍旧存在

托马斯·杰弗逊说过，有的政府把公众看作婴儿，连交给奶妈都不放心；而有的政府则把公众看作成人，倾听他们说的每一句话，因为这是他们自己治理自己的方式。

面对社会的多元化发展趋势，部分地方管理部门对于社会舆论的管理，在很大程度上依然沿袭了计划经济体制下特有的“父爱主义”，从宏观报道要求到具体采编业务，可谓无处不在，甚至连报道中的用词都处于管理范围之内。这种管理方式所体现的，是对社会大众的信任不足，以及对自身正确性的高度自信。“父爱主义”极大地束缚了媒体主动性的发挥，限制了媒体服务于社会的可能性。

一些地方官员的无心之语，反映了根深蒂固的旧思维。2009年，郑州市规划局副局长逯军面对媒体采访时，质问记者“你究竟是为党说话还是为老百姓说话”，多少反映了部分官员对“宣传工具”的理解；而2010年镇江市房管局组织人事处的一位谢处长面对电视台记者的采访时说：“作为我们宣传部门来讲，要以正面宣传为主……像你们这种搞宣传搞报道的理念来讲，我可以不接待你!”这段话表现了一些官员对“正面宣传”的误解和误用，以及舆论监督之难。面对一切不属于传统“正面宣传”范畴的信息时，地方政府或部门往往持不欢迎态度。一旦出现社会冲突事件，他们的第一反应往往是下意识地“捂盖子”，结果是“真理还在穿鞋的时候，谣言已经跑遍了全世界”。即便媒体进行了报道，其话语方式也往往是传统且落后于时代的，这些传统上的“标准措辞”，比如“一小撮”“黑恶势力”“别有用心”“不明真相的群众”等说法，正在遭到越来越多民间领袖和社会公众的排斥，从而完全丧失了其对事件的解释作用，反而加深了民众对媒体的不信任。

针对领导干部活动的报道的改革所遭遇的情况，也表明了旧思维的改变之难。2003年3月，中央政治局通过了《关于改进会议报道和领导人报道的意见》（以下简称《意见》)。该文件规定,除了具有全局性的重大会议外,会议报道不应把中央领导同志是否出席作为报道与否和报道规格的唯一标准,不应完全依照职务安排报纸版面和电视时段。《意见》要求地方党报关于地方领导的报道规格,不得简单比照中央领导,因为中央领导同志担负着国务活动的任务。《意见》给予传媒一定的对会议和领导人活动进行报道的选择权。然而,一个这样好的文件,至今没有媒体执行。仅有重庆市委 2006 年 12 月发布了一个具有贯彻性质的文件,其他省级党委均没有反应,媒体依然把主要领导的活动报道事无巨细地放到最高最前的位置,而且严格按照官位编排新闻顺序(陈力丹,2008)。转型期的传媒,依然带有传统时代的身影。

2. 对媒体的控制过于严密

党政部门一直保持着对新闻媒体强有力的控制,这种控制将传媒资产的所有权、媒体领导人的任免权、新闻媒体的重大事项决策权和宣传业务审核权等各项权力集中于宣传管理部门。这种对媒体的严密管理带来的社会后果有积极与消极两个方面。

积极的后果在于这种管理模式维持了当前的社会稳定。亨廷顿在《变革社会中的政治秩序》一书中提出一个观点:社会稳定与政治参与成反比,与政治制度化成正比。萧功秦和康晓光等学者由此出发,认为中国现在的新闻管控形成了"参与抑制",有效地防止了社会转型期可能因为"参与爆炸"而造成的政治动荡,从而达到了维护政治稳定的阶段性目的。

消极的后果则在于这种管理模式削弱了传媒在社会转型中的护佑作用,并正在使中国的传媒体制改革面临"急诊室悖论"[①] 的困境。对媒体进行控制而得来的"社会稳定"只是权宜之计,它固然压抑了参与者的热情,却也妨碍了社会对于变迁的制度化变革,因而是一种"低参与和低制度化恶性循环之上的脆弱平衡"(张朝阳,2006,119 页)。如果继续进行下去,将会使已经出现的社会矛盾和利益诉求因为缺乏释放的管道而不断累积,从而增加社会矛盾集中爆发的可能性。

对新闻媒体的过度管控,使媒体失去了预警和纠错的能力。以 2009 年年底发生的"唐福珍自焚"事件为例,这一惨剧发生在成都市金牛区,成都作为媒体行业发达的城市,完全称得上是西部的媒体高地,但是面对这一引发全社会高度关注的事件,成都本地媒体基本上没有报道,仿佛这件事情没有发生一样。若不是由于情节过于惨烈而招致全国其他地区媒体的报道与谴责,此事件必将湮没于纷繁的社会乱象之中。实际上,许多重大新闻都在管控下悄无声息地消失了,社会危机的发生并未在媒体上得到显现,也无法通过引发公众关注、开展公众协商而得到解决。这种体制下的媒体,已经在很大程度上丧失了预警与纠错能力。而预警与纠错能力的丧失,则有可能使整个社会陷入"皇帝的新装"机制。"皇帝的新装"机制是美国社会学家帖木儿·库兰(Timur Kuran)提出的,他曾经致力于研究"为何某些事物的发展会从安然无恙转变为突然崩溃"。帖木儿·库兰认为,在许多

① 萧功秦总结了中国政治改革面临的几大悖论,其中就有"急诊室悖论"。它原意是指急诊室医生面对危重病人的治疗方案时的两难命题。一个危重病人被送入急诊室以后,医生们有两种意见:一种认为必须动大手术,不动手术这个人就要死了,因为病太重了;另一种意见认为病人抵抗力太弱了,不能动大手术,一动手术他就要死了。"急诊室悖论"用来比喻政治体制在制度创新能力很低的情况下,面对严重的内外危机压力所出现的改也不是,不改也不是的两难选择。非民主体制下的政治改革往往会出现这样的情况。因为决策精英们在一切尚属顺利时,会由于路径依赖而拒绝进一步的深层次改革。只有当原有路径发生巨大障碍,并且影响到政权的生存与稳定时,决策者才会产生不得不进行大规模改革的强烈意愿,然而此时改革已经处于非常危险的境地。

情况下，一个公司、国家或其他实体中的许多成员其实早已知道内部出现了危机，却无人敢说或无人想说，危机因此愈演愈烈。这时，如果有人像《皇帝的新装》里的那个小孩一样突然站出来指出已经存在的危机，其他人往往会相继跟上，于是这个在局外人眼里还是一片太平的实体就会突然走向崩溃。虽然这一模型对崩溃机制的设想过于简单，但是它警告我们，“在思想和言论受到很大压制的社会、政治和经济实体中，困难和危机往往会积压，这就为突然崩溃创造了可能性”（赵鼎新，2006，173 页）。

伴随着过度管控而来的，还有部分地方政府在媒体运用上的低能表现。因为部分地方政府简单粗暴的工作方式已经成为惯性，其对媒体的运用能力也就一直难以提高，一旦出现本层级无法控制的媒体事件，地方官员除了请求上级宣传主管部门封杀相关报道之外毫无他法，已经基本丧失了对舆论的引导能力，政府的公信力因此遭受持续打击。

我们在承认传媒改革取得了巨大成就的同时，也要看到媒体尚未成为“一个开放、多样且容易接近的公共文化空间”。实际上，它连“利益协调者”的功能都无法较好地发挥。当前的传媒改革还不足以顺应社会转型对传媒在社会与政治层面上的强烈需求，传媒转型必须超越政治僵化和市场泛化的层次，向以公共利益为主导取向的现代化传媒体系迈进。

(四) 社会转型的态势要求进一步推进传媒转型

1. 公民社会的成长，要求传媒进行以公共利益为导向的进一步转型

“公民社会”① 一词最早见于古希腊和古罗马学者的著作中，与文明社会同义。但是到18 世纪，伴随着市场经济的发展、市民阶层的成长和国家与社会的分离，“公民社会”才获得其现代含义，成为一个与“国家”相对应的概念，“表示国家控制之外的社会和经济安排、规则、制度”（戴维·米勒、韦农·波格丹诺，1992，125—126 页）。

公民社会有四个基本功能：一是公民社会填补了国家和市场治理机制所遗漏或无法达到的领域。志愿行动是公民社会运行的重要方式，可以调动必要的人力和物力来解决整个社会遇到的具体问题，尤其是一些新的、无法被纳入正式制度解决范围的问题；二是公民社会充当了公共权力与私人领域连接的过渡带，降低了公共权力直接干预私人生活的频率，同时也能把私人领域中达成的共识通过言论、行动传达给公共权力；三是公民社会减少了市场对社会的过度侵入，它倡导社会自愿合作与互助的价值理念，发动各种以实现社会公正、环境保护等为目的的社会运动，这些无疑是对利润至上的价值观的抵制；四是自律功能，公民社会的发育水平体现了一个社会的自我组织程度和信任程度（杨雪冬，2004）。

改革开放的一个重要成果，就是社会的持续发育和社会空间的扩张，以及随之而来的公民社会的成长。在经历了多年的改革开放之后，国家与社会的边界逐步调整，公民社会开始形成。其重要的表现是民营企业与民营经济快速发展，中等收入阶层正在形成，中介组织逐步发育，社区自治不断扩大，公民的政治参与程度逐渐提高。“一个相对独立的公民社会不可阻挡地在中国大地成长起来，而且对中国的政治、经济和文化产生着日益重要的影响。”（俞可平，2002）

国家也注意到这一不可逆转的走向，开始正视“新社会阶层”的崛起。按照官方的界定，新社会阶层主要由非公有制经济人士和自由择业的知识分子两大部分组成，集中分布

① 亦常被译为“市民社会”“民间社会”，同指英语中的 civil society。

在新经济组织和新社会组织中，新社会阶层包括社会中介组织从业人员、自由职业者等，其中自由职业者包括自由文化人、自由撰稿人、个体医生、各类经纪人等独立从事专业工作的知识分子。新社会阶层大部分是 20 世纪 60 至 70 年代出生的人，这些人学历高，有创造力，对市场经济和新的社会变化趋势具有很强的敏感性和适应力。这个庞大的、分散在各个行业中的群体，是 30 年经济改革和对外开放的产物，也是社会结构变迁中最有价值的成果。新社会阶层构成了公民社会的主要力量。

由于这一新兴阶层具有较强的活动与表达能力，因此在一定程度上获得了多元意见的表达机会，客观上扩大了社会的能量与空间。加之政府从许多控制领域的退出，也扩大了社会空间。而社会空间的扩大，必然需要中介性组织在社会与国家的关系协调中承担缓冲作用并起到“安全阀”的功能，大众传媒就是其中最重要的中介性组织之一。公民社会的自治与健康发展，也必然要求大众传媒承担起更多的利益表达功能和政治沟通功能。

新的社会结构的出现与公民社会的成长，要求新闻媒体突破原有的体制限制，成为推动社会转型的结构性力量。

2. 传媒生态的变化，要求传媒进行以公共利益为导向的进一步转型

如果让中国人描述自己十几年前的媒体接触方式，可能用一句简单的话就可以描述清楚：白天看报纸，晚上看电视。但是现在，除了这些传统媒体，人们还被互联网、手机等新兴媒体包围。传播技术的飞速发展，已经极大地改变了传媒业生态。

（1）网络媒体崛起，并成为新闻传播的重要渠道和公共舆论的策源地。

中国互联网络信息中心（CNNIC）发布的《第 25 次中国互联网络发展状况统计报告》中说，截至 2009 年 12 月 30 日，中国网民规模达到 3.84 亿人，普及率达到国民总体的 28.9%；中国手机网民达到 2.33 亿人，占整体网民的 60.8%，仅 2008 年一年就增加了 1.2 亿；而超过 80%的网民经常会上网浏览新闻。另外，清华大学媒体经济与管理研究中心 2008 年发布的传媒蓝皮书《中国传媒产业发展报告（2007—2008）》指出，传媒产业内部的组成结构正在迅速变化。新媒体在传媒产业中的比重增加到 28.07%，而传统媒体下降到 71.93%。仅以这一规模来看，网络媒体就不能被忽视。而就其表现出来的影响力、政治认可度、对重大事件的报道能力而言，实际上网络媒体早已是不折不扣的主流媒体。

人民网舆情监测室对 2009 年 77 件影响力较大的社会热点事件的分析表明，社会热点事件中由网络爆料而引发公众关注的有 23 件，约占全部事件的 30%。也就是说，约三成的社会舆论因互联网而兴起，互联网成为新闻舆论的独立源头。网络媒体正在由传统媒体的新闻发布平台，变成更为主动的新闻线索发现者、新闻热点传播者、新闻议程设定者、新闻评论发布者。

上海市网宣办副主任谢海光教授认为，以拉萨“3·14”事件和汶川“5·12”地震为标志，互联网已经成为社会舆论最重要的策源地，新媒体正在以各种新形式影响社会舆论，比如新闻跟帖、网络论坛、博客等。门户网站的热门新闻后面，跟帖量经常多达数万、数十万，如此高的聚焦率也会引起传统媒体对该话题的持续关注。中国有大约 130 万个 BBS 论坛，每天发布新帖 200 多万条，许多备受社会关注的热点话题都是起源于网络论坛。

各种新媒体形式迅速发展，信息传播也出现新的形势。这种新形式包括传播主体多样化、内容海量化、传播速度快且范围广。这种变化打破了传统传媒在信息传播领域的垄断性，降低了政府对信息的管控能力，使传统的传播监管模式面临强有力的挑战。某地方政府的宣传部部长就曾经哀叹：“以前没有网络的时候多好啊，想让他们怎么说就怎么说。”

（郑廷鑫，2008）而《人民日报》指责美国以 YouTube 视频网站和 Twitter 微博网站作为干预别国内政的工具，这也从侧面表明，新媒体时代给国内外政治环境带来了新挑战。美国总统奥巴马之所以能在选举中获得胜利，重要原因之一就是他的竞选团队充分发挥了网络的宣传动员作用。

必须提及的一点是，网络媒体最初是以产业的形式发展壮大的，所以大部分网络媒体的所有权都是私有的，这与传统媒体领域的国有垄断媒体大为不同。所有权的差异，加上网络传播本身的特质，使网络媒体无法像传统媒体那样被调控。一旦信息不能被垄断，传媒体制就必须面临加大开放力度的现实挑战。

（2）传播技术对普通受众的赋权，造就了"自媒体"（We Media）的兴盛，使公众在传播格局中变得更为重要。

"自媒体"是美国新闻学会（American Press Institute）的媒体中心于 2002 年在描述一种新现象时创造的概念，指的是互联网上的社会群体能够自主地制作、分析新闻和信息，并向不受地理限制、通过现代科技连接在一起的公众进行传播。这意味着人人可以随时获得新闻和信息，同时又能成为新闻的创作者和撰稿人。有人将之称为"所有人向所有人的传播"。创造了"自媒体"概念的两位美国人谢因·波曼（Shayne Bowman）与克里斯·威利斯（Chris Willis）认定，信息技术的创新会将人类推向一个民主媒体的时代。

从统计数字中我们就能意识到新媒体技术所创造出的"媒体民主"的可能性。2008 年，全球活跃网民总数为 14.6 亿人，这些人经常出没于论坛、博客、社交网站；2008 年，已有 6 亿人能够使用数码相机拍摄各类事件，他们可以方便地将其上传至互联网；另外，全世界每年销售出近 8 亿部新手机，大部分手机都具有摄像和上网的功能。这些装置将造就一代"全球信息人"，他们拥有前所未有的能力，同时创造、分享和参与彼此的生活（戴尔·佩斯金、安德鲁·纳齐森，2006）。全球网络则使人们能够随时随地发布新闻或图像、发表感想和观点。

有数据显示，2006 年，美国所有新闻事件的首发报道者约有 40%来自普通公民而不是来自专业媒体、专业记者，而且按照这样的发展趋势，到 2010 年，这个比例增加到了 70%甚至更多（赵金，2008）。

在中国，"公民记者"也正在成长。重庆钉子户事件中，大批"公民记者"自发涌向现场，发回大量的第一手图片和报道，成为公众了解现场信息的重要渠道。厦门"PX 事件"中，"公民记者"更是大出风头。地方政府屏蔽了厦门市民散步现场的手机信号，但他们只把厦门市民当成防范对象，没想到会有外地的"公民记者"自发介入，有网民专程从外地飞到厦门进行现场报道。由于异地手机不在屏蔽之列，网民可以在现场采写后，马上以短信的形式发给后方的合作者，合作者立即在网上发布，成功突破了地方政府的新闻封锁，许多民众由此得知了现场的一手信息。这种情形在以前是不可想象的，但是传播技术对于普通人的赋权，使一切成为可能。现在的手机一般都能够上网并带有摄像头，信息发布的门槛就更低了，任何人只要有这样一部手机，就可以在现场向全球直接发布新闻。邓玉娇一案中，更是号称有数百名公民记者云集湖北巴东，以至于挤爆了当地数量有限的宾馆。

传播技术的发展，使得如今个人对于获得信息的方式与时间和与何人分享信息拥有了前所未有的决定权。在此意义上，数字媒体对任何以权力和控制作为立身之本的机构的利益都有巨大的破坏力，传统意义上"B2C"的传播和管理模式将面临挑战。

自媒体的革命性意义在于，普罗大众第一次以极低的成本获取了表达渠道，公民不再只是被动的信息接收者，而是正在逐渐成为信息自由传播的主力之一，这将使整个传播格局为之改变，会极大地推动新闻传播领域的民主化进程。但我们同时也要看到，自媒体传播的信息往往存在大量真伪掺杂、良莠不分的状况，如果要尽量消除虚假信息，减少其不利影响，还需要进行相应的网络文明和网络法制建设。

（3）网络媒体与公民社会正在结合。

如果没有传播科技对普通人的赋权，公民的传播能力将在很大程度上被束缚，公共空间的形成也将受到各种有形和无形的限制。网络的出现，不但释放了公民的能动性，也有助于公民之间的联结与互动，网络媒体与公民社会出现了结合的趋势。

网络本身就意味着公共讨论的新空间。以网络论坛为例，它基本上具备了公共领域的三个主要特征：公共领域的参与主体是由私人组成的公众；公共领域为参与者们提供充分讨论与沟通的公共场所；公共领域中的参与主体能够无拘束地进行批判性讨论。即便有研究者认为中国根本就没有严格意义上的公共领域①，但是网络论坛的确已经成为有限的自由讨论公共事务、发表政治见解的活动场所，因此可以说，网络塑造了某种程度上的公共领域。

网络塑造的公共领域，为公民社会的成长提供了空间。在中国的现实社会中，民间力量还处于被政府“提防”的状态，受到较多的限制。此时，互联空间则提供了一个突破口，一大批具有公共关怀的中等收入阶层在网络中实现了精神上的聚合。这种精神聚合的扩展，就逐步形成了一个虚拟世界的公民社会。如果说这个公民社会最初只停留于虚拟空间，那么它现在已经越来越走向实体化。公共讨论的主题大多与社会现实紧密相关，而且这种关注和讨论，越来越跟现实的力量相结合，由此产生了某种意义上的公共舆论场。“孙志刚事件”就是公共舆论场的成功试验。该事件通过传统媒体形成一个有意义的话题，继而通过网络论坛对这个话题进行热烈的讨论，并形成了比较一致的、强大的民意，最后由传统媒体报道和反映民意，推动了政府对所讨论问题的解决。“公民社会就这样突破了制度屏障，先从互联网找到突破口，在互联网扎下根来，实现了虚拟世界的自发联合。再以公民集体行动逐步渗透现实，影响现实，推动现实，改变现实。公民集体行动在中国原本是做梦都不能想象的，但借助互联网，借助互联网带动的公共舆论场，它们变成了现实，在中国的公共生活中创造了一个又一个奇迹。”（笑蜀，2009）网络媒体与公民社会的结合，还表现在著名的“华南虎假照片”事件中。各个论坛、QQ 群中的“打虎社群”里，不仅有普通网友，还有记者、机械制造自动化专业博士、植物研究专家、法律硕士、摄影专家等专业人士。他们对“虎照”进行了具有高度专业水准的分析，揭穿了照片的作假，传统媒体对“虎照”的层层质疑，基本上是由网络公民社会中的讨论来推动的。网络公民社会坚持不懈地关注事件进程，也使“虎照”事件无法消失在传统媒体的议程之中，最终推动了真相的水落石出，官方也不得不对事件有所交代。可以说，如果没有网络公民社会，这一时间跨度如此之长的事件，很有可能会像以前无数次同类事件那样不了了之。

网络媒体与公民社会的结合，也反过来倒逼传统媒体必须做出回应，网络议题与媒体

① 陈力丹认为，公共领域是自由讨论政治问题的领域。中国的传媒只在个别情况下可能充当了社会的公共领域，而为了获得这种个别的讨论空间，一些新闻工作者付出了被报复乃至遭到监禁的代价。见陈力丹：《以“公共”联姻传媒和知识分子需谨慎！》，《传播与社会学刊》2008 年第 6 期。

议程产生了互动，网络空间的宽松带动了传统媒体的解放，有人称之为“网络内外之媒体事件有交织放大之势”。网络媒体“来源于大众，服务于大众”的民间特色，也召唤着传统媒体的公共性。总体而言，公民社会、网络媒体、传统媒体构成了一个相互促进的循环。

3. 公民的成熟，要求传媒进行以公共利益为导向的进一步社会转型

就整个世界的发展趋势而言，随着物质、文化、精神生活的进步，社会公众越来越希望对与自身利益相关的事务有发言权、参与权，这是个渐进的过程，政治上的不断开放，让普通民众有更多机会参与到公共政策的制定之中。

改革开放30年中，公民的权利意识和公民意识逐步苏醒。像冯正虎那样的普通中国公民为了维权进行抗争，从而引起社会关注的事例，标志着由外国势力“主导”中国人权事务的时代一去不复返了，这也见证了中国公民的成长与成熟。而在由国家语言资源监测与研究中心网络媒体语言分中心、商务印书馆等单位联合主办的“汉语盘点2009”活动中，“被”字成为网民票选的“2009年度汉语第一字”，也体现了这种变化。有评论如下：

> 2009年风行华夏大地的“被××”句式，其典型形式是用于语法上不允许使用“被”的场合，如“被自杀”“被自愿”“被就业”“被小康”等。一个事关公民权利，应该由当事人自己做主的行动，常常被人代劳，事先未得到当事人同意，事后却被强行指认为当事人所为，当事的公民身不由己，不但未能行使理应享有的法定权利，还要听任强势者的“话语强暴”，连自我声辩的机会也得不到，如此窘境，除了“被××”句式之外，很难找到更为传神的表述。在这层意义上，“被”成为年度汉字一方面说明了权力的横蛮和强势者的滥权，另一方面也说明民众对权力和强势的质疑和责难。
>
> 不过，话说回来，公权力机构的蛮横非自今日始。明明强收了你的钱，还一定要说是“自愿”，这在今天单位发起的捐赠活动中仍不鲜见。寻租之时更连说都不用说，因为从来就没有不自愿交租的。
>
> 同样的情况，到2009年既未见减少，也未见减轻，为什么却“被”字盛行？从过去见“被”不怪，对“被”没有感觉，或者有感觉也不敢言“被”，到现在遇“被”则鸣，这中间是什么东西在变化？有人归之于个人“权利意识的觉醒”：“公众现在对此更加敏感和不能容忍，这是权利意识觉醒的趋向，也是走向公民社会的希望所在。臣民时代和公民时代人们对权力行为的观感和忍受底线，绝对有极大差别，彼时能接受的，此时已不会退让。因此，‘被’字结构的流行，也应被看作是觉醒了的权利向尚不适应这种觉醒的权力的呼吁。”
>
> 在更深层面，“被”字流行反映了公民与政府乃至国家的关系正发生着深刻的变化。这种变化反映在公民个人层面，就是公开主张自己的表达权利；反映在舆论层面，就是以“被××”句式泛滥为形式的要求话语自主。

周瑞金有个著名的观点，就是中国已经出现了新意见阶层。所谓的新意见阶层，主要由公共知识分子和热衷于公民集体行动的中等收入阶层组成，这部分人受过良好的教育，有着相当强的表达能力和行动能力，也有强烈的表达意愿和参与激情。“在公共舆论场翻云覆雨的正是这样的一个新意见阶层，他们就仿佛是中国新闻版图上的一支游牧民队伍。专业的媒体好管理，这样的游牧民却很难驯服，他们一方面来自四面八方，数不胜数，另

一方面根本无从识别，谁也不知道他们到底是谁，到底寄身何处，事发时他们到底如何反应。风来时万钧雷霆，风去后了无痕迹。”（笑蜀，2009）

劳伦斯·斯通（Lawrence Stone）曾指出，英国革命、法国革命和俄国革命都发生在这些国家的成年男性中约有一半人获得文化和阅读能力之后。显然，随着文化水平的提高，大众对获取原来由精英统治阶层所独享的政治与文化权力的欲望就会增加，如果原有的社会机制仍然排斥大众的参与，社会就会出现失衡，反精英统治的行为就会随之兴起。（劳伦斯·斯通，1969，42 页）这一分析提醒我们，一个社会中受过教育、具有独立思考和批判能力的人越多，则社会治理的进行就越要吸纳公众的利益要求。如果以大专以上文化程度人员的数量来看，中国目前已经有将近 1 亿人拥有大学学历，而且以每年超过 800 万的速度在增加，10 年之后，中国可能将拥有 2 亿大学学历人群。这群受过高等教育的公民并不会轻信媒体的宣传，也不会逆来顺受，他们有明显的维护自身权益的动机和能力，必将对社会结构和公共生活产生极大的影响。他们的加入，已经改变了既有的传媒格局，也必然要求大众传媒在从真相传播到意见表达的各个方面，做出更大的改变。随着公民的权利维护、理性表达、平等对话、民主参政议政等意识日渐增强，民众对媒体作为“公共领域”的功能发挥必将有更为丰富的要求。传媒体制必须适应这一趋势，并及早做出改变。正如乔治·索罗斯（George Soros）的观点，“现在中国人还愿意将个人的自由服从于政治稳定和经济繁荣，但可能不会永远这样”；所以中国领导人需要比奥巴马总统更有远见卓识，他们是在掌舵，而且如果要向更开放的社会迈进，他们必须放弃一些已有的特权”（乔治·索罗斯，2009）。因此，我们的新闻体制与媒介文化改革最根本的问题，就在于“应对自由的挑战，更新社会控制模式及其权力关系。

（五）中国社会转型面临的困境，加大了传媒向公益导向转型的紧迫性

传媒转型是转变经济发展模式的需要，是为国内转型争取国际空间的需要，还是积极推动社会政策与政治改革的需要。

1. 转变经济发展模式所面临的困难，要求传媒业提升公共服务能力

转变经济发展模式，是中国当前面临的最重要也是最困难的任务之一。就国内而言，中国的经济结构明显失衡，拉动经济增长的三驾马车中，内需持续萎靡，出口遭受打击，现在主要靠政府投资拉动，但是这种状况不可持续。就国际而言，中国已经是世界第一大出口国，其贸易顺差在全球 GDP 中所占比重也是有史以来的最高水平。世界很难再容忍中国以经济出口为导向的增长模式，那么拉动内需就势在必行，但由于中国社会贫富分化悬殊，民众想消费却没有经济实力，内需难以拉动。我们必须进行大规模的社会利益调整，只有让占国民比例大多数的普通民众占据社会利益分配的主体地位，才有可能解放民众的消费能力，实现以消费需求为主的经济“内生型”增长。而对社会利益的调整来说，我们只凭体制之内的力量是很难推进的，只依靠政府部门来推动也是不可行的。如果传媒不能对民众利益进行充分表达，对特权进行充分监督，那么社会利益的调整将会非常困难，调整的方向也不一定对民众有利，扩大内需也就会成为一句空话。

中国经济发展模式的调整，还包括向服务业转型的产业升级，这也对传媒为社会提供公共服务的能力提出了更高要求。

迄今为止，中国内地服务业仍很不发达。相对于其他经济体而言，中国内地服务业占 GDP 比重太低，只有 40%；而韩国、中国台湾地区、中国香港地区则分别为 50%、70%、

90%。相较于制造业而言，现代服务业——包括金融证券、信息传播、文化创意等行业的发展，对新闻自由、社会透明、司法公正等制度环境的要求非常高。而中国在上述领域内的制度建设非常不完善，这是导致服务业难以发展的重要原因。陈志武教授曾经从资本市场的发展等角度进行论述，认为建立一个受法律保护的自由新闻媒体行业是市场经济发展的必要制度机制。大众传媒必须充分发挥作用，促进信息的自由流通，减轻社会的信息不对称，增加市场的透明度，限制权力之手的内幕运作，才能促进现代服务业的健康发展。

传媒既是制度环境的组成部分，又是服务业中的重要板块，它的转型与提升，对中国经济发展具有重要意义。

2. 为中国发展争取国际空间，要求传媒业以公共性为价值取向

在全球化时代，国际政治必然影响到一国的国内社会发展。中国要想顺利完成国内社会的转型，就必须获取安全且对己有利的国际空间，而这需要“软实力”的支撑。在哥本哈根气候峰会上，以温家宝总理为首的政府团队为中国争取到了重大的国家利益，为国内的经济社会转型争取到了充分空间。国际舆论也不得不承认：“中国是最大的赢家之一。”但是，即便中国政府作出了在自己能力范围内的有诚意的承诺，并允许一定方式的国际核查，却仍被西方舆论塑造为“不负责任”的国家，这对中国的潜在利益造成了威胁。西方发达国家的传媒已经不止一次对中国形象有意无意地抹黑，对中国形象的定义权，很大程度上操控于西方传媒之手。在中外的利益博弈中，西方传媒常出于意识形态的偏见和维护其国家利益的目的，与政府联手向中国施压，挤压中国的战略空间。中国在人民币汇率、能源政策等问题上承受着强大的国际压力就是例证。中国政府要想在政策制定上保持自主性、维护国家利益，以及为国内经济社会发展争取更为宽松的国际空间，就必须提升自身的软实力，打破西方的舆论霸权，把对中国的报道权和解释权拿回来。中国政府近年来之所以强调要提高国际传播能力，正是因为越来越深刻地感受到需要在国际交往中争取更多的话语权和中国形象塑造权，这是十分紧迫的战略任务。

我们必须清醒地认识到，软实力的提高，必然涉及传媒体制的深层次变革。因为“软实力”建设的背景，不再是国内那种垄断的观念市场，而是一个开放、透明、多元、充满竞争的世界赛场。如何在各种声音和多元的价值观念相互竞争的状态之下，使自己的价值观念和声音被众多的“他者”所认同、接受，仅仅靠“不差钱”和改进宣传技巧是不够的。搜狐董事长张朝阳甚至预言，“政府组织的媒体国家队进行全球品牌的推广因为是非市场竞争的产物，注定虎头蛇尾，毫无竞争力”（张朝阳，2010）。他的推断并不一定准确。实际上从传统的“对外宣传”到新近提出的“国际传播能力”，国家在对外传播的理念上已经有了非常明显的进步，而且越来越注重市场规律，也有了很多先进的做法。中国的国际传播能力在未来一段时间肯定会大大提高。但是张朝阳的话也提醒我们，中国的新闻媒体要想融入世界尤其是融入西方国家的主流，除了遵循市场规律之外，还必须以服务于公共利益为导向，在价值观上提高竞争力，以客观、公正、独立的报道和评论为支撑，来获取全世界受众的尊重和信任。能够获得全球尊重和信任的媒体机构，才是中国软实力的真正支撑。如果媒体一味强调“坚决与政府保持一致”，脱离国外实际，脱离国际市场，脱离国际受众，也就难怪别人将其视为官方工具，对其报道的信任度也会大打折扣。这种以传统理念为指导的媒体再大再多，也无法真正在国际上为中国争取到话语权。因此，我们要想提升软实力，首先要对当前的宣传管理体制进行深层次改革，如果只是着眼于更新装备，改进宣传技巧，花再大的力气也只是舍本逐末。

3. 民主法治领域改革的困境，要求传媒肩负起公共责任

随着经济与社会的发展，民众对民主与法治的呼声也越来越高。

布伊克斯（Boix）和斯托克斯（Stokes）的研究表明，随着经济的成长，一个国家从专制变成民主的概率会大大增加（华世平，2007，103 页）。当人均 GDP 是 1,000 美元时，一个国家发生民主转型的概率只有 6%；而当人均 GDP 达到 12,000 美元时，这个国家发生转型的概率达到 33%，是前者的 5.5 倍。倘若一个国家现代化程度相当高，人均 GDP 达到 12,000 美元时还是一个专制国家，那么三年之内它就会发生民主转型。但事实上，人均 GDP 达到 10,000 美元以上的国家，除了石油出口国以外，已经多数实现民主化，而石油出口国之所以在经济发展之后还能维持政治上的专制，问题不在于人民的收入水平，而在于资产的流动性和分配的不平等（华世平，2007，103—104 页）。有研究者将其总结为一句话：平均而言，一国人民越富裕，他们越可能偏好、达成并维持该国民主体制。

中国的人均 GDP 已经超过 3,000 美元，随着国民财富与知识能力的增长，社会大众对民主、法治的呼声也越来越高。从利益调整的角度来看，民主、法治本身就是一种利益表达、利益聚合的机制，因为它能使社会上不同的利益要求通过协商、谈判等方式，找到不同利益之间的最大公约数，构建多元利益之间的交汇点，从而使多元利益要求在法治框架下得到制度化的妥协，实现不同利益之间的“正和博弈”，也就是说，民主和法治机制为多元利益之间的协调与整合提供了一个制度化的平台。这也可以解释为什么公众在遇到不公之后，总是会发出推进民主法治的体制改革诉求，因为他们遭遇的，正是合理机制缺失下的利益压制与掠夺。

民主法治领域的改革明显落后于经济改革，成为当前诸多矛盾冲突的原因。该领域内的改革之所以艰难，关键原因之一是既得利益集团的反对。官员财产申报与公开制度的设想在十几年前就已提出，但至今都未取得实质性进展，由此可见既得利益集团之顽固。当前社会已经形成了一些强势的权力资本集团，它们依靠权力获取超额经济利益，又依靠金钱巩固权力，成为现行体制的最大得益者。若要向民主法治方向改革，必定会触动它们的利益，也必然遭遇这些既得利益集团的阻挠。现在改革与反对势力之博弈已成拉锯之势，有人称“改革到了关键期”。值此决定前途与命运的转折点，大众传媒必须肩负起自身的历史使命，以社会整体福祉和民众长远利益为出发点，汇聚公共舆论的力量，参与到改革的洪流之中，协助改革的顺利推进，促进中国民主法治的建立，进而实现和谐社会与“中国梦”的伟大愿景。

（六）传媒转型的目标

2004 年 9 月 19 日，党的十六届四中全会正式提出“构建社会主义和谐社会”的战略目标。和谐社会指的是一种和睦、融洽并且各阶层齐心协力的社会状态。它是对中国社会转型目标的一种设定。民主法治、公平正义、诚信友爱、充满活力、安定有序、人与自然和谐相处，是和谐社会的主要内容。利益和谐是社会和谐的基础，只有社会利益结构大体平衡，诸多阶层群体各安其所，和谐社会才有现实支撑；而在利益失衡的条件下，建立起和谐社会存在现实阻碍。

从长远目标来看，大众传媒应该成为和谐社会的促进者与维护者。因此，传媒转型的目标，就是成为和谐社会的有机组成部分。针对当前社会利益分配不公、冲突显化的状况，大众传媒一方面要当好社会的耳目喉舌，另一方面要以公共利益为宗旨，引导各个利

益群体以理性、合法的形式表达利益诉求，尽力建设规范的对话协商机制和社会整合机制，在协调利益的同时，促进社会沟通和认同。

参考书目

陈力丹：《学术对谈：反思与展望（下）中国传媒改革开放三十周年笔谈》，《传播与社会学刊》2008年第6期。

迟福林：《第二次改革：中国未来30年的强国之路》，中国经济出版社2010年版。

〔美〕戴尔·佩斯金、安德鲁·纳齐森：《新兴媒体重新构建全球化社会》，2006年5月3日，http://usinfo.org/media/NewMedia_gb.htm。

〔英〕戴维·米勒、韦农·波格丹诺：《布莱克维尔政治学百科全书》，邓正来译，中国政法大学出版社1992年版。

《邓小平文选》第2卷，人民出版社1994年版。

董天策：《新闻创新：迎接WTO挑战的必由之路》，《新闻界》，2001年第2期。

何清涟：《当前中国社会结构演变的总体性分析》，《书屋》，2000年第3期。

何增科：《公民社会与民主治理》，中央编译出版社2007年版。

胡鞍钢等：《第二次转型：国家制度建设》，清华大学出版社2003年版。

胡鞍钢、张晓群：《中国传媒迅速崛起的实证分析》，《战略与管理》，2004年第3期。

华世平：《政治学》，中国人民大学出版社2007年版。

黄旦：《“耳目”与“喉舌”的历史性变化：中国百年新闻思想主潮论》，《新闻记者》，1998年第10期。

黄恒学：《中国事业管理体制改革研究》，清华大学出版社1998年版。

贾品荣：《应畅通公共利益表达机制》，《中国经济时报》，2007年8月10日。

江涌：《防范权贵资本祸害》，《瞭望》，2007年第13期。

李良荣：《十五年来新闻改革的回顾与展望》，《新闻大学》，1995年第1期。

李良荣：《学术对谈：反思与展望（下）中国传媒改革开放三十周年笔谈》，《传播与社会学刊》，2008年第6期。

李培林、张翼、赵延东、梁栋：《社会冲突与阶级意识：当代中国社会矛盾问题研究》，社会科学文献出版社2005年版。

李强：《转型时期的中国社会分层结构》，黑龙江人民出版社2002年版。

〔美〕利普塞特：《政治人——政治的社会基础》，刘钢敏、聂蓉译，商务印书馆1993年版。

刘祖云：《社会转型：一种特定的社会发展过程》，《华中师范大学学报》，1997年第6期。

刘祖云：《中国社会发展三论：转型·分化·和谐》，社会科学文献出版社2007年版。

〔美〕迈克尔·波特：《国家竞争优势》，李明轩等译，华夏出版社2002年版。

钱蔚：《政治、市场与电视制度—中国电视制度变迁研究》，河南人民出版社2002年版。

〔美〕乔治·索罗斯：《索罗斯演讲，未来的路》，FT中文网，2009年10月，http://www.ftchinese.com/comments/index/001029659。

秦晖：《改革战略中的“尺蠖效应”》，《人民论坛》，2009年第15期。

秦晖：《中国的第二轮改革》，《招商周刊》，2007年第4期。

权衡：《中国社会转型：政治经济学的思考——哈佛大学著名中国问题专家托尼·赛奇教授访谈录》，《探索与争鸣》，2004年第3期。

任仲平：《决定现代化命运的重大抉择》，《人民日报》，2010年3月1日。

汝信、陆学艺、李培林：《2006年：中国社会形势分析与预测》，社会科学文献出版社2005年版。

〔美〕塞缪尔·亨廷顿：《变革社会中的政治秩序》，李盛平等译，中国社会出版社 1999 年版。

苏力、陈春声：《中国人文社会科学三十年》，三联书店 2009 年版。

孙立平：《我国贫富差距不断拉大的特征与原因》，《新远见》，2007 年第 3 期。

孙立平：《转型与断裂——改革以来中国社会结构的变迁》，清华大学出版社 2004 年版。

孙立平：《总体性社会研究——对改革前中国社会结构的概要分析》，《中国社会科学季刊》，1993 年（总）第 2 期。

陶铠：《光明日报与真理标准讨论》，光明日报出版社 1999 年版。

童大焕：《风险社会需要全新的稳定大局观》，博客网，2008 年 10 月 8 日，http：//www.blogchina.com/20081008612799.html。

万俊人：《罗尔斯的政治哲学遗产（上）》，《马克思主义与现实》，2006 年第 1 期。

汪晖：《"去政治化的政治"与大众传媒的公共性》，《传播与社会学刊》，2009 年第 8 期。

王贵秀：《政治体制改革为何不能缓行》，《煤炭经济研究》，2000 年第 5 期。

王绍光：《美国进步时代的启示》，中国财政经济出版社 2002 年版。

王绍光：《胡温改革：新的共识，新的走向》，《凤凰周刊》，2007 年 4 月 25 日。

王永生：《不同阶层收入日益扩大 调查称国家干部收入第一》，《法制晚报》，2010 年 1 月 8 日。

萧功秦：《一个并不奢侈的心愿：对孙志刚案件的反思》，《社会科学报》，2003 年 6 月 12 日。

笑蜀：《中国社会的两极振荡与传播革命》，《社会参考》，2009 年第 10 期。

谢静：《论受众的"经济人"性质》，《薪继火传》，复旦大学出版社 1999 年版。

徐寿松等：《中国富豪的"财富地图"：楼市股市成造富"梦工厂"》，《瞭望》，2012 年第 10 期。

薛晓源、刘国良：《全球风险世界：现在与未来——德国著名社会学家、风险社会理论创始人乌尔里希·贝克教授访谈录》，《马克思主义与现实》，2005 年第 1 期。

杨雪冬：《全球化、风险社会与复合治理》，《马克思主义与现实》，2004 年第 4 期。

姚洋：《转轨中国：审视社会公正和平等》，中国人民大学出版社 2004 年版。

于建嵘：《技术性的减压方式不能治本》，人民网，2009 年 8 月 11 日，http：//theory.people.com.cn/GB/41038/9831966.html。

俞可平：《社群主义》，中国社会科学出版社 1998 年版。

俞可平：《中国公民社会的兴起与治理的变迁》，社会科学文献出版社 2002 年版。

袁方等：《社会学家的眼光：中国社会结构转型》，中国社会出版社 1998 年版。

张朝阳：《90 年代以来中国传媒变革研究》，吉林大学 2006 年博士学位论文。

张朝阳：《不完全的市场经济时刻在妨碍竞争》，《东方企业家》2010 年第 3 期。

赵鼎新：《社会与政治运动讲义》，社会科学文献出版社 2006 年版。

赵金等：《媒体的"评论时代"》，《青年记者》，2008 年第 11 期。

赵月枝：《国家、市场与社会：从全球视野和批判角度审视中国传播与权力的关系》，《传播与社会学刊》，2007 年第 2 期。

郑廷鑫：《当校长遇上县长》，《南方人物周刊》，2008 年第 3 期。

中国战略与管理研究会社会结构转型课题组：《中国社会结构转型的中近期趋势与隐患》，执笔人：孙立平，李强，沈原，《战略与管理》，1998 年第 5 期。

朱成君：《"三个代表"与政治文明：政治合法性的两个支点》，《重庆社会主义学院学报》，2003 年第 3 期。

Davies James C.（1962），"Toward a Theory of Revolution"，*American Sociological Review* 27.

Harvey，D.（2003），*The New Imperialism*，Oxford，UK：Oxford University Press.

Peter Golding，Graham Murdock（1996），"Culture，Communications and Political Economy"，*Mass Media and Society*，edited by James Curran and Michael Gurevitch，Arnold，1996.

Stone Lawrence.（1969），"Literacy and Education in English，1640-1990."*Past and Present*.

第四章 公共利益实现过程中的传媒功能发挥

在利益多元化的社会中，公共利益的实现往往建立在各方利益协调的基础之上。举例而言，如果说“社会医疗保障服务属于公共利益”这一抽象判断不会引起争议，那么落实到现实层面中，以什么样的方式、给哪些群体以什么程度的医疗保障，才能算较好地实现了公共利益，就会有无数的争论。美国的医疗改革方案一波三折，几届总统推动之下尚未完全成功；中国的医保改革亦是步履艰难，皆因其牵涉广泛而不同的社会利益群体，要协调好其间的利益关系可谓非常困难。众多的公共利益事务在实践中都面临类似难题。

美国政治哲学家约翰·罗尔斯（John Rowls）运用博弈理论推导出的公正原则表明：公正实际上是利益的协调和平衡，是通过博弈形成的一种均衡。从根本上说，公共利益的实现指的是，在公民权利不受损害的前提下社会利益格局的大体均衡，而这种均衡又是社会中不同群体利益博弈的结果。因此，在利益多元化的社会中，若想求得公共利益之实现，必须经由公众讨论和公正的利益协商。在公开平等的利益博弈之后被公众接受的结果，即可被认为是较为接近公共利益。

既然公共利益是公民权利保障之上的利益协商的结果，那么，如何保证利益协商的顺利进行，又如何使它能得到较为合理的、接近于理想的公共利益情境的结果呢？党的重要文件已经指出了方向。2006 年 10 月，中共中央十六届六中全会《关于构建社会主义和谐社会若干重大问题的决定》首次提出：“保障公民的知情权、参与权、表达权、监督权。”2007 年 10 月，党的“十七大”报告又庄严承诺：“健全民主制度，丰富民主形式，拓宽民主渠道，依法实行民主选举、民主决策、民主管理、民主监督，保障人民的知情权、参与权、表达权、监督权。”这“四权”就是公正的利益协商能够开展的基础。要实现公共利益，就必须在“四权”的基础上建立完善的信息获得机制、利益表达机制、公众参与机制、利益协商机制和舆论监督机制。

信息获取机制，就是公民能够获得有关公共事务和自身利益的充分信息，以便于作出最明智的决定。有关方面应遵循信息公开的原则，对相关信息主动发布或依申请发布，保障公民的知情权。

利益表达机制，就是公民可向社会和政府表达自身的利益诉求与意愿，并要求得到关注和满足。

公众参与机制，就是公民能够参与到公共事务当中，并且能通过一定的形式，对公共决策施加影响。

利益协商机制，就是在各方利益诉求得到明确表达的基础上，建立对话与沟通的协调机制，让利益进行公开公平的博弈，以形成合理的利益制度安排。

舆论监督机制，则是对公共政策的施行和公共权力的行使进行监督，以确保其服务于公共利益。

纵观上述五大机制，每一项都与大众传媒高度相关，甚至有一些本身就是媒体的主要功能，难怪丹尼斯·麦奎尔（Denis McQuail）说，媒体无论是出于设计或者出于偶然，都服务于“公共利益”（public interest）或者“整体福祉”（general welfare）。在赵月枝看来，大众传媒能够“扩大社会各阶层成员的政治文化视野，使他们了解不同的尤其是对立的观点，使各利益集团在互相了解、民主协商的过程中解决矛盾冲突，从而达到社会的有机协调与稳定”（赵月枝，1998），因此大众传媒是公共利益实现机制中不可或缺的组成部分。对应以上五种机制，传媒的作用分别是信息告知、利益表达、社会参与、利益协商、舆论监督。本章将这五种作用归纳为三大功能：“雷达站”（告知与监督）、“减压阀”（表达）、“整合台”（参与和协商）。

第一节 “雷达站”的功能发挥

雷达的作用与耳目相似，它能够对目标进行全天候的探测。施拉姆将媒体比作“社会的雷达”，意指媒体能够提供关于社会环境的全面扫描，帮助公众察知社会环境变化并及时调节其环境适应行为。约瑟夫·普利策（Joseph Pulitzer）的名言“倘若国家是一条航行在大海上的船，新闻记者就是船头的瞭望者，他要在一望无际的海面上观察一切，审视海上的不测风云和浅滩暗礁，及时发出警报”，说的正是这个意思。

大众传媒作为社会的雷达站，其功能又可分为“告知”和“监督”两大方面。

一、告知

告知即新闻媒体将社会变动的信息传递给公众。丹尼斯·麦奎尔指出，媒体是“社会的主要信使”（丹尼斯·麦奎尔，2010，54 页）。媒体的告知功能，是其服务于公共利益的最基本方式。

（一）知情权与告知

1. 知情权

当代社会也被称为信息社会，不论是个人还是组织，其行为决策都越来越多地依靠信息资源的获取和利用，正所谓“知讯者生存”。知情权在现代社会中已经成为一种“与个人和社会的生存权和发展权相关联”（王建军，2003）的前提性权利。

知情权（the right to know）是指自然人、法人及其他组织知悉、获取其应当知道的信息的自由。它是曾任美联社主编的肯特·库柏（Kent Cooper）于 1945 年首先提出的概念，本意是指民众享有通过新闻媒体了解政府工作情况的法定权利。20 世纪 50 年代以来，知情权逐渐被理解为一种广泛的社会权利和个人权利，即公民有了解社会活动的权利，包括对国家事务、社会事务和其他事务的了解。知情权代表了现代社会成员对信息资源的一种普遍的利益需求，并成为现代公民权利的重要内容。1946 年联合国通过的第 59 号决议中，知情权被宣布为基本人权之一。（杜钢建，1993）

公众之所以享有知情权，公共机关之所以应当将信息公开，其逻辑脉络非常简单：根据社会契约的原理，在现代民主国家中，一切国家权力来源于人民，属于人民；政府只是公众的委托者，政府不过是在代公众行使其管理国家的权力，对于公共机关掌握的大量信息而言也是如此。由于公共行政的需要，政府占有大量信息资源，但其真正所有者还是人民。因此，公民作为信息所有者，在不妨碍公共行政的前提下享有知情权是其不证自明的权利。尤其在现代社会中，政府职能不断扩张，组织专业化程度越来越高，结构也更复杂，政府与公民之间存在着巨大的信息不平衡，公民处于弱势地位，知情权的存在，可以弥补这种信息不平衡。

1987 年，中共“十三大”报告明确提出：“提高领导机关活动的开放程度，重大情况让人民知道，重大问题经人民讨论。”这是党的文件最早涉及知情权的内涵。经过二十多年的努力，保障公民的知情权已经落实为信息公开制度的确立。经过公众讨论，2007 年 11 月 1 日起正式施行的《中华人民共和国突发事件应对法》中，删除了 2006 年草案中对媒体报道的限制性规定，这一删除决定表明，最大限度地保证信息发布的畅通、透明和准确已经成为社会共识。《中华人民共和国政府信息公开条例》于 2008 年 5 月 1 日起施行，将公民的知情权以法规的形式加以落实，可谓是公民知情权保障的里程碑。条例“以公开为原则、以不公开为例外”的根本理念，是一个巨大的进步。

2. 有媒体的告知，才有公众知情权的实现

知情权如此重要，但是公民却无法独立地维护自身的知情权。就普通大众而言，他们的行动范围和信息搜集能力都是有限的。而新闻媒体是专业的社会信息收集、制作、传播机构，它的力量相对于单个公民要强大得多，它能够将大量的、广泛的信息迅速传递给公民、法人和其他组织。因此，新闻媒体作为整个社会的交流中枢，是大众获取信息的最主要渠道，也是公众知情权得以实现的重要保障。“科技进步使人们日常生活中对信息的需求比以往任何时期都强烈，因此新闻界的重要性也与日俱增。把信息分类，并以清晰的、持续不断的方式提供给公众，已经成为新闻界日益沉重的责任。”（莱特尔，2003，14 页）甚至可以说，媒体的告知就是知情权的代名词，没有媒体的告知，就没有公众的知情权。

（二）“告知”对于维护公共利益的作用

1. 告知是公民权利的基础，也是民主政治得以施行的前提

公共利益是建立在公民权利的基础之上的，而公民权利的实现则建立在“知”的基础上。戈尔丁（P. Golding）和默多克（G. Murdock）指出：“充分的公民权依赖于五种基本的文化权利：获得同作出个人决定和政治抉择相关的信息；获得主要的知识框架以将信息整合成关于世界的清晰连贯的解释；获得对于相互竞争的解释和政策的批评意见；获得能充分而公平地反映所有社群的生活及抱负的表述；获得作为参与者和旁观者介入公共文化的机会。”如果不“知”，也就无从表达，无法参与，批评、建议等诸多权利都会成为无源之水、无本之木。徐显明教授对此有非常形象的比喻：“给予政治权利而不赋予对政治情况的知悉权，无疑又等于收回了政治权利。就像说那个孤岛是你的，但又不许你乘任何交

通工具登上它一样。”（徐显明，2002，3页）

媒体告知功能的充分发挥，还是民主政治得以施行的前提条件。美国第四任总统詹姆斯·麦迪逊（James Madison）有言：“不掌握正确的信息情报及获得信息情报的方法，（所谓的）人民的政府只能是滑稽喜剧或是悲剧的序幕，或者除此两者之外什么也不是。掌握情报者通常支配不掌握情报者。因此，为要使自身成为统治者的人民，必须从信息情报中获取知识，把自身武装起来。”（约瑟夫·斯蒂格利茨，2002）“一个民主政府的成功，依赖于一个见多识广、信息灵通的公民群体做出智慧的决定。”（凯利·莱特尔，2003，14页）著名政治哲学家罗伯特·科恩（Robert Cohen）也将“提供信息”看作是民主政治的智力条件。“若公民获知信息，就可以把问题理出头绪，有助于形成意见与原则，导致采用适当的行动。”（C. 科恩，1988，159—160页）因此，要想有良好的社会治理，就必须有能够提供及时、准确、客观、平衡、全面信息的媒体报道。

2. 揭示社会问题

联合国教科文组织在《多种声音，一个世界》一书中描述了人类社会为获取信息而作出的种种努力，并对此总结道：“这种努力之所以必要，首先是为了创造条件使人类在面对潜伏的各种危险时心中有数，然后也为了能和大家一起看到共同对付危险的可能性。”（联合国教科文组织，1981，4页）

媒体对于社会公共事件的报道，可以帮助公众意识到社会所存在的问题，使个体的遭遇上升到公共层面，然后动员社会的力量加以解决，使类似的事件不再发生。这是一个良性的社会预警和问题解决机制。从这个角度来讲，“告知即意义”。我们在“孙志刚事件”和“SARS”之后的疫情报道中，都可以看到这种良性机制的作用。如果没有媒体参与，社会问题就无法进入公众视野，它背后的普遍性因素就无法被发掘，其公共价值也无法得到彰显。它依然会以个体的形式反复上演（笑蜀，2009）。

3. 保持社会稳定

现代政治学已经证明，社会的自主能力和信息的充分程度成正比。在一个社会中，信息越公开，信息的获取越充分，公众的自主能力和承受能力就越高，社会的稳定性也就越强，而且这种稳定的弹性也就越大，越经得起冲击。如果一个社会信息不公开，媒体无法告知公众关于社会的真实情况，普通民众能够听到的绝大部分是好听的声音，哪怕这个社会表面上看起来再“稳定”，实际上也是很危险的。“长此以往，如果一旦有负面信息传来，心理上会难以承受；若遇特殊情况，反而可能引起社会的动荡，使国家遭受损失。”（赵玉红，2004）

众多群体性事件的经验教训都显示，媒体如果不能及时向人们告知真实信息，必然会使事态更加恶化。危机发生后，有关部门往往会认为公布事件的真实情况会引起社会骚乱，遂进行新闻限制和封锁，殊不知公民的信息需求是客观存在的，事件越重要，与他的关系越密切，这种需求也就越强烈，在社会危机发生时尤其如此，媒体的不作为并不能使这种需求消失，“媒体来源被剥夺或减少的情况下，不确定性将导致人们更积极地去从非媒体信源寻找信息”（丹尼斯·麦奎尔、斯文·温德尔，1987，81页）。即人们一旦从其他非正规渠道去获取消息，谣言满天飞也就难以避免了。谣言之所以会产生，正是因为信息需求与信息供应之间的不平衡。内尔·波茨曼（Neil Postman）给出的谣言公式亦说明了这一点：$R=i\times a$，其中R=谣言（rumor），i=重要度（importance），a=模糊度（ambiguity）。媒体不作为状况持续得越久，越容易引起社会局部或整体的失控。2010年2月，山西多个地方出现大批民众上街“等地震”事件，起因就是地方政府的公共信息发布不够公开透明。在谣言已经出现之后，媒体上只发布了一个简单的否定声明，对于相关信息的来龙去脉不置一词，根本满足不了公众的信息需求，也无法赢得公众信任，最终造成了大规模的社会恐慌。

我们要意识到，公共信息的传播之于社会，犹如血液流通之于人体。一旦社会的血液流通受阻，就会引发整个社会运行机制的危机。为了保持社会的稳定，应该充分发挥媒体的告知功能，使公众能够及时、准确地知悉社会上发生的与其密切相关的重大信息，从而保证社会的稳定。

4. 保证利益博弈的公平合理

如果说多元社会中，公共利益的实现大多建立在利益合理博弈和协调的基础之上，那么要使利益博弈过程公平合理，就必须使博弈各方都充分享有相关信息，以利于各方决策。一般而言，强势集团总是比弱势群体要掌握更多的信息，此时就需要媒体发挥告知功能，为社会提供充分的相关信息，以消除博弈各方之间的信息不平衡，促进利益博弈的合理公平进行，保证利益博弈的结果最大限度地接近公共利益。如果媒体未能进行充分告知，那么不同群体之间的信息享有就依然是不平衡的，信息落差就会使部分人处于博弈中的优势地位，而令另一些人处于劣势地位，在这种信息条件下进行的利益博弈，往往会成为不公正的利益转移乃至利益掠夺。

（三）对传媒告知功能的要求

1. 迅速

在互联网时代，信息的扩散速度大为提高，所以对媒体的信息发布的时效性也有了更高的要求。《新闻调查》栏目制片人张洁谈到了一个例子：

> 韩国前总统自杀，《中国之声》的报道，五分钟之前还在说，据说总统可能是自杀；五分钟之后马上插播说已经证实总统是自杀，还留下了遗书；又过了五分钟，遗书的内容也播出了。这就是互联网时代。任何一个团体、任何一个组织想在今天的互联网时代占领主动，就必须在第一时间发出你的声音。政府总希望调查好了、弄清楚了、想好了再说，恰恰是在政府左顾右盼的时候，很多消息和谣言充斥了整个社会。

在这样的传播情境之下，一旦发生重大事件，尤其是发生重大突发事件，媒体就要按照新闻规律，在第一时间快速作出反应，在第一时间发出自己的声音，并根据准确的观察和权威消息来源，按照充分满足公众知情权的实际需要，不断从广度和深度上去拓展新闻，做好后续报道。

中共中央政治局常委李长春在2009年第十届中国记者节暨颁奖报告会上讲话时也强调，新闻媒体“必须坚持及时准确、公开透明，第一时间发布权威信息，满足人们的信息需求，回应社会关切，努力抢占先机、赢得话语权、掌握主动权，为妥善处理重大突发事件提供舆论支持”。

2. 全面

全面的含义，在于新闻媒体必须对社会景象进行完整而真实的呈现。这要求媒体提供“一种就当日事件在赋予其意义的情境中的真实、全面和智慧的报道”（新闻自由委员会，

2004，12 页），以便于媒体能够“将现代社会各个组成部分的图像，投射给所有群体、地区和国家”（新闻自由委员会，2004，41 页）。

社会由不同的群体组成，这些群体之间需要沟通，以促成相互之间的正确认知与理解。人们在作出决定时在很大程度上凭借好恶印象，他们将事实、意见与刻板成见（stereotypes）联系起来，而媒体是形成这种好恶印象的主要力量之一。不管是有意还是无心，当媒体所描绘的形象不能真实地反映社会群体时，它们就会误导判断。几年前，各地媒体热衷于报道河南人的负面新闻，那些违法之徒如果来自河南，他们的籍贯往往在报道中被强调，而其他地区的人则没有这一“待遇”，结果引发了歧视河南人的风潮。近年来，媒体在这方面已经有所改进，但是传媒中的各种形象歧视还是时常可见。比如在占据市场主流地位的都市媒体上，有关农民工群体的建设性话题偏少，现有的议题大多局限在冲突、犯罪和维持生计等内容上，农民工群体的媒体形象依然难以摆脱“污名操作”的怪圈，被贴上具有负面评价色彩的“标签定式”。即便是在一些以关怀农民工群体为初始指向的新闻信息报道中，同样流露着难以遮掩的俯视乃至歧视倾向。

媒体在对社会的各个组成部分进行报道的时候，要尽量做到：报道中被重复和强调的形象应该是这些社会群体真实而典型的形象。“如果人们能接触到某个特定群体生活的核心真相，他们将逐渐建立起对它的尊重与理解。”（新闻自由委员会，2004，15 页）

二、监督

孟德斯鸠有句名言：“一切有权力的人都容易滥用权力。”（孟德斯鸠，1963，154 页）而且在现代社会，公共权力的行使者和所有者之间存在着一定程度上的相对分离状态，因此，对权力进行有效监督非常重要。没有有效的监督，就没有权力的规范行使；而在公共利益主要由公权力来定义和供应的条件下，一旦权力行使不受制约，公共利益势必难以得到保障，缺乏监督与制约的权力最终将成为“自为”的权力，而非公共服务的权力。为了使权力能够被恰当地运用，并真正服务于公共利益，它应该被置于有效的监督之下。

大众传媒通过自身的传播活动对权力进行监督，是监督机制的重要组成部分。按照沃尔特·李普曼（Walter Lippmann）的说法，在现代社会中绝大部分公民是没有时间去关注政府的一举一动的。因此，媒体就成为公众的代理人，它们关注政府的举措，向公众报道发生了什么。“政府部门不断膨胀，日益庞杂，如果没有大众传播媒体作为信息和解释的来源以提供帮助，一个公民想了解政府的工作，哪怕一点点都不可能。”（莱特尔，2003，14 页）美国学者兰斯·班耐特（Lance Bennett）认为，“如果没有新闻记者扮演‘看门狗’的角色，美国的民主就不会存在”。他给“看门狗新闻学”（watchdog journalism）所下的定义是：（1）由新闻媒体独立地检视（scrutiny）政府、商业机构和其他公共机构的行为；（2）其目的是为了记录、质疑以及调查这些机构的行为活动；（3）最终为公民以及政府官员及时提供公众所关心的问题的讯息（Benett and Serrin，2005，169 页）。由此可见政府部门及其官员并不是“看门狗记者”监督的唯一对象，其他社会商业机构、社会公共机构等一切有权势的团体，凡是其行为涉及公共利益的，都是“看门狗记者”监督的对象。

威斯博德（Waisbord）的研究表明，在 20 世纪八九十年代，在拉丁美洲的社会转型时期，媒体的监督报道起到了非常重要的作用，它们引发了公众对于政府透明性的诉求，揭露腐败行为，推动了拉美的民主化转型（Waisbord，2000，245 页）。对于像中国这样的民主转型国家，各方面的监督机制还不完善，公权力的行使很不规范，媒体的监督报道就显得尤其重要。

媒体对权力的监督可以分为两种，一种是以增加透明度为目的的公共事务报道，一种是对权力的掌握者即官员和政府部门的腐败行为的揭发。一般来说，后一种比较引人关注，但前者有“润物细无声”之效，其重要性丝毫不亚于后者。

（一）透明即监督

马克思早已说过，官僚机构的普遍精神是秘密，是奥秘。权力拥有者之所以要保守秘密，除了不愿受制约的权力心态之外，还有利益的原因。美国经济学家斯蒂格利茨曾指出，政府“保守信息秘密很有可能是为了满足政府官员以及相关特定利益集团的隐秘目的和诉求”（约瑟夫·斯蒂格利茨，2002）。权力在不公开、不透明的状况下行使，就是“暗箱操作”。它使公众无法了解政府的运作情况，为政府官员与特定利益的合谋提供了机会。涉及的利益越是重大，官员不公开使用权力的愿望就越强烈，所带来的后果就会越严重。

在“暗箱操作”过程中，公共信息被隐匿或成为谋取私利的筹码，利益的不正当交换得以实施，“权力运行的‘暗箱操作’是滋生贪污贿赂犯罪的沃土”（林喆等，2002，436 页）。要从源头上防止钱权交易，就必须破除“暗箱操作”的权力运行方式，提高权力行使的透明度，使其过程处于公众的监督之下，就如人们可以轻易地看透干净的窗户一样。

透明度作为一种监督机制，其作用有三：第一，因为透明度的要求迫使所有必要的信息都被公之于众，可以将官员的活动暴露在阳光之下，具有震慑作用；第二，透明度为社会公众、新闻媒体的监督提供了必要条件，可以起到鼓励监督的作用；第三，透明度还具有重大的程序价值，程序启动后，经过程序处理的信息、言行、证据、材料就成为拟定的具有既定力的“客观事实”，程序参加者必须受自己过去言行的约束。如果程序具有高度的透明度，程序本身的这个特点就会更加加强其约束力。由此，高度透明的程序便具备了相当明显的防腐败功能。

中国香港从一个以前严重腐败的社会，变成现在全球廉洁排名靠前的社会，主要的经验之一就是提升了政府行为的透明度。香港的政府运行机制是高度透明的流程化运作，各级官员的职责，在流程中规定得非常清楚，整个程序非常透明，官员根本没有贪污的空间。香港的经验证明，“阳光是最好的防腐剂”。

现代媒体通过海量的公共事务日常报道，让公众知道政府做了什么，权力如何运作，与公民有什么利害关系，使权力的运作透明化。这种媒体监督看似没有锋芒和硝烟，却是最有效的方式，可以起到未雨绸缪的预防作用（展江，2009）。

（二）揭发式监督

媒体的调查性报道，会对被隐瞒的社会真相和腐败内幕进行曝光和揭露，并形成一种问责和追究的公共舆论压力。比如美国新闻史上的“扒粪运动”，实际上就是大量进行调查性报道的时期，新闻记者通过对事实表象（what）之后的更深层次的体制或黑幕（why 和 how）的不断调查，揭发了各种腐败内幕，大大促进了针对这些弊政的社会改革。传媒的“舆论监督”功能，其实是民主政体下“以社会制约权力”的政治原则的体现（谢岳，2005，93—96 页）。

近几年，经由媒体披露的关系国计民生的重大事案不胜枚举。如媒体对“躲猫猫”案等多起看守所发生的意外死亡案的报道，促使司法部和最高检察院联合开展了对看守所的整治。媒体对“三聚氰胺奶粉”的报道，揭示了中国食品安全中存在的严重问题，其结果是高官去职，相关法规修改。但总体而言，媒体独立揭发的重大腐败案例是非常少的，媒体的调查揭发式报道还大有可发展的空间。

第二节 “减压阀”的功能发挥

一、利益表达的含义与意义

（一）何谓利益表达

阿尔蒙德（Almond）将利益表达定义为“社会中的各种利益集团或个人因个人利益而表示自身的要求，并希望把他们的利益要求导入政治体系，通过政治精英参与政治决策”（加布里埃尔·A. 阿尔蒙德、小G. 宾厄姆·鲍威尔，1987，199页）。多元社会中，不断分化的各种不同类型的利益群体为了实现自身的利益，必然会寻找渠道向政府或社会提出自己的利益诉求，这就要求通过一种制度安排，使各群体能够在这种制度化的路径下合理、合法地表达自身的利益诉求。而媒体由于具有明显的易得性和公开性，大众必然将其看作行动的社会资源，自觉利用它表达利益诉求。

利益表达机制有两大作用，一是促进利益的整合与平衡，二是成为社会的“减压阀”。

（二）利益表达的意义

1. 充分的利益表达是实现利益均衡的条件

美国政治学家戴维·伊斯顿（David Easton）运用系统分析的方法提出了政治系统理论（Political System Theory）。这一理论认为，政治系统是一个开放的系统，而公共政策是政治系统的产出，是对周围环境所作出的反应。这里把环境对政治系统的影响称之为输入，也即要求或支持，它是公共政策的起点（戴维·伊斯顿，1999，43页）。这便为利益表达机制提供了一个理论框架。

阿尔蒙德则在伊斯顿研究的基础上对“输入—输出”理论作了进一步的发展，他认为，政治过程包括两个阶段：将要求传导到政府机构的输入过程和作出贯彻和决定内容的输出过程。在他的理论中，明确地提出了利益表达这一概念。在他看来，典型的利益表达是通过传播媒体和一系列利益集团实现的。（加布里埃尔·A. 阿尔蒙德、小G. 宾厄姆·鲍威尔，1987，210页）政治过程的运作、利益的综合与实现，都是以利益表达为起始的。利益表达能够通过法定形式，使公众“进入”政府决策过程，使公民从被管理的对象变成参与性力量，也使政治制度能够照顾到社会各阶层的利益。当然，大众传媒是协助公众进行利益表达的主要渠道之一。

由于公共利益的判断过程是一个牵涉多种因素的错综复杂的过程，在多元利益结构的社会环境下，要使政府的判断和决策不偏离公共利益的轨道，必须有各利益主体对其利益进行充分表达。这样，一方面可以弥补由于信息不足而造成的政府决策的缺陷，减少因政策失误和执行偏差而对公共利益及公民权利造成的侵害和损失；另一方面还可以有效防止因政府自利性动机和利益集团的影响而造成公共决策偏离公共利益的现象，保证公共决策科学化、民主化。对于执政党而言，将公民利益诉求合理吸收到执政党的政策当中，实现和维护公民的利益诉求，有利于巩固党的执政基础。如果社会中相当数量的利益群体无法通过有效的通道表达利益诉求，那么政治决策和公共政策由于信息的不完善将无法反映社会利益关系，因而必然导致社会利益格局的失衡，从而造成社会冲突和不稳定。可以说，无表达则无公共利益，充分的利益表达是公共利益得以实现的必要条件。

2. 畅通的利益表达渠道是社会的减压阀

中国当前的社会稳定压力较大，压力的根源来自于社会转型过程中的利益分化与冲突。其一是在当前正在进行的转型中，并非所有人都是获利者，还出现了大量的利益“相对受损者”乃至“绝对受损者”，这些人对社会有明显的不满情绪。其二是社会利益的分化必然形成各方利益的博弈，而博弈机制不完善，弱势群体的利益得不到维护，引发了大量的利益冲突，造成了广泛的社会不满。这些不满的积累会使社会情绪处于紧张和不稳定的状态，一旦遇到突发事件，就容易出现民众情绪爆发现象和社会动荡。

如何缓解社会稳定的压力？科塞（L. Coser）认为，为了防止社会失控，社会系统要“提供排泄敌对和进攻性情绪的制度。这些安全阀制度通过阻止其他方面可能的冲突或通过减轻其破坏性的影响而有助于维护这个系统。这些制度提供敌对情绪的替代目标以及发泄的手段。通过这些安全阀，敌意不致指向原初的目标”（L. 科塞，1989，33 页）。亦即通过一定机制，将社会的不满情绪进行有序排放或转移，以保持社会秩序的稳定。这就是“减压阀”机制。

通过建立日常化的、有效的渠道，使社会公众的意见和利益诉求得以表达，一是可以使政治系统能够及时地吸纳社会成员的意见、愿望和要求，保持政治系统对社会变迁的吸纳功能。二是可以使各利益主体相互沟通，化解由于不了解造成的误会和不满，以促成彼此之间相互谅解，达成社会共识。三是让包括不满、反抗在内的各种社会情绪得到经常性的表达和释放，使社会成员的压抑、亢奋等各种失衡心理得以及时疏导和散发，从而避免挫折能量在社会底层不断积累，造成社会情绪的淤积乃至爆发。减压阀机制是一种从源头上保障社会稳定的重要机制。

二、利益表达渠道不畅

（一）利益表达成为现阶段的社会公共需求

社会转型是利益表达问题凸显的根本动力。1979 年以后，我国社会的利益结构从一元化向多元化转变，不同的利益主体必然要寻求各种渠道来表达自身的利益诉求，并尽力使其诉求进入公共决策过程，从而制度性实现自身的利益。

经过 30 多年的改革开放，中国社会开始由生存型阶段进入发展型新阶段（迟福林，2005）。生存型阶段社会利益结构分化程度较低，社会阶层分化不明显，利益关系相对简单。进入发展型新阶段，社会利益主体多元化、复杂化，分化组合，特别是市场化转型带来利益格局的深刻调整，调整不仅仅触及个体利益，而且往往涉及某个社会群体或阶层的利益。不同利益群体之间的矛盾和冲突大量产生，利益群体之间的博弈具有普遍性。由此，社会利益的矛盾和冲突日益增多，利益的表达和诉求日益迫切，已经成为现阶段的社会公共需求。

（二）现有利益表达渠道不通畅

2007年年底的《瞭望》周刊曾经发文指出：近些年来，从各种渠道体现出来的公众利益诉求的数量日益增多，增幅越来越大，而现有渠道不足、表达不畅的状况日益突出。本书认为，现有的利益表达渠道是不少的，主要问题还是在于这些渠道不通畅，没能起到应有的作用。

从表面上看，较之西方国家，中国社会成员的利益表达途径并不算少，有各类新闻媒体，还有人民代表大会制度、政治协商制度、信访制度等，以及各种形式的行政领导接待制度（如公开接待日、市长热线、市长信箱等）。但对于普通社会大众而言，这些渠道往往存在着梗阻现象，无法满足他们有效表达利益诉求的意愿。

下面以选举和信访制度为例对上文观点加以说明。在现代民主国家，选举是公民表达利益的根本途径。我国宪法也把选举权与被选举权置于“公民基本权利和义务”一章的前列。改革开放以来，人民代表大会在国家政治生活中的地位不断提高，作用有所增强，但不可否认的是，人民代表大会制度还存在着不少缺陷，主要是现行人大代表选举程序难以完全确保代表与选民之间的利益代表关系，难以完全确保人大代表与政府工作人员之间的权力授受关系。正如有的专家指出的那样，在这种情况下，“选举作为公民进行利益表达根本渠道的功能，实际上非常微弱”（王中汝，2004）。而专为利益受损者准备的信访制度，在现实中作为“安慰剂”的作用远大于实际解决问题的能力。学者于建嵘甚至建议撤销各级政府职能部门的信访机构，把信访集中到各级人民代表大会，通过人民代表来真正实现利益表达和监督（于建嵘，2009）。至于原本属于公众利益表达主渠道的新闻媒体，现阶段还是以宣传功能为主，对民众利益表达的容纳程度，仍远远落后于民众的期望。

（三）利益表达渠道不通畅的原因

1. 观念误区

过去，对利益表达存在一些认识上的误区，一是觉得现有制度已经足够代表人民的“根本利益”，忽视了民众切身利益的表达；二是往往过多地从政治角度来理解利益表达，一说到公众的利益表达，就觉得“不好控制”，是“敏感问题”，结果往往导致利益表达不够有效；三是对社会稳定的理解存在偏差。片面强调把一切问题“消灭在萌芽状态”“严防死守”，以权力强制对待民意诉求，堵塞了公众尤其是弱势群体利益表达的正常渠道。

2. 政治体制滞后

公众利益表达不充分、不通畅的主要根源在于现行体制。

（1）表达系统尚未适应利益多元格局。

制度刚性是指当外部环境变化需要变革制度时，制度难以按照需要相应地及时变化。这是转型社会经常出现的问题，我国社会现行的表达机制也存在这种状况。

在现阶段，社会利益结构多元化之后，不同利益主体开始觉醒，公众“物质利益诉求与政治诉求和权利诉求相交织的态势”已经被激活，多样化利益诉求迅速增长，这就对利益表达系统的功能提出了更高的要求，需要其通过不断的调整来逐渐完善，从而将大多数利益表达纳入体制化渠道。但是现行利益表达机制的主要框架来源于计划经济时代的政治体制，是一种半封闭的、以由上到下的单向利益表达为主的机制，缺乏适应现阶段利益表达格局的能力和弹性，因此对在新的社会条件下实现各方利益的充分表达上显得非常无力。

(2)“压力型”体制造成的变异。

20世纪90年代以来，上级政府部门采取了用包括经济增长率在内的各种指标考核下级官员政绩的做法。到后来，这类考核愈演愈烈、指标体系越分越细、越来越多，GDP增长、招商引资、就业安置、计划生育……凡此种种，逢事必考，而且很多指标还实行“一票否决制”。上级政府根据考核的结果，按得分的多少判断下级部门及其官员的表现，并以此作为对下级官员升降的重要根据。在这种考核制度下，千方百计完成指标、用尽一切手段拼出个好的排名，成为下级政府工作的中心任务，这就是“一手高指标，一手乌纱帽”和由众多“一票否决权”构成的“压力型”体制（荣敬本、何增科，1998）。

在“压力型”体制之下，中央提出的“以稳定促和谐”的发展理念在基层往往会发生变异。上级部门都把“保持社会稳定、促进社会和谐”列为考核下级官员政绩的一个重要指标，实行一票否决。但现实是许多地方政府的治理能力有限，社会矛盾频发，无法真正实现这一考核目标。为了保证考核过关，某些地方政府形成了一种畸形的稳定逻辑：稳定就是群众安分守己、和谐就是风平浪静。不发生群体性事件，没有围堵政府大门，无大规模上访，没有大的聚众闹事，就可以对上有个交代。一旦发生此类事件，地方政府就高度紧张，不惜耗费一切资源，用尽一切手段，把负面消息捂住，把群众堵住。在这种“不管是不是真正的稳定，只要看起来像稳定”的逻辑之下，只要本地区“没有事情发生”，或者发生的“事情”没有进入上级的视野，就能在“综治维稳工作考评、和谐单位目标考核”中取得高分，安定和谐局面即算达成。因此，在对利益表达和冲突问题的处理中，政府的精力主要不是用在疏导和协调上，而是用在抑制和善后上。有的地方政府官员甚至对正常的意见与利益表达进行打击报复，比如“彭水诗案”“河南灵宝县跨省拘捕发帖者案”等。既然对一条表示不满的手机短信、一篇说明事实真相的网文，都可以动用侦察机关，试图把当事人抓进去判刑，那么可想而知，在这种气氛和格局下，很难有人敢于亮明身份表达不同的利益诉求，利益表达渠道再多再完善，也只能成为摆设。山东新泰市信访局的做法就很能说明问题，信访局网站上的一篇“经验交流”总结了当地打击越级上访户的“经验”：“公安机关依法打击一批，精神司法鉴定治疗一批，集中办班培训管掉一批。”当地多名对征地拆迁不满的上访农民被政府抓回后送进精神病院，直到签下不再上访的保证书后才被放出。新泰市也因“信访成绩突出”而被山东省授予“先进称号”。在这种稳定逻辑下，不单是信访，包括媒体在内的所有利益表达渠道都会出现梗阻现象。

3. 媒体的功能发挥受到限制

就当前我国的现实情况来看，传统主流媒体主要是充当“党和政府的喉舌”角色，以正确的舆论宣传增进公众对执政党和政府行为的认知，以政治权威的意志为导向来整合社会。传统媒体的这一定位和功能是与当前我国经济、政治发展水平相适应的，在现实社会生活中已经并将继续发挥不可替代的积极作用。但是，以人为本观念的深入人心、民主政治改革的日益深化、社会多元开放的持续扩展，向传统媒体提出了一个与时俱进的历史命题，那就是：媒体如何更加勇敢坚定、更加广泛包容地承担起“公共空间”的社会责任，自觉地将自己建设成为促进公共意见充分表达和讨论的有效载体。在这方面，传统媒体与此目标之间目前仍然有很大差距，民众的利益呼声尚难以通过媒体得到及时、充分的表达。

人民论坛杂志社于2009年组织了一次“什么是社会最有效的‘减压阀’”的问卷调查，其中一个问题是“您认为哪个渠道最能保障公民的知情权、参与权、表达权和监督权”，结果69%的受访者选择“网络”，12.7%的受访者选择“传统媒体”（人民论坛“千人问卷”调查组，2009）。与网络相比，选择传统媒体的比例如此之低，说明媒体对民意的表达存在明显欠缺，大部分民众利益的表达呈现体制外的特征。

（四）利益表达渠道不畅的危害

1. 利益分配不平衡，公共利益受损

利益表达渠道不通畅，是对于占社会成员大多数的普通大众而言的。在任何一个社会，强势集团从来不存在利益表达渠道不通畅的问题。这个群体掌握着更多的社会资源，有更强的表达能力，与决策集团有更为紧密的联系，或者本身就是决策集团的成员，可以方便地对公共决策施加影响。这个群体将自身利益制度化的能力远远高于一般社会群体。如果普通民众的利益得不到公开的、充分的表达；或者公开的利益表达机制失效，导致真正有效的利益表达往往在私下进行，那么就必然会造成政治吸纳的偏颇。在民众利益因为表达困难而难以进入公共决策程序的同时，强势利益集团却可以利用自身优势趁机对公共政策进行利益输入，最终导致利益集团“俘获国家”的困境，乃至造成社会利益结构断裂，即“民众的利益诉求无从影响政府决策这么一种状况”（陈映芳，2003）。在这种状况下，政府官员对民众不承担利益责任，执政党政策与下层利益诉求分离，国家对各阶层的利益配置严重失调，公共利益受到损害，社会矛盾冲突剧烈。

2. 发展与秩序不可兼得

抑制公众的利益表达，实质上是一种通过压制矛盾来解决矛盾的手法。由于经济社会的发展带来了大量矛盾和问题，超过了现行政治系统的容纳和化解能力，政府往往求助于强制性的力量，即国家警力的不断强化和高强度的行政干预来维持政治秩序的稳定。但是这种技术性的手段没有真正消除滋生冲突的社会根源，只是权宜之计。

从政治学的角度来讲，依靠政治权力的强控制可以塑造政治秩序，但不能长久地维持政治秩序。强制力所带来的社会服从是一种被迫的服从，这种服从不是建立在政府对社会成员的利益满足之上，因此无法取得社会的长久认同。如果利益长期得不到有效表达，自身利益得不到实现，那么就会加剧人们对政治系统的认同危机，使政治体系陷入“越控制，越冲突；越冲突，越控制”的怪圈之中，造成发展与秩序不可得兼的局面。

3. 社会不满情绪积累，压力增大

一般来说，利益表达有三种形式：一是“圆桌政治”，即通过民主协商的方式在利益表达中实现利益的汇合。二是“街头政治”，即在没有制度化的表达渠道的情况下，采取非制度化的渠道，如罢工、请愿、游行、示威等公开表达形式。三是“夜晚政治”，即上述形式通道不畅的情况下，采取反社会行为，如各种刑事犯罪和恐怖活动，与社会对抗（夏禹龙，2003）。

这就提醒我们，人是一个由各种利益、欲望组合而成的有机体，一定会有需要满足的利益，而民众的利益表达则如同社会的气压，必须通过某种形式排遣出来。即便不能通过媒体，也会通过其他渠道表现出来。如果存在着有效的、制度化的利益表达机制，那么即便社会上存在着不满情绪，也会通过这种机制让压力得以释放，社会情绪虽有波动，也会保持在理性的范围之内，不会发展为冲突或犯罪活动。

如果民众的利益表达愿望不能通过正常渠道得以满足，那么他们就有可能选择极端的方式。尤其是“对于那些在利益分化中处于不利地位的阶层来说，他们更倾向于用非理性的方式进行表达”（蒋俊明、阎静，2004）。比如静坐、集体上访、非法举行集会游行、围堵和冲击党政机关、阻塞交通、罢工罢课等，甚至以犯罪行为报复社会。带头者要么不站出来，一旦站出来就义无反顾，抱着鱼死网破的决绝，这种在压制下产生的暴烈方式对社会的破坏性很大，而且对社会认知和心理有明显的不良影响。

政治学理论认为，如果政治系统不能向社会提供经常化、制度化的利益表达渠道和压力释放机制，以满足人们各方面的利益要求，就必然会造成人们心理上的挫折感、沮丧感，且会强化社会不满。在短期内，公民对国家可能采取消极退避的冷漠态度，对国家的忠诚度下降；而如果利益长期得不到有效的表达，那么民众对政治的不满就有可能转化为民怨，而民怨的积累最终将以暴力或骚乱的形式爆发出来，导致政治系统承受极其沉重的压力，以至于再也不能承受时，该系统就会崩溃。

在中国，因为公众合法表达和维护自身利益的手段不足，渠道不畅，所以各种非理性的利益表达行为便大量产生。而与非理性表达行为相伴随的，是非理性的情绪在蔓延。这种非理性情绪的积累必须引起我们的关注。在《人民论坛》杂志社于 2009 年组织的问卷调查中，受访者回答“我国目前的‘减压阀’多了还是少了”的问题时，83.2%的人认为“少了”。（人民论坛“千人问卷”调查组，2009）从客观上来看，社会上确实存在着民怨积聚、官民对立越来越严重的情形，普通民众中涌动着普遍的“仇官”“仇富”“仇精英”情绪，一旦碰上某些社会事件，就会突然迸发出来，以至于有论者认为中国基层社会“戾气遍地，暗流涌动”，而这种非理性的怨毒情绪，正是利益表达不畅的孪生兄弟。民意若水，堵则成灾，所以广东省省委书记汪洋强调要畅通民意，冲破言论的“堰（言）塞湖”。

如何畅通民众的利益表达，有效地化解戾气，减少政府和民众之间、社会各阶层之间的隔阂，促进社会和谐，是摆在媒体从业者面前的难题。如果不开启利益表达的大门，则利益矛盾无法解决，日积月累会酝酿出更严重的危机；如果开启，诸多相互冲突的表达行动可能会以不可控的方式和力度冲击试图为它提供空间的体制，严重者会造成社会的动荡。孙立平教授认为，“必须在利益表达和社会稳定之间取得平衡，底线是社会稳定，上限是利益表达，两者之间的就是形成制度化的利益表达机制的空间”（孙立平，2006）。

三、真正发挥利益表达的“减压阀”作用

既然民众的利益表达已经成为当前的社会公共需求，利益表达机制就应该适应社会公共需求的变化。民众的利益诉求和表达需要“出气口”，需要“减压阀”，即充分的、制度化的表达渠道，以正确引导社会中的利益表达行为，缓解社会压力。减压阀机制的建立，关键在于真正发挥已有渠道尤其是大众传媒的作用，让民众的意愿得到日常性的表达和排遣。

党政部门要首先改变观念。以理性、务实的态度对待利益问题尤其是对待利益表达问

题。利益冲突是现代社会的正常现象，利益表达是民众的正当需求。就绝大部分利益表达的性质而言，“体现的是具体利益关系，表达的是具体利益要求”（孙立平，2005）。而且在利益表达的初、中期，参与者会很自觉地将利益表达控制在有限的利益要求范围内，利益表达的方式比较克制，如果表达渠道畅通，解决利益矛盾的措施有效，这些冲突一般都会被逐渐消解。如果民意缺乏出口，利益矛盾得不到解决，那么社会秩序就会处于高危状态，而且，经过压制后的民意宣泄往往失去理性，成为破坏和暴乱的催化剂。即便是某些利益冲突最终导致了群体性事件和社会运动，我们也应该意识到，导致这些事件的真正原因并不是利益诉求得到了公开表达，而是利益的矛盾冲突本身未能得到解决，甚至有时正是因为民众的利益诉求被压制的缘故。

作为社会表达的公共渠道，媒体应该尽可能地传达社会生活中存在的不同利益群体和公民的声音，让这些声音被社会聆听。卡伦教授曾制作了一个民主媒体体系的运作模式（图 4-1），他设想通过各种不同形式的媒体，充分与社会各个阶层相联系，并实现最广泛的社会表达（詹姆斯·卡伦，2006，139 页）。

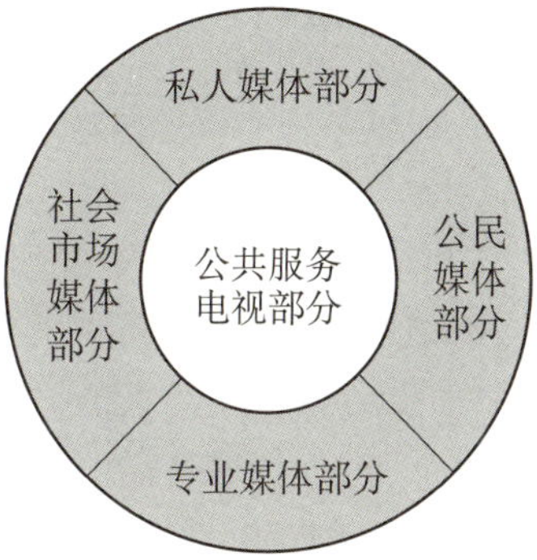

图 4-1　卡伦所构想的民主媒介体系的运作模式图

在这个传媒体系中，“公民媒体部分”（civic media sector）主要为社会团体和公民组织服务，可以促使各公民组织积极反应，表达多样化，富有效率。“社会市场媒体部分”（social market media sector）则主要指那些由国家支持，在市场中运营的为少数群体服务的传媒，它可以让传统的媒体格局中处于边缘的群体得以表达。“私人媒体部分”（private media sector）以商业利益为目的，但它对公众的娱乐需求更具有响应力，而且也会增加媒体系统的多样性（詹姆斯·卡伦，2006，140—143 页）。

“公共服务电视部分”处于整个传媒体系的核心部位。它应该优先报道社会公共事务，并为不同的意见观点留出表达的空间来，可以让社会公众集聚起来相互讨论有关社会管理的问题。卡伦将这种模式称之为“民主统合模式”（democratic corporatist）。

卡伦所设想的这个传媒体系，以公共媒体的服务为主体，兼容民间的、专业的、社会市场的和私人的多元声音，是一个理想模型。卡伦教授是从西方发达国家的语境来看问题的，其论述不要说是对中国媒体，即便是对西方媒体而言都可谓奢侈。我们可以将这一目标作为长期发展的方向，但当务之急在于放松对媒体的过多束缚，使大众可以近用媒体，从而引导民众的利益得到有序的、理性的表达，以便通过合理的利益协商，化解社会中的紧张与对立情绪。

第三节 “整合台”的功能发挥

社会整合（social integration），是指社会通过各种方式将社会结构的不同因素、不同部分结合成一个有机整体，从而提高社会一体化程度的过程。社会的有效运行依赖于社会分化与社会整合的平衡与协调。社会利益结构越是多元化，我们就越是需要一种整合与协调的机制，使社会各阶层、各群体能够彼此认同，和谐相处，否则，社会就有可能因为分化而分裂，从而导致社会大规模冲突。美国社会学家安东尼·欧伯箫认为，社会整合力高，发生社会运动的可能性就低；社会整合力低，发生社会运动的可能性就高（Oberschall，1973）。

大众传媒是社会整合机制中的重要组成部分。媒体应该阐明社会的共同价值规范和共同利益，帮助各社会群体参与公共生活，进行利益协商，在公共利益的基础上促进社会不同部分之间的利益整合。

媒体作为社会“整合台”的功能，包括利益协商与公共参与两大部分。

一、利益协商

（一）利益分化与利益协商

一个成熟的现代社会应该是一个利益有分化而无悬殊的社会。要想“无悬殊”，则必须“有协商”。因为改革是一个社会利益重大调整的过程，它会带来巨大的收益，也要付出相应的改革成本。如何分享改革成果，分担改革成本，是一个关系到社会利益结构是否合理的重大问题。这一问题必须经由充分而慎重的公共讨论与协商，方能保证较为合理的结果，即改革成果由全社会共同分享，改革成本由全社会共同承担。如果没有协商，某一事物所关涉的利益越重大，该事物的结果就越容易遭到扭曲。

中国社会利益格局在向多元化发展的过程当中，由于利益表达与协商机制的不完善，改革的成果分享与成本分担不公，已经出现了利益悬殊、社会断裂的危险。孙立平教授在“断裂三部曲”中，探讨了由于不同群体在表达和追求自己利益的能力上存在的巨大差异所导致的社会断裂现象，以及一个断裂社会的运作逻辑。他认为，“社会权利的失衡”不断地复制并再生产出巨大的社会不公与社会裂痕，日趋呈现出结构性层面的上层阶级化、下层碎片化，进而出现行动层面的上层寡头化、下层民粹化的趋势，即社会裂痕不断扩大，鸿沟不断加深（孙立平，2004）。

马立诚教授曾经讲述过他的一次经历：

> 今年5月，我在某市演讲结束之后，一个打工的人问我：“马老师，你知道我们这里贫富差距有多大吗？我们在这里三辈子也买不起房子，有病不敢看，所以我们怀念过去的时代。”一位老者站起来驳斥他：“你这是倒退。”

这一场景，形象而深刻地反映出社会的断裂。利益结构不合理导致的分配悬殊会造成社会矛盾和社会心理的疏离，为冷漠、敌视与冲突埋下种子。

要使社会分化而不断裂，我们就必须让各利益主体参与到社会利益的分配过程之中，让具有不同利益要求的社会群体之间能够进行对话，让代表不同利益的观点得到讨论与修改，最终遴选出获得最广泛支持、最接近于公共利益的方案。公开公正的利益协商是解决利益分配问题的最佳方式，因为它除了能够保证合理的结果之外，还能够提升公共理性，达成各利益主体之间的谅解与团结。

（二）媒体作为协商渠道

既然媒体应该为公众提供利益表达的渠道，让社会得知各群体的利益诉求，它也应该提供一个供大家讨论协商的“媒体论坛”（media forum）。按照民主理论的设想，媒体被看成是一个相对独立的社会公共空间，在这里，公众对一些公共问题进行公开、自由的理性讨论，讨论会产生对某一问题的看法，而这种看法会指引社会中公众的行动，促使其寻求解决问题的途径。

哈贝马斯的公共领域理论描绘了进行公共协商的理想场景。他认为，在一个社会中，“理想的情况是在相对独立于国家政权之外的公民社会中，各种利益集团可以通过大众媒体就关乎自身利益的问题进行广泛的政治辩论、交流，从而影响政治进程”（哈贝马斯，1999，35 页），这就是所谓的公共领域。公共领域在本质上是一个协商性的概念，“它是以在一个共享的空间中聚集在一起、作为平等的参与者进行相互对话的个体为基础的”（汪晖、许燕，2008）。在公共领域视角下，媒体是社会整合的平台，它作为国家与社会之间、利益集团之间的公共讨论场所，具有开展谈判、达成妥协、实现利益平衡的功能。正是通过媒体，不同社会运动的诉求和政治性辩论得以进入国家的政治生活之中，使得国家的公共决策不是在权力机制下自发运转，也不是在少数利益群体的支配下调整方向，而是在与各种社会运动的互动中、在真正的政治性组织及其相互辩论之中形成公共决策。

事实上，在媒体的讨论中必定会出现各种冲突、斗争，因为传媒是在社会环境中运作的，社会中关于资源与权力的分配所产生的种种冲突、矛盾，也会在媒体讨论中得到延续。所以媒体作为公共论坛，应该反映出社会的多元性，并协助社会在多元利益之间进行公平协商，引导他们找到各方利益的平衡点。

社会中的不同社会组织和群体之间，在有关社会机会、公共资源的获取方面是存在实质性的利益差异的。利益差异导致了社会价值观的不同，这些不同的社会组织对于怎样才算一个“好”社会的理解也有极大偏差。为了能够有一个公平的协商结果，不同的思想应该在媒体讨论中找到比较合适的表达渠道（詹姆斯·卡伦等，2006，126 页）。尤其需要注意的是，媒体必须帮助弱势群体进入到利益协商中，尽可能地保证社会各阶层话语权的公平，以防止社会利益分配中对弱势群体产生挤出效应。

二、公共参与

公众对于社会公共生活的参与是民主政治的核心理念之一，民主的本质就在于参与。英国政治学者基思·福克斯指出，政治参与不仅是一种治理方法，而且服务于更广泛的目的——将公民凝聚在一起、教育公民使之掌握治理的艺术。公共参与不但可以使民主政体保持活力，还能在那些具有不同利益的公民之间培育一种认同感，有利于形成共同的政治文化。公共参与还可以保证公共决策与公民意愿之间的呼应，防止精英集团的暗箱操作（基思·福克斯，2008，121页）。现代民主政治发展的过程就是公民对社会公共生活的参与不断扩大的过程。一个国家公民政治参与的程度和水平越高，这个国家的政治发展程度就越高（燕继荣，2006，115页）。俞可平也指出，国家应该鼓励而不是禁止公民的积极参与，否则的话这个制度就不是一个民主制度（俞可平，2006，25页）。

公民对于社会公共事务的参与，最可依赖和最经常采用的手段就是大众传媒。托克维尔在《论美国的民主》一书中谈到了当时最重要的大众媒体——报纸在公民参与社会公共事务中所起到的作用：

第一是志同道合者的联合。因为除了古希腊时代的城邦，一个社会共同体所包含的人群往往超出彼此相识、直接交往的范围，如果希望缔结契约协调彼此的权利和利益，那首先就必须实现缔约者，尤其是代表着各种利益或主张的志同道合者之间的相识与结合。托克维尔写道：大多数人希望联合和需要联合，但是办不到，因为他们每个人都微不足道，分散于各地，互不认识……但是，有了报纸，就使他们当中的每个人可以知道他人在同一时期，但却是分别产生的想法和感受。于是，大家终于会合而团结在一起了。

第二是共同行动。由于人们散处各地，彼此之间没有巩固和永久的联系，他们未必明了彼此间利益的共同性，因此，就必须提供一种表达与交流方式，使他们明白有一种共同的利益“要求他们将自己的力量与其他一切人的力量自愿联合起来”，共同行动。托克维尔主张，“只有利用报纸，才能经常地和顺利地做到这一点。只有报纸，才能在同一时间将同一思想灌注于无数人的脑海……报纸的功用不仅在于向大多数人提出共同的计划，而且还在于向他们提供所拟计划的共同执行办法”（托克维尔，1988，639—664页）。

有了这样的联合与共同行动，各个不同的志同道合者群体就可能相互交流与妥协，从而缔结彼此都可以接受的契约。这种契约可能是实体形式的代议制政府制定的政策或法律，也可能是无形的社会舆论。

托克维尔谈到的联合与共同行动，实际上就是媒体在促进公共参与过程中最重要的功能：塑造公众。

公众是民主的灵魂。但是公众并非一般意义上的大众（mass）。美国政治学家布鲁默认为，公众是“围绕公共生活中的某个议题或目标而形成的，其主要目的，是倡导某种利益或观念或促成政治变革”（Blumen，1939）。

公众的特征有三个：其一，公众的形成有明显的目的性。公众围绕社会中的某一议题而形成，并对其加以讨论；其二，公众是理性的。他们承认关于某一议题彼此间有差异，并相互尊重和容忍，求同存异；其三，公众之间存在积极的互动。他们相互交换意见，其结果即产生了公共舆论（罗以澄、刘兢，2006）。公众并非天然存在，实际上，大众更有可能成为一盘散沙或者“群氓”，而不是公众。如果得不到充足的信息与讨论空间，民众将无法联合，即便聚集起来也无法形成有质量的理性讨论，不过是一盘散沙。而选择性的信息喂养与煽动，则会造成更恶劣的后果——群氓。

真正的公众必须经过大众传媒的努力塑造才能形成。在理想状态下，这一过程包括：（1）充分的公共信息传播以造就耳聪目明的公民，他们能意识到社会生活中的共同问题之所在；（2）在自由、开放的场景下得以充分地表达其意愿或利益；（3）经此形成利益群体；（4）将利益理性地表达为政治意愿（潘忠党，2008）。

为促进公共参与，传媒应该成为公众教育的工具，让他们为政治民主做好准备。新闻媒体要尽可能地通过议程设置、新闻架构的办法，激发公民兴趣，让公众注意到公共政策、政治人物和社会问题等公众事务，提高公民对于公共事务的知识。只有当公民了解政府的各项事务、各种决策的时候，他们才会积极地参与到政治中来。研究表明，一个人越是关注本地区新闻，他越是有可能参与有关社区问题的讨论。

同时，媒体还应尽可能地提供公共参与的近用渠道。社会的每一个成员皆应有接近、利用媒体发表意见的自由。“媒体接近权”概念的首倡者美国学者巴隆认为，一般社会成员也应该可以利用传播媒体阐述主张、发表言论以及开展各种社会和文化活动。这项权利赋予了传媒向受众开放的义务和责任，并鼓励媒体破除在公众接近自身过程中面临的政治、经济与文化等各种壁垒，以使这一权利落到实处。如果某些社会群体一直无法接近利用媒体，实际上就等于将这些群体排除在社会主流之外，会造成社会成员的参与困难、沟通和交流程度低下，以及社会认同与社会整合度的降低。

在当前的社会转型中，由于国家主导的模式没有改变，以及民主政治的不完善，公民对社会公共事务的参与度还很低，公共决策主要还是一个“自给自足”的体系，致使民众利益无法有效输入到决策体系中，这是导致利益分配不公的重要原因。许多人指出，在诸如国企改革、医疗改革，以及住房改革这样涉及众多人利益的重大改革举措上，公众参与是非常缺乏的，甚至越是利益相关的改革，越是缺乏公共参与。在利益冲突日趋激烈的背景下，当前民众“参与程度低”与“参与需求高”的矛盾，需要加以妥善解决。在十五届五中全会上，党中央提出要“扩大公民有序的政治参与”，应以此为导向，改进传媒管理中的“低参与”抑制政策，在保证社会秩序的前提下，逐步开放媒体在公共参与中的功能发挥。

既然利益分化的局面已经形成，随着利益主体发育成熟，民众的利益诉求和公共参与的愿望及能力都会增加，各阶层在社会生活中的利益博弈也将成为常态，这是避免不了的趋势。如果通过强制性的手段，抑制民众的利益表达与公共参与，以避免可能出现的威胁，求得暂时的社会稳定，那么就必将导致社会利益的悬殊，不满情绪淤积，社会冲突增多，并可能消解政党执政的合法性。历史经验表明，个别人的问题不解决，就会成为多数人的问题；合法的方式不能解决，就会以非法的方式解决；和平的方式不能解决，就会以暴力的方式解决；小的问题不解决，就会酿成大的问题。如果大众的利益诉求长期无法得到表达，各群体各阶层的利益协商不能公平进行，公共利益得不到维护，那么公众的利益诉求就会越来越与权利诉求乃至政治诉求结合起来，呈现出反体制的倾向。一部分群体性事件已经呈现出这种危险的苗头。

和谐社会的构筑，关键在于社会利益关系的平衡和协调。我们必须承认不同群体利益的合法性，拓宽政治参与的渠道，使社会各阶层，尤其是弱势群体的利益要求能够通过大众传媒及时表达出来，并通过广泛的协商、合作和妥协来寻求共同利益的汇合点，缩小利益差距。只有这样，才能从根本上化解利益矛盾，实现社会的有机团结与长久稳定。

案例分析：番禺区居民抗议修建垃圾焚烧发电厂事件中的社会冲突及其解决

一、事件概述

2009 年，广州市番禺区准备修建以垃圾焚烧为能源的发电厂，该计划经媒体报道后，引发了当地民众的强烈反响，番禺人开展了一场反对垃圾焚烧的运动。在经历长达三个多月的维权活动后，2009年12月20日，番禺区政府表示，对于垃圾处理的方式和电厂选址，番禺区将重新进行讨论和论证。

二、事件背景

国家先后出台了一系列支持垃圾焚烧发电的优惠政策：一是发电量全部收购；二是免除增值税的征收，并在所得税上享受减免政策；三是国家会以垃圾处理补贴的方式向企业支付服务费，即所谓的垃圾处置费。

2007年通过的《全国城市生活垃圾无害化处理设施建设“十一五”规划》明确要求，加大发展焚烧处理技术，新增城市生活垃圾无害化处理设施479项，其中垃圾焚烧厂82座，平均单座焚烧厂的日处理能力约为810吨。为此国家财政总投资将达到589亿元。

在近600亿元的大蛋糕面前，各地均快马加鞭，垃圾焚烧发电厂的建设进入了一个高潮阶段，2007年后，拟建和在建的垃圾焚烧发电厂达到近60座。

三、事件过程

以2009年11月23日番禺区居民集体上访为分界线，事件走向发生了变化。在这之前，维权行动大体经历了三个阶段。

第一阶段是从2009年9月24日到10月17日广州市环卫局接访期间。9月24日，《新快报》发表了一则《番禺建垃圾焚烧厂30万业主急红眼》的报道。报道中，番禺区市政园林局局长周剑辉声明，番禺区生活垃圾焚烧发电厂已经基本完成征地工作，其中谢村地段已经完成征地补偿工作，大石会江地段已与村民签好协议，下周将完成征地补偿工作。项目环评工作正在进行。

报道在电厂选址周围的小区引发轰动。一场建设绿色家园、抵制垃圾焚烧厂的活动，开始在网络论坛上自发酝酿。

10月13、14日两天，业主们自发出资、设计并制作了大量传单，在各小区人流密集处派发，向路人一一解释垃圾焚烧厂的危害。相关的QQ群和论坛都建立起来。联络和讨论过后，业主们开始采取实质性行动，在广州碧桂园、海龙湾、丽江花园等楼盘发起了反对垃圾焚烧的签名征集活动，最终，有数千人签名的意见书上交到广州市环卫局。

第二阶段是从10月18日到10月30日番禺区市政园林局情况通报会。在此期间，番禺区居民向市区各个政府部门提交了反对意见书，但没有得到实质性答复。抵制活动进入胶着期。在“情况通报会”上，虽然会场内多位应邀而来的专家都力撑建立垃圾焚烧厂。但番禺区市政园林管理局局长周剑辉在会上表示，“在项目环评未通过前绝不开工”。

第三阶段是11月23日之前，这期间多名维权积极分子被派出所传唤，本地媒体的报道明显减少，维权活动进入低潮期。但与此同时，互联网上关于垃圾焚烧的危害性的讨论越来越深入，部分番禺区业主开始独立调查位于之前兴建的垃圾焚烧发电厂附近的李坑村的污染状况，而一份李坑村村民的癌症死亡名单开始在网上流传。央视等中央媒体介入，番禺区居民维权事件的舆论不断升级，最终政府表示，在11月23日，市城管委将进行关于垃圾焚烧的接访。而在接访日前一天的新闻发布会上，广州市市政府副秘书长强硬表示：“垃圾焚烧将坚定不移地推进。”

11月23日，广州市城管委第一个公开接访日，番禺区居民集体上访，成为此次维权行动的一个分水岭。人们在城管委楼前开始聚集，反对建厂的声音占据绝大多数，也仍有深受垃圾填埋之苦的居民前来支持建设垃圾焚烧厂，两方和平相处，出现了有序而热烈的“散步”场面。10时许，人群开始自发转向广州市政府。10点半，人群到达市政府门口。

人越聚越多，高峰时有逾千人在现场，警察出现并维持秩序。下午两点半，政府开始要求民众撤离，市民陆续离开接访现场。

此后，事态发生扭转，市政府改换口径，区政府放出全民公决的风声。民众完成了诉求的表达，也将用垃圾分类来减缓直至取消焚烧厂的意见明确提了出来。但政府并未明确表示要改变决策，事件进入了新的僵持阶段。

在僵持之际，12月2日至4日，广州媒体陆续揭露了市政府官员与垃圾焚烧集团的利益关联，垃圾焚烧项目的正当性受到沉重打击。

2009年12月20日，应网民的邀请，番禺区区委书记谭应华与业主代表面对面交流，表示对于垃圾处理方式和电厂选址，番禺区将重新进行讨论和论证。谭应华还说："今后不光是垃圾焚烧，任何重大民生项目在上马之前，都要公开广泛地听取民意。"

四、事发地特征

番禺区有一片大型居民社区，被称为华南板块，该板块有超千亩的楼盘8个，另有若干几十亩至百亩不等的中小楼盘，目前居住于此的共有30万人。

由于这里没有化工厂和重工业建设，因而空气清新，环境优美，广州市区及周边的许多白领都喜欢在此置业。他们绝大多数非本地土生土长，户籍不在此处，工作在广州市区，故而被称为新番禺人。他们的共同之处，是有良好的教育、稳定的事业、不菲的收入，均属中等收入阶层。

广东省是中国改革开放的领头羊，广州市则以发达的传媒业、宽松的传媒环境而著称，公民论政的氛围在广州向来浓厚，高声议论行政得失，群起指点政策优劣已成常态。媒体和民众有意且能够介入公共事务，独立表达诉求，这是此地的传统和现实。

《南都周刊》如此描述这里的居民：

> 他们看香港的翡翠台和本港台，看好莱坞的大片，在天涯和凯迪上发帖，在淘宝上购物，用QQ群约周末自驾游。
>
> 他们开始成为社区论坛里的活跃分子，在那里讨论大大小小的社区事务。他们开始认同个人权利是现代社会的核心价值，认为公权力的合法性来自于民众的授权，公共事务必须要尊重民意并符合程序。
>
> ……
>
> 最后，不可避免地，他们开始行动。他们是地震捐款最积极的一群，是各种慈善和志愿活动最热心的支持者，他们也是自身权利的积极捍卫者。丽江花园的修路风波、祈福新村反对市政规划路的行动、广州奥林匹克花园业委会改选，都是他们显示自身力量的时刻。
>
> 而在2009年的这个秋天，当垃圾焚烧的大火烧到广州番禺区的会江村时，它面对的，就是这样一群人。

事后，当地居民自我总结说："我们有思想，有修养，有知识，有自己的价值观，有各自独立思考问题的能力，我们无组织，但我们有共同的信念，有自觉的纪律，这是很难得的，这种默契来源于大家的受教育程度。"

"我们要告诉所有人：公民维权合法。我们不是刁民，但我们也不是臣民，我们是公民。我们有宪法赋予我们说'不'的权利。"

五、网友中的舆论领袖

42岁的“阿加西”，出身于大学教授家庭，本科学的是微生物技术专业，当过兼职网球教练，现为自由职业者。2001年他搬入番禺区的碧桂园后，一直是小区里的公共活动积极分子，他曾经在网上发帖，倡议成立业主委员会。“阿加西”9月28日在网上发的一个帖——打算找人一起去参加广州市环卫局的局长接访日活动，被认为是这次维权活动的起点。他懂技术，善于理论总结，坚持用理性手段维权。

80后的“樱桃白”，在这件事情发生之前，就像一个“隐居”的人一样，过着枯燥无味的生活，但维权运动一开始，她就以完全不同于以往的激情参与了进来，还将《北京欢迎你》的歌词改成了《番禺欢迎你》。11月上旬，当“阿加西”等一批网友被派出所传唤，而本地媒体突然对垃圾焚烧保持沉默，整个维权运动进入最低潮的时候，“樱桃白”在11月8日身穿环保T恤、戴着防毒面具，在广州地铁一号线和三号线里游走了两个小时，后被当地派出所请去“喝茶”。这一事件在网络上引起了巨大反响。有网友评论说，在最艰难的时刻，“她像一个大侠一样冲了出来……这个戴着防毒面具的女子的勇敢举动，极大地唤起了华南人民的勇气和信心”。

32岁的“巴索风云”，目前在建筑行业从事文职工作。在加入维权活动之后的两个多月中，他几乎没有正常上班。“巴索风云”发起或参与了丽江花园和周边小区几乎所有的重要活动。12月15日，他向番禺区区委书记谭应华公开发出邀请函，邀请他到小区与居民就垃圾分类处理进行公开座谈。随后，谭应华对这一邀请给出积极回应。当12月20日谭应华如约来到丽江花园与居民会谈时，一切均已水到渠成。

六、网络与媒体的作用

（一）网络

正是通过网络，居民们完成了公共协商和联合行动，网络还成为舆论的策源地之一。下仅以“‘樱桃白’戴防毒面具游地铁”和“番禺区居民集体上访”两件事为例进行说明。

“‘樱桃白’戴防毒面具游地铁”：11月8日，“樱桃白”戴着防毒面具进入地铁，之后她将自己这一天的经历写成帖子，名为《今天环保造型游地铁以及在夏滘派出所喝茶的经过》，发布于“江外江”论坛上。她所写的帖子笔触活泼、言语幽默，还辅以自己“出格”的防毒面具造型照。当天这个帖子就被疯狂转帖，天涯社区、新浪微博、开心网与番禺区的各大社区论坛均出现了有关“樱桃白”的文章，网民纷纷向其致敬，称她为“史上最牛环保妹妹”。反对垃圾焚烧厂建设在国内已不是第一起，但“樱桃白”的这一举动，借助网络传播，收获了前所未有的引爆效应——番禺区事件一跃成为广州乃至全国的热门议题，并引发中央级媒体的报道潮，在某种程度上打破了僵局。

“番禺区居民集体上访”：在广州市城管委接访日之前的两周，当地居民就开始计划如何更好地利用这次接访的机会。他们通过网络和手机进行协商，约定当天要穿环保T恤衫，手持车贴，戴上写有“抵制毒气”的口罩。他们自发印制了数千张传单，在各大楼盘内派发，号召更多的业主11月23日能够一同前去，并群发短信给所有自己认识的番禺区业主，号召“一人一条短信，一起救救番禺”。

在网上，业主们利用一切可能的渠道来宣传这个难得的机会。无论是新浪微博、开心网、天涯社区还是“江外江”论坛，随处可见业主们自己制作的交通路线示意图与相关情况介绍。11月23日当天，赶赴现场的业主有上千人。

回顾整个反建电厂事件，可以说，网络在告知、表达、协商、参与、监督这五个方面都发挥了不可替代的作用。如果没有网络，民众的反对根本不会成功。

（二）传统媒体

传统媒体在此次事件中发挥了重要作用。它们首先将情况告知社会，并进行议程设置；它们完成了民意的表达；它们还揭露了背后的利益关系，使僵局得以打破。

早在10月中旬，广州本地的媒体就开始纷纷跟进，作为华南地区新闻媒体大本营的广州，此时充分显示了作为媒体重镇的实力。广州本地媒体从各个角度对本次事件进行了剖析，各有侧重，起到了知识启蒙与引导民意的作用。

《新快报》的记者始终与业主们保持高度联系，业主们的活动被《新快报》如实记录，同时它还不间断地发表评论，声援业主，为业主出谋划策。《南方都市报》则发挥了社论优势，其社论直指垃圾焚烧厂选址期间不顾民意的现实，指出政府依法推进垃圾焚烧厂建设，必须将民意纳入考量环节，呼吁民众从合法合理的角度出发，自发保卫家园。此外，《南方都市报》还组建了专门的报道小组，全方位、多角度地跟踪此事。

业主们主动联系了外地媒体，《中国新闻周刊》《财经》等新闻杂志纷纷派遣记者来到广州作进一步的深度调查。

在所有的媒体中，CCTV及《人民日报》是让业主们最为兴奋的两家。CCTV的《新闻调查》栏目专门派遣记者来到广州，实地了解民意、观察现实的生态环境，并采访到一些相关官员及学者，在节目中“说出了我们想说的话”。而《人民日报》的报道，则被业主理解为来自更权威机构的表态。

据人民网舆情监测室对国内135家报纸的监测，中央级媒体、市场化媒体、地方媒体11月份关于番禺区“垃圾门”的报道篇数，分别是10月的3倍、9倍和6倍。该事件的影响扩展到一些此前对此并不关注的社区，许多不经常上网的业主通过传统媒体，明白了这一事件的严重性。

而在接受外媒采访时，业主们主动回避了“某些引诱我们说对政府不满的媒体”。

就在政府与民众僵持不下的当口，媒体起了决定性的作用。12月2日至4日，连续三天，广州的媒体揭露了市政府官员与垃圾焚烧项目的利益关联。网络和传统媒体联合挖掘，发现广州市市政府副秘书长吕志毅的弟弟和儿子都与垃圾焚烧控股公司存在密切关联，而吕副秘书长一直“坚定不移”地推进垃圾焚烧。媒体还发现，原环卫局官员开着焚烧厂建设方送的车。《南方都市报》等多家媒体连续发表社论，要求澄清利益输送疑云。这一轮报道以后，官方的主烧派基本偃旗息鼓。

七、事件意义

这是一场独具一格而又意义深远的维权。就维权者方面来说，没有成形的组织，没有公认的带头人，没有封路、跳桥和暴力袭警，更没有燃烧瓶和自焚；从政府方面来说，没有“一小撮”和“不明真相的群众”，没有全副武装的警察和抓捕，没有“舍小家为大家”的忽悠，政府自始至终承认民众维权合法正当，积极与民众建立沟通机制，承认垃圾焚烧项目必须取得民意的认同。

从诉求性质、运动形式和最终的结果来看，番禺区居民反对垃圾焚烧，颇像是前年厦门反“PX项目”的继承与延续，但从媒体介入的深远、行动者与意见领袖的相互支持、对利益集团揭露的尖锐、传播方式的多渠道，尤其是从参与者的公民自觉意识和政府的开明态度来看，番禺人站上了更高的台阶。

在番禺区建电厂事件中，我们可以发现，民意的表达与参与，并非像有些人所担忧的，是狂乱和无节制的，相反，它是理性的、建设性的。一个在居民密集地区修建垃圾发电厂，事先未取得公众知情同意，而且由与工程获益者有明显利益关联的官员强力推进的公共决策是否恰当，本身就存在疑问。因此，电厂停建的后果不能视为政府的失败，相反，如果罔顾民意，强行推进，必将导致更为严重的后果，甚至引发长时间的社会不稳定。停建的后果是使公共决策变得更为科学。

在《南都周刊》盘点2009年城市年度人物栏目中，广州的年度人物是番禺人，这场反对修建垃圾焚烧厂的运动展现了他们的风采。他们寻找材料、分析现状、理性探讨，从而找出切实可行的对策；他们积极与政府对话；他们从单纯为反对而反对的市民上升为为市政出谋划策的公民。在广州这个以成熟市民社会著称的城市，番禺人以他们的行动，证明了真正的现代公民意识正在这个城市萌芽成长。

有评论称，这是一起标志性的事件。事情的结果是一小步，公民社会的成长是一大步。这一大步得益于政府、公众与媒体的共同努力。

八、类似事件对比

我们再来看看2007年厦门反“PX项目”中的社会运动和媒体报道：

厦门海沧“PX项目”是台湾腾龙芳烃公司在厦门的投资项目，PX学名为二甲苯，是重要的有机化工原料。该项目总投资额达108亿元人民币，选址位于厦门市海沧台商投资区，投产后年工业产值可达800亿元人民币。2004年2月国务院批准立项，2005年7月国家环保局审查并通过了该项目的《环境影响评价报告》，国家发改委将其纳入“十一五”PX产业规划7个大型“PX项目”中，并于2006年7月核准通过项目申请报告。原定2007年开工。

鉴于PX是高致癌物，且产区距厦门市区与居民住宅区较近，厦门大学化学系教授、政协委员赵玉芬在2007年3月携104名政协委员提案建议“PX项目”迁址，此提案一经媒体披露，立刻引来厦门人的关注，尤其是在海沧“未来海岸”买房的业主，更是忧心忡忡。随后，有关PX的帖子在网上成为热点，有些帖子内容还以手机短信的形式在厦门市民中广泛流传。短信号召市民们在6月1日到市政府“散步”，抗议“PX项目”。

厦门政府很快做出反应。为了阻止“散步”游行，厦门市环保局局长在5月28日的《厦门日报》上回应关于“PX项目”的环保问题。次日，负责“PX项目”的腾龙芳烃（厦门）有限公司总经理林英宗博士又在《厦门晚报》试图以科学为基础解释有关PX的一些问题。5月30日，厦门市常务副市长丁国炎召开新闻发布会正式宣布缓建“PX项目”。

但是政府的以上妥协并未说服厦门市民。6月1日，集体“散步”游行在警员观察下如期举行。厦门环保组织对反“PX项目”运动有过支持，然而集体“散步”未曾按规定提交申请，理论上有违法之嫌，环保组织决定在“不组织，不反对”的策略下与“散步”保持距离。这就令“散步”游行变成具有很大的自发性的行动。幸运的是，在“散步”中涌现出来的一些领袖人物对游行的有序进行作出了很大贡献。特别是一个曾参与过保钓运动的老将，他有多次组织社会运动的经验，他把“散步”游行群众引向非商业区以减低其对市民生活的干扰，同时他再三敦促“散步”群众自我节制，以防打砸抢事件的发生，这些都为“散步”游行的平和结束提供了保证。

厦门地方政府的克制也为游行的平和结束创造了条件。在政府官员里，虽有异地为官者注重以政绩为重，大部分地方官员在情感上并不愿意因为“PX项目”而损坏厦门“联合国最佳居住城市”的形象。同时，奉命维持秩序的警员大部分为当地居民，他们中的许多人同情这场运动，这就使得甚至在“散步”中因为越轨行为而被拘捕的市民也能在短期拘留期间备受礼遇。

媒体并不是反“PX项目”运动的发起者。但是，一旦该运动进入记者的视野后，媒体马上投入，加以支持，并为运动的成功作出了不可忽视的贡献。那就是媒体的报道空间乃至于整个运动的成功与否，在很大程度上得益于政府中某些部门的支持，而这些支持的基础则来自当前中国新型国家和社会关系下政府各部门之间在利益和立场上的不同。

赵玉芬提案后，厦门当地的媒体在地方政府的控制下保持了沉默。但是，不受厦门政府控制的中央媒体和异地媒体却大胆介入，捅破了对反“PX项目”运动报道的限制，隔山打牛模式取得了效果。

2007年3月12日，《中国化工报》发表《百名委员建议厦门海沧“PX项目”迁址》。三天后，《中国青年报》发文《建议厦门一重化工项目迁址》。此后到5月中下旬，《第一财经日报》《中国商报》《中国保险报》等都对该事件进行了报道，但是大发行量的主流媒体在这一阶段对该运动的报道十分有限。

尽管如此，有关厦门“PX项目”的内容在网络媒体上被广泛转载。号召反对“PX项目”，进行集体“散步”的短信更是在QQ群、MSN和手机等传播载体上迅速流传。

新媒体中的舆论给了主流媒体压力和动力。5月30日，《南方周末》头版发文《百亿化工项目引发剧毒传闻 厦门果断叫停应对公共危机》，引发了全国对此事件的关注。6月1日开始的为期两天的“散步”游行与《南方周末》文章相互作用，将反“PX项目”运动推向高潮。

“散步”游行成功后，当地媒体不仅开始大量报道围绕“PX项目”而引发的争端，而且在报道方式上也由强调工程的经济效益转为强调市民的利益。到12月，环保总局第二个《环境影响评价报告》出台时，媒体对该运动的正面报道达到第二次高峰。

《环境影响评价报告》出台后，厦门网发起公众投票，结果是5.5万票反对“PX项目”，仅3,000票支持。

在媒体和民意的压力下，厦门市政府在12月11日以公开和随机取样的方式选择并邀请了100名相关人士进行座谈。在与会者的普遍反对下，厦门市政府在会后公开宣布暂停“PX项目”，反“PX项目”运动就这样在新旧媒体的积极支持下取得了胜利。（资料来源：林芬、赵鼎新：《霸权文化缺失下的中国新闻和社会运动》）

将番禺区反垃圾焚烧事件与厦门反“PX项目”事件进行对比，可以发现厦门和广州都属于经济相对发达的东部地区，城市化程度高，其中大量受过良好教育的年轻居民是熟练的网络用户，这给其表达和组织带来了便利。也就是说，两地都有发育了的公民社会，有能够充分利用媒体和网络进行表达与交流的中等收入阶层，这是一切变化产生的基础。

而且，作为大城市，两地的政府在治理水平上都比较高，对公民的利益表达行为相对比较宽容，愿意和民众进行理性沟通，而不是一味采取压制的办法，这就避免了矛盾的激化。

另外，媒体的作用非常重要。活跃和富有批判精神的媒体，营造出一个使人们能够参与讨论公共事务——尤其是与他们的切身利益相关的议题——的氛围。网络和传统媒体的互动，在告知、表达和协商过程中发挥的作用，成为社会进步的催化剂。

我们再来看看瓮安事件和石首事件，它们之间也有一些共性。

首先，事发地都是我国中西部的小城市，当地政府治理水平较低，一些社会矛盾长期积累。遇到冲突事件，政府主要采用压制的手法，与民众之间没有有效的沟通，导致事件升级，最终演化为暴力冲突。

其次，当地缺乏合理的社会结构。在中西部的小城市中，只有强大的政府与弱小的、一盘散沙式的大众，基本没有中等收入阶层，当然也没有受过良好教育的理性人群的联合行动，冲突的走向也就难以控制，一遇突发事件，大众易聚集而成群氓。

最后，媒体未能充分发挥作用。媒体本应是社会沟通的渠道，在这两起事件中却没有起到作用。事发之前，当地谣言满天飞。在瓮安事件中，当地谣传女孩是被奸杀的，在场者是县委书记和县长的亲戚，但在长达一个星期的时间里，当地电视台和广播对这一在民间已经传得沸沸扬扬的事件毫无反应。事件平息后，石宗源强调："在突发事件发生过程中，能不能在第一时间及时、真实、准确地发布信息，正确地引导舆论，对突发事件的处置至关重要。"石首市领导显然没有吸取瓮安的教训。从 2009 年 6 月 17 日发现青年厨师尸体，家属喊冤，一直到 20 日深夜，当地政府领导都没有出现说明情况。各种小道消息流传，围观群众有增无减，增援警力受到阻拦，而当地媒体却将真相扭曲为"石首市多部门联合举办公交车火灾事故处置演习"。这种行为，使媒体完全被民众抛弃。

九、总结

我们将这四起事件进行对比可以发现，社会冲突有两种呈现方式：一种是非暴力集体诉求，一种是暴力宣泄对抗。无论是番禺电厂事件、厦门反"PX 项目"事件，还是更早的出租车司机罢运事件，其中都出现了理性的非暴力集体行动，正是这种非暴力行动使社会冲突控制在公共协商的层面，避免了暴力事件的产生。这种非暴力的集体诉求模式对于中国社会的价值贡献已经远远超越暴力式泄愤事件的贡献，它表现出一种非常有价值的、积极的转变：在利益冲突中，公共利益并不是一定要以某种难以接受的代价才能获得。而这种积极的转变能否实现，部分取决于大众传媒的"雷达站""减压阀"和"整合台"的功能是否充分发挥，是否能起到理性的促进作用。

科塞认为，"冲突在社会变迁中不可避免。冲突并不完全是坏事，但也并不是所有的冲突对社会都是有用的"（L. 科塞，1989，9 页）。要想使社会冲突尽量变得"有用"，同时又尽量减轻它的负面影响，就必须首先以表达和协商促进社会沟通，避免冲突暴力化，降低冲突的烈度。另外，我们还要有合理的政治机制，可以将社会冲突中所表达出来的利益和要求加以合理吸纳，进而将其制度化，从而保证社会的长治久安。

参考书目

〔美〕C. 科恩：《论民主》，聂崇信、朱秀贤译，商务印书馆 1988 年版。

陈映芳：《贫困群体利益表达渠道调查》，《战略与管理》，2003 年第 6 期。

迟福林：《公共需求变化与政府转型》，《中国经贸导刊》，2005 年第 17 期。

〔美〕戴维·伊斯顿：《政治生活的系统分析》，王浦劬译，华夏出版社 1999 年版。

〔英〕丹尼斯·麦奎尔：《麦奎尔大众传播理论》，崔保国、李琨译，清华大学出版社 2010 年版。

〔英〕丹尼斯·麦奎尔、〔瑞典〕斯文·温德尔：《大众传播模式论》，祝建华等译，上海译文出版社 1987 年版。

杜钢建：《知情权制度比较研究》，《中国法学》，1993 年第 2 期。

〔美〕美国新闻自由委员会：《一个自由而负责任的新闻界》，展江、王征译，中国人民大学出版社 2004 年版。

〔德〕哈贝马斯：《公共领域的结构转型》，学林出版社 1999 年版。

〔英〕基思·福克斯：《政治社会学》，陈崎、耿喜梅、肖咏梅译，华夏出版社 2008 版。

〔美〕加布里埃尔·A·阿尔蒙德、小 G·宾厄姆·鲍威尔：《比较政治学：体系、过程和政策》，曹沛霖等译，上海译文出版社 1987 年版。

蒋俊明、阎静：《转型时期人民利益表达要求的变化及挑战》，《江苏大学学报（社会科学版）》，2004 年第 6 期。

〔美〕凯利·莱特尔等：《全能记者必备》，宋铁军译，中国人民大学出版社 2003 年版。

康晓光：《未来 3～5 年中国大陆政治稳定性分析》，《战略与管理》，2002 年第 3 期。

〔美〕L. 科塞：《社会冲突的功能》，孙立平等译，华夏出版社 1989 年版。

联合国教科文组织：《多种声音，一个世界》，中国对外出版公司 1981 年版。

林喆等：《腐败犯罪学研究》，北京大学出版社 2002 年版。

罗以澄、刘兢：《论新闻传播中的公共利益原则》，《当代传播》，2006 年第 4 期。

〔法〕孟德斯鸠：《论法的精神》（上册），张雁深译，商务印书馆 1963 年版。

潘忠党：《传媒的公共性与中国传媒改革的再起步》，《传播与社会学刊》，2008 年第 6 期。

人民论坛“千人问卷”调查组：《网络 PK 信访：什么是最有效的“减压阀”?》，《人民论坛》，2009 年 15 期。

荣敬本、何增科等：《从压力型体制到民主合作体制的转变——县乡两级政治体制改革》，中央编译出版社 1998 年版。

孙立平：《和谐社会：用制度规范利益表达》，《理论参考》，2006 年第 2 期。

孙立平：《失衡——断裂社会的运作逻辑》，社会科学文献出版社 2004 年版。

孙立平：《首要的问题是利益表达》，《经济观察报》，2005 年 11 月 14 日。

〔法〕托克维尔：《论美国的民主（下卷）》，董果良译，商务印书馆 1988 年版。

汪晖、许燕：《“去政治化的政治”与大众传媒的公共性——清华大学人文学院汪晖教授访谈》，选自李彬主编：《马克思主义新闻观读本》，清华大学出版社 2008 年版。

王建军：《保障公众的知情权与社会主义政治文明建设》，《四川大学学报（哲学社会科学版）》，2003 年第 3 期。

王中汝：《利益表达与当代中国的政治发展》，《科学社会主义》，2004 年第 5 期

夏禹龙：《中国社会阶层结构变迁的展望和导向》，《上海交通大学学报》，2003 年第 1 期。

笑蜀：《市场化媒体是公民社会的主心骨》，《南方传媒研究》，2009 年 4 月 23 日。

谢岳：《大众传媒与民主政治》，上海交通大学出版社 2005 年版。

徐显明：《人权建设三愿》，选自徐显明主编：《人权研究》第 2 卷，山东人民出版社 2002 年版。

燕继荣：《发展政治学》，北京大学出版社 2006 年。

姚洋：《转轨中国：审视社会公正和平等》，中国人民大学出版社 2004 年版。

于建嵘：《技术性的减压方式不能治本》，人民网，2009 年 8 月 11 日，见 http：//theory. people. com. cn/GB/41038/9831966. html。

于建嵘：《“信访悖论”及其出路》，《南风窗》，2009 年第 8 期。

俞可平：《民主与陀螺》，北京大学出版社 2006 年版。

俞可平：《社群主义》，中国社会科学出版社 1998 年版。

俞可平：《中国公民社会的兴起与治理的变迁》，社会科学文献出版社 2002 年版。

袁方等：《社会学家的眼光：中国社会结构转型》，中国社会出版社 1989 年版。

〔美〕约瑟夫·斯蒂格利茨：《自由、知情权和公共话语》，宋华琳译，《环球法律评论》，2002 年第 3 期。

〔英〕詹姆斯·卡伦等：《媒体与权力》，史安斌、董关鹏译，清华大学出版社 2006 年版。

展江：《舆论监督在中国》，《青年记者》，2009 年第 31 期。

张朝阳：《90 年代以来中国传媒变革研究》，吉林大学 2006 年博士学位论文。

张洁：《转型期的媒体诉求》，《新闻大学》，2009 年第 4 期。

赵鼎新：《社会与政治运动讲义》，社会科学文献出版社 2006 年版。

赵金：《媒体的“评论时代”》，《青年记者》，2008 年第 11 期。

赵玉红：《论新闻自由权》，《山西省政法管理干部学院学报》，2004 年第 1 期。

赵月枝：《国家、市场与社会：从全球视野和批判角度审视中国传播与权力的关系》，《传播与社会学刊》，2007 年第 2 期。

郑廷鑫：《当校长遇上县长》，《南方人物周刊》，2008 年第 3 期。

朱成君：《“三个代表”与政治文明：政治合法性的两个支点》，《重庆社会主义学院学报》，2003 年第 3 期。

Bennett and Serrin (2005), “The Watchdog Role”, in *Institutions of American Democracy*, G. Overholser and K. Jamieson (Eds), New York: Oxford University Press.

Blumen, H. (1979), “The Mass, the Public and Public Opinion”, in *New Outlines of the Principles of Sociology*, A. M. Lee (ed), New York: Barnes and Noble.

Curran, James (2005b), “Mediations of Democracy”, in *Mass Media and Society* (4th Edition), J. Curran and M. Gurevitch (Eds), London: Arnold.

Golding, Peter and Murdock, Graham, *Digital Divides: Communications Policy and Its Contradictions*.

Oberschall, Anthony (1973), *Social Conflict and Social Movements*, NJ.: Prentice-Hall.

Thorson, Esther (2005), “Mobilizing Citizen Participation”, in *Institutions of American Democracy*, G. Overholser and K. Jamieson (Eds), New York: Oxford University Press.

Waisbord, S. (2000), *Watchdog Journalism in South America: News Accountability and Democracy*, New York: Columbia University Press.

第五章 媒体服务于公共利益的实际考察

第一节　传媒服务于公共利益的进步

一、市场化改革带来的体制解放与功能扩张

改革开放以来，为了减轻财政负担而发端的媒体市场化经营，撬开了传媒体制改革的大门。为了赢得市场，媒体开始从“传者本位”向“以受众为中心”转变，这种竞争性的、以满足受众需求为导向的媒体市场化改革，打开了传媒功能发挥的空间，使媒体从单一的喉舌宣传工具向公共信息传播机构和社会公共舆论机关转变。

（一）传统的宣传体制

从 1942 年《解放日报》改版开始，中国共产党在马列主义新闻思想的指导下，逐步建构起自己的党报理论和传媒体系。对党的媒体的要求被归结为“四性”，即党性、群众性、战斗性、组织性。党性为新闻媒体必须具备的四项品质之首，强调媒体的宣传、鼓动、组织作用。传媒作为党和政府的喉舌，其“作用和力量，就在于它能使党的纲领路线、方针政策、工作任务和工作方法，最迅速广泛地同群众见面”（《毛泽东选集》，1213 页）。随着党取得全国政权，私营媒体于 1952 年年底被完全取消，党报体系进一步得到确立和强化，直到改革开放以前，我国的新闻体制和工作传统都是高度政治化和组织化的。

在这种体制中，传媒的角色、功能以及工作方式的核心内容如下：（1）传播媒体归国家所有，党对传播媒体的组织控制。（2）传媒是党的喉舌、集体的宣传者和组织者。（3）传媒是党和政府指导工作的工具。（4）主要的传播方式和内容：宣传政策、群众动员和意识形态教育。媒体的主导内容是：鼓舞性的——鼓舞全国人民克服困难；示范性的——不断树立先进的典型人物供人民学习和模仿；论证性的——论证意识形态的合理性，说明国家方针、政策的合理性、必要性，让人民群众自觉认同和执行（汪凯，2005，196 页）。

在1956年以《人民日报》改版为标志发起的新闻改革中，新闻从业者试图对既有的党报模式作出修正，从喉舌论的“宣传本位”回归到“新闻本位”，并在更大范围、更深程度上体现“公共舆论机关”的本质，《人民日报》宣称要成为“社会的言论机关”“人民的公共的武器，公共的财产”，报纸编委向中央建议：“报纸上的文字，除了党中央少数负责人的文章和少数社论外，可以不代表党中央的意见，也可以不代表编辑部的意见，因此都有讨论的余地；就是中央负责人的文章和社议，也不是不允许提出不同意见，只要这种意见是正确的，也可以发表。”（新闻战线编辑部、北京新闻学会，1985）这种观点即便是今天来看，也相当先进，它描绘了另一种形式的传媒角色。但是由于无法与当时的社会环境相适应，这场改革很快夭折，一元化的宣传体制未能得到改变。

（二）市场机制的逐步深化

传媒体制变革的重新启动，是在改革开放之后。20世纪70年代末，政府财政不堪负担，中国媒体开始了试探性的市场化改革，国家“逐渐意识到以有限财力支撑日渐庞大的媒体规模，实在不胜负荷，媒介在经营上步入市场，有助于减轻财政负担”（李良荣、林晖，1999）。1978年，财政部批准《人民日报》等8家新闻媒体实施企业化管理的报告。虽然当时具有试点性质，但这无疑是具有标志性的事件，它被认为是我国媒体市场化进程的开端。

市场化的改革一旦开始，就很难再将历史的齿轮倒退回去。因为第一次的有限改革不会一劳永逸地满足媒体和大众对于变革的要求，每一次改革都将引发新的改革要求。与此同时，改革带来决策环境的变化，变化了的环境又迫使政府实施进一步的改革，如果政府拒绝实施进一步的改革，那么它就很可能会付出比实施改革更大的代价。在这样的情况下，“明智的”政府为了在新的条件下使自己的利益最大化，就会将改革继续进行下去。于是，改革就在这种螺旋式的“循环”中持续地推进，直到形成新条件下的稳定状态为止。这一连串的“阶段性”改革也就构成了我们所说的“制度变迁”。

传媒市场化也是一个持续推进的过程。从1979年《解放日报》第一次刊登广告，到1996年广州日报报业集团成立，再到21世纪初传媒企业纷纷上市。传媒本身所固有的市场性质被逐步发现并实现。我们可以大致将其概括为“广告——发行——经营体制——集团化——资本运营”（汪凯，2005，199页）这样一个由边缘到中心、逐步深入的过程。

老报人左方在回忆20世纪80年代初的新闻改革时说：

> 那时讨论什么呢，一个是讨论“短新闻”，怎么把新闻写得短一些。第二个是讨论会议新闻怎么处理，因为会议太多了。怎么写？哪些该写？都在讨论这样的问题。最尖端的问题也就是讨论到究竟应该不应该有社会新闻——这时候丝毫没有触及真理报模式。
>
> 真理报模式就是只认宣传，否定传媒的商品属性。所以它的市场能力非常弱，这是它最致命的弱点。你要打破真理报模式，就要抓住它这个弱点入手，恢复传媒的商品属性。他说报社需要利润，你就告诉报社，必须要报纸卖得出去才有利润交给你。这样的话，你就可以通过这个把真理报模式逐步地颠覆过来。

当然，对传媒市场化的合法性认定也并非一蹴而就，先是有了新闻是信息、媒体要为受众服务等观点的讨论，然后出现了新闻是否属于商品的争议。1992年邓小平南方谈话发表之后，新闻界的观念才明显地偏向市场经济，学者们对这个长期以来讳莫如深的问题作出了肯定的回答：报纸是商品，党报也不例外。与之相对应的是媒体广告的大幅度增长，国家工商行政总局广告司的数据显示，1992年和1993年两年中国广告市场的增速分别达到93.42%和97.57%（王学文，2003），是迄今为止增幅最大的两年。

在党的“十四大”明确提出建立社会主义市场经济体制之后，大众传媒的事业属性被重新界定：新闻事业就其生产具有强烈意识形态特征的精神产品而言，属于上层建筑；但就其为全社会提供经济活动和人民必不可少的信息、知识和娱乐而言，属于第三产业。由此完成了传媒事业与产业双重属性的认定，中国传媒的市场化进程获得了“合法性”的政治加冕。

如果说这一阶段的市场化还主要表现为对旧的政治标准的突破，那么随着市场化进程的推进，虽然在市场标准与原来的政治标准之间仍然存在一定的张力，但是两者之间已经出现了越来越明显的融合趋势，比如“在市场中保证舆论导向”的说法。进入到21世纪的语境中，在市场竞争中占据优势地位的都市报喊出了“做主流报纸”的口号，而官方的目标则是把党的媒体在市场中“做大做强”，政治与市场在这里实现交汇，市场的合法性得到巩固。

对中国传媒管理的决策层而言，尽快做大做强中国传媒业，不仅有经济上的意义，更有打造国家软实力的政治需要。当前，传媒业已经和国家的综合竞争力、文化安全和信息安全产生越来越紧密的战略关联。传媒产业的发达，不仅仅是一个单纯的经济指标，而是一种对国家综合竞争力具有奠基作用的“软实力”（soft power）。在加入世界贸易组织（WTO）之后，面对跨国传媒资本的强势压力，中国传媒产业的强弱已经不是一个可有可无的经济收益问题，而是一个关系到民族文化和国家信息安全能否保全、国家软实力强弱的重大政治问题。尤其是对于经受过切肤之痛的中国政府而言，打造一个强大的、具有国际竞争力的传媒产业，营造良好的国家形象是当务之急。“话语权靠什么？不能仅仅靠国外媒体上面播我们一两条新闻，搞一点借船出海的外宣工作，最终是要看我们的媒体能不能成为在世界上有影响力的媒体巨头。”（黎瑞刚，2009）李希光也认为，如果中国不按照市场规律和运用商业运作大力发展自己的有竞争力的新闻媒体，“有朝一日中国人必将成为美国在线或NBC新闻的忠实读者，成为美国新媒体巨人与新主流媒体操纵和垄断下制作的新闻品的消费者……而这势必影响中国的国家安全和社会稳定”（李希光，2000）。

既然国家有将传媒产业“做大做强”的必要，媒体自身有逐利冲动，产业化大潮也就顺理成章。20世纪90年代中后期以来，政府以强有力的行政手段推进传媒市场整合，并出台了一系列的开放性政策。

2000年10月，中国共产党第十五届五中全会通过的《中共中央关于制定国民经济和社会发展第十个五年计划的建议》，第一次在中央正式文件里提出了“文化产业”这一概念，这对于传媒领域内的体制改革推进具有重大意义。

2001年，国家允许包括发行、印刷、广告在内的“经营性资产”上市，向包括民营资本在内的资本市场开放。（中共中央办公厅，2003）

2003年，有关部门允许各类所有制机构作为经营主体进入除新闻宣传外的广播电视节目制作业。

2004年，国家新闻出版广播电影电视总局和商务部出台《中外合资、合作广播电视节目制作经营企业管理暂行规定》，允许外资可以以不超过49%的持股比例通过合资合作成立广播影视节目制作公司，进行“非时政新闻类节目”的内容生产（国家新闻出版广播电影电视总局、商务部，2004）。

2005年，国务院文件提出要鼓励民营资本进入文艺表演、电影电视剧制作发行等文化产业，支持民营资本参与部分国有文化单位的股份制改造（国务院，2005）。

据2004年的不完全统计，中国“投资平面媒体的公司多达40余家，涉及报刊近百家，而更多的合作正在进行中”（王君平，2004）。新闻出版总署在《中国报业发展年度报告（2005）》中透露，“深圳报业集团、今晚报社、中国证券报社、电脑报社等单位也都制定了上市融资计划，争取在政策时机成熟时进军资本市场”（新闻出版总署报刊司，2005）。实际上，当前资本规模的竞争压力迫使“几乎所有的实力媒体都在考虑上市”（王平，2005）。

随着传媒领域中市场机制的不断深化，它所产生的影响早已超越经营的范围，扩展到新闻操作逻辑、传媒格局、传媒功能等各个方面。

（三）市场的释放作用

1. 受众意识的兴起

市场化使传媒的生存方式和行为逻辑产生了深刻变化。传媒开始展现出其自身的利益动机，在保证政治安全的基础上，经济驱动成为一种结构性因素，影响着媒体的组织运作。如今，广告收入已经占媒体总收入的70%以上，有的媒体甚至超过90%，这意味着媒体能否生存和发展，在已基本失去财政拨款的条件下几乎完全取决于自身能否满足市场的需求。这就必然导致新闻采编流程的市场化再造，也就是新闻生产必须以受众和广告商的需求为中心，按照他们的喜好来决定新闻产品的内容。从媒体的定位到采编人员的具体新闻实践行为，包括选题的确定、报道角度的选择、采访对象的筛选，乃至对报道写作方式的推敲，都必须考虑这一点。就连标准的政治宣传，都强调要用“人民群众喜闻乐见”的形式表达。

在市场的驱动下，媒体从以“传播者”为中心，转变到以“受众”为中心，这一变化意味深长。

第一，媒体开始有了“社会立场”。市场与社会息息相关，面向市场的改革自然促使媒体更加关注社会，关注不同社会利益群体，并在这一过程中逐步形成“社会立场”的偏好。社会立场作为市场化媒体的品牌形象与竞争策略的组成部分，是一个组织化的理性选择行为。为了实践这种立场以获得受众认同，媒体开始更多地从社会和受众的角度来进行报道。曾繁旭在研究了NGO与传媒的互动之后发现，处于市场驱动下的新闻传媒，更可能发展民间立场，突破国家控制，冒风险报道一些对制度形成挑战的议题（曾繁旭，2008）。

以电视新闻为例，某省级电视台有一档收视率极高的“民生新闻”类栏目，在本省乃至全国都享有极高的知名度，其突出特色就是几乎每天都有站在民间角度对政府部门的批评报道且言辞激烈，该新闻栏目所在频道的副总监、该栏目的直管领导表示：

> 监督政府当然有压力，但是老百姓爱看，这样才有收视率的保证……电视台什么都跟收视率挂钩，而且分解给我们的要完成的广告额每年都会大幅提高，收视率就更

重要了……想些办法吧，政府意见大的时候就收一收，或者拣一些不太重要的报……（张宁，2008，101页）

由此可见，市场力量起到了一种“释放”的作用，它在一定程度上消解了政治领域对大众媒体的控制，让媒体获得了相较以往更大的话语空间与自由，使其逐渐具有了公共领域的某些性质与功能。

第二，增量变革提升了传媒服务于社会的能力。媒体在市场化过程中，为了满足受众的需求而催生出许多媒体“增量”，包括最先出现的“周末版”，到后来的晚报、都市报，以及电视民生新闻栏目等；当然，还包括媒体的扩版，即增加报纸的版面数量或者是节目播送的时长，扩大媒体信息容量与广告刊播量。增量改革的好处在于它不挑战传统的“喉舌”功能角色，原有的政治宣传内容依然存在，但不停出现的“增量”可以满足受众的更多需求，促使传媒类型及传媒话语向多样化、多元化的方向发展转变。

以电视节目的发展为例，1993年，《东方时空》提出“真诚面对观众”的口号，节目从过去的居高临下变为尊重受众，开始提供观众喜爱的热点、难点、焦点报道，开始了大范围的舆论监督。《焦点访谈》1994年4月1日问世后一炮打响，各地的舆论监督节目如雨后春笋般涌现出来。1996年，湖南台推出《快乐大本营》，这个节目被业内专家认为是中国电视第二次面对市场或者说是中国电视表现出尊重观众的又一次重大变革，成为电视娱乐时代降临的标志。2002年《南京零距离》面世，以其民生内容的特色及民本的价值趋向，成为民生新闻的滥觞。

中央电视台《新闻调查》栏目制片人张洁认为：“从《东方时空》到《快乐大本营》，再到《南京零距离》，代表了整个中国电视节目回归媒体的传播规律——真诚面对市场和受众。传统意义上的媒体更多是作为一种宣传工具，现在的媒体在承担政府媒体功能的同时也希冀实现媒体的公共传播功能，这是一个比较明显的变化。这种对公共品质的追求在中国媒体中已经是一种全面生长的态势。”（张洁，2009）

2. 多元化媒体格局的形成

1977年，全国报纸的总数仅为180种，党报一统天下。而到2000年，全国的报纸总数超过2,000种，非党报占据了主体地位。有三次大规模的办报浪潮改变了整个报业的结构（汪凯，2005，107—110页）。第一次是在20世纪80年代初期，在“信息”概念的推动下，一大批以提供纯信息尤其是经济信息为主的报纸纷纷创办，电台、电视台也纷纷推出以提供经济信息为主的新频道。信息性的内容在媒体报道中占据了重要地位，大大开拓了新闻的报道面。第二次浪潮是在1992年以后，以晚报、都市报的兴起为主要现象的报纸大众化浪潮。第三次浪潮是以专业主义为特征的严肃媒体的兴起，包括一批全新面目的财经报纸，如《21世纪经济报道》《经济观察报》，以及《南方周末》等时政类报刊。

在广播和电视媒体领域，类似的事情也在发生，新兴的频道、节目不断出现。此外，网络、手机、大屏幕等新媒体迅速崛起。从整体上看，市场化媒体无论是在市场占有率还是在舆论影响力上，都占据主流地位。各种媒体以不同的功能定位和受众定位为依托，形成了庞杂而多元的格局。在媒体产品的内容和形式方面，也出现了大量的创新。这意味着，社会从媒体获得的信息数量和种类增加了，受众选择媒体的可能性也大大增加了，从更深层次上说，是公众的传播权利得到了更好的满足。

3. 传媒功能的扩张

中宣部前部长丁关根曾对新闻体制改革所取得的成绩作了这样的概括："从以阶级斗争为纲转到服务于经济建设这个中心，这是根本性的变革。在改善大众传媒结构，增加报刊种类，形成竞争机制方面，在新闻单位内部实行企业化管理，建立责任制方面，在改进新闻宣传的内容和方式，增加信息量，发挥多种功能方面，都迈出了步子。"（丁关根，1994）

体制改革所取得的重要成果之一就是传媒功能得到了明显扩张，"传媒不仅是宣传工具，同时也是信息传播机构、公共论坛和娱乐载体"（汪凯，2005，197 页），传媒在社会生活中发挥作用的范围得到扩展。媒体先是以维护消费者权利的名义，介入社会经济生活领域，然后逐渐扩展延伸到公共政策领域。

在以往的公共决策中，传媒往往扮演着宣传者与动员者的角色。比如在三峡工程中，全国人大开会讨论三峡工程前夕，中宣部组织了阵容庞大的首都新闻界三峡考察团，分两批开赴长江三峡及中游防洪重点地区，开展大规模宣传造势，直到临近全国人民代表大会召开，新闻媒体的宣传攻势才拉下"电闸"（金小明，1992，12 页）。在这种类型的宣传攻势中，往往只有政府意愿的表达，而无多方意见的呈现。

现在，大众传媒越来越多地在公共决策中扮演"质疑与协商"的角色，这在燃油税、物业税、医改等问题的全民关注与讨论中都有明显体现，有时政府还主动通过媒体来征求公众意见。传媒的协商功能得到发挥，有效地改进了公共政策的决策过程，不再是以前的"我制定，你服从"的模式，而是通过公共空间中的充分讨论，使不同阶层利益得以汇聚综合，提升了政策的公共性。

更主动的方式是媒体议程设置功能的扩张。媒体通过报道和评论将某一公共问题摆在公众面前并引起社会关注，由此引发公共政策的调整。近些年来，媒体议程设置的能力有了很大提高，涉及的领域也不断扩大，对从中央到地方各级政府的政治、经济和社会决策发挥了越来越重要的作用。

一种新的动向是，传媒开始在社会制度层面发挥积极的改造作用。如 2005 年一些媒体对湖北佘祥林冤案、河北聂树斌冤案的追踪报道，使最高法院决定收回死刑核准权；2003 年《南方都市报》对孙志刚案的报道，最终使得国家废除了施行多年的《城市流浪乞讨人员收容遣送办法》，颁布了《城市生活无着的流浪乞讨人员救助管理办法》。

值得注意的是，网络媒体的兴起，使民意获得了新的表达渠道和聚集空间，通过数字技术虚拟的公共领域，实现了公众意见的密集表达，并给现实政治造成了真实的舆论压力，对公共政策进行的信息输入，产生了政治参与的效果。从整体上看，大众传媒"从单纯的'组织喉舌'向全方位的'社会传播机构'转化，已经是一个正在发生的进程"（汪凯，2005，205 页），这大大提升了传媒作为社会公共服务机构的能力，拓宽了其服务的范围。

二、媒体话语方面，专业主义逐渐兴起

中国当前的媒体话语是驳杂而丰富的。总体上看，它是一种以马克思主义新闻观为主流，同时融合了儒家思想和专业主义的观念综合体。

（一）传统思想资源的继承

在中国历史上，读书人向来有一种积极入世、“济世救民”的思想传统，认为“天下兴亡、匹夫有责”，因此“家事国事天下事，事事关心”。这种主持公理、指斥时弊的儒家传统在新闻从业者群体中也得到了传承。一位记者曾经描述过受儒家思想影响的典型记者形象：

> （他们大多）出生在农村或者中小城镇，通过个人努力而获得接受好的高等教育的机会。这样的人，有一点骄傲、有一点清高、有一点排斥庸俗、有一点显得有理想的样子；这样的人，有些社会责任，他无法忘记，虽然自己通过高考改变了命运，但是小时候和他一起玩尿泥的小伙伴们现在还在社会的底层挣扎着；这样的人，是新闻人中的儒家——千百年来，儒家的理想就是“为天地立心，为生民立命，为往圣继绝学，为万世开太平”。对于这些人来说，新闻是他们谋生的手段，更是他们参与社会的途径。（陈涛，2002，369 页）

儒家的天下情怀很容易渗透到媒体这种与社会生活有深入联系的行业。无论是梁启超的“报馆有益于国事”，还是邵飘萍的“必使政府听命于正当的民意之前”，再到今天《南方周末》的“给弱者以关怀、让无力者有力、让悲观者前行”，任凭政治风云如何变幻，新闻人“铁肩担道义，辣手著文章”的职业理想与追求仍旧一脉相承。

（二）新闻专业主义

陆晔教授与潘忠党教授曾对新闻专业主义理念作了归纳，他们认为专业主义的内涵包括：（1）传媒具有社会公器的职能，新闻工作者必须服务于公众利益，而不仅限于服务于政治或经济利益集团；（2）新闻从业者是社会的观察者、事实的报道者，而不是某一利益集团的宣传员；（3）新闻从业者对于信息的采纳基准是主流社会的价值观，而不是政治、经济利益冲突的参与者和鼓动者；（4）新闻从业者以实证科学的理性标准评判事实真伪，服务于事实这一最高权威，而不是臣服于任何特殊的政治权力或经济势力；（5）从业者受制于建立在上述原则之上的专业规范，接受专业社区的自律，而不接受在此之外的任何权力或权威的控制（陆晔、潘忠党，2002）。

需要注意的是，专业主义是以西方新闻业为蓝本提出来的理想模型，实际上，在意识形态和实际利益的束缚下，西方媒体也不可能完全做到上述要求。相比之下，黄旦教授对专业主义基本理念的归纳可能更符合实际：（1）报刊的主要功能是传播新闻，同时还要干预和推动社会；（2）在性质上，报刊是一个独立专业，因此它必须是自主的，尤其在政治上不依赖任何派别；（3）报纸的目的是为公众服务，并反映民意；（4）报纸的运转靠自己的有效经营，尤其是广告收入；（5）报纸的约束机制是法律和职业道德自律，尤其是后者（黄旦，2005，32 页）。

比较这两种具有代表性的归纳之后即可发现，新闻专业主义理念的核心思想，就是独立于特殊的政治与经济势力而服务于公共利益。

党报体制建立之后，新闻专业主义因无用武之地而未能在中国发育完善，但是对报道的“真实”和“客观”要求依然被保留下来。改革开放之后，随着媒体结构与功能的变化，记者的职业意识逐渐觉醒。《新闻调查》制片人王坚平感慨："我们不应该轻易跪拜在权威脚下，从而束缚自己的思想，让自己的大脑变成别人思想的跑马场。实际上，真正的感悟往往是通过自己的独立思考形成的。"（王坚平，1999，119页）这段话暗示了新闻从业者角色转换的心路历程。卢跃刚在为《中国青年报》改革开放二十年来的代表作品结集作序时，就把这种转换的实质说得更加清楚："《中国青年报》的嬗变，实质是'职业回归'，还新闻以本来面目。"（卢跃刚，2000，5页）

在这一职业回归的过程之中，呈现出对专业主义的需求与认同。它首先表现在业务层面。传媒行业市场化之后，需要对宣传任务进行新闻化转换，这样，专业主义作为一种业务操作模式就获得了合法性与发展的空间。即使党和国家的主流媒体，也在新闻采编业务层面接受了新闻专业主义的操作规范。

随着专业主义在业务层面的深度渗透，它在一些媒体中逐渐上升到新闻理念的层次。《南方周末》在2004年的元旦致辞中说："不论报纸、杂志、广播、电视，还是新闻网站，我们向你们服务社会、关怀公众致敬；我们向你们坚守客观、公正、理性、良知致敬；我们向你们拓展新闻边界致敬；我们向你们这些'喉舌'致敬！……我们为自己的职业而自豪！"

有研究者总结了《南方周末》新闻从业者群体的职业理念和新闻实践特征："新闻记者是一个独立和独特的职业而非'工具'，公正、良知和理性是新闻记者应该具备的职业素养，新闻报道的职能是通过提供事实和分析而推动中国社会的进步与变化，调查性报道是具有社会责任感的新闻记者高度重视的新闻采集和报道手段，借此可以对抗权力及利益集团的介入为获取事实真相所设置的障碍。"（洪兵，2004）中国的新闻专业主义正是通过这种民间的方式得以发育和成长。当然，迄今为止，新闻专业主义并未成为体制性的实践内容，且具有明显的局限性。

（三）中国特色的新闻专业主义

中国特色的新闻专业主义的建立过程，来自于主流意识形态结构对新闻专业主义的吸纳与融合。面对专业主义话语的兴起，传统主流媒体以"扬弃"的方式，对源于西方的新闻专业主义取其精华、去其糟粕，将其中的一些观点和表述有选择地整合进现行新闻话语体系之中，对其进行"中国化"改造。

中国特色的新闻专业主义首先吸纳了专业主义理论中有关新闻工作者应该维护公共利益的核心理念，强调新闻的"社会责任"。与此同时，"中国化"的专业主义淡化了西方所谓"传媒独立"的观点，明确要求新闻从业者在"党和政府允许的范围之内"，按照宪法、法律和新闻职业道德规范进行新闻信息报道和市场营销。

中国的新闻从业者还对西方专业主义理论中的新闻"客观性"概念进行了改造。

西方的新闻理论强调客观性，媒体往往标榜自身"价值中立"（value-free）或"超然"（detached），实际上很难做到。而在中国，新闻从业者历来遵循的是建立在坚定的基本立场之上的客观公正。专业主义与中国语境结合的结果是，中国的实践者还是不会置身事外，他们仍然具有非常确定的价值判断立场，只不过这种立场从官方偏向了社会而已。比如《中国青年报》"冰点"前主编李大同就宣称，记录只是中国新闻界的职业底线，而影响社会则应是从业者追求的目标，因为在当代中国剧烈的社会变革中，数量庞大的弱势阶层、弱势群体的利益正在受到严重侵害，新闻信息报道应该通过调查、揭露的方式直击社会不公正，报纸应成为老百姓说话的地方（李大同，2004，序言 1—3 页）。

赵月枝认为，虽然从业者已发展出对专业主义的一种初步意识，但“他们并没有将自己隐藏在被仪式化遵奉的‘客观性’之后，也不惮于倡导和作出价值和道德的判断”（赵月枝，2000，584 页）。为了社会的进步，他们愿意跨出客观性的篱笆，直接干预和影响社会。这更符合倡导式新闻业（advocacy journalism）或参与式新闻业（participatory journalism）的特征。对比西方的新闻专业主义，这实际上是更符合中国现实和需要的一种理念。

在中国当下的媒体话语中，宣传话语、儒家情怀和专业主义同时存在，而且在这三者的接触与碰撞之中，正在形成一种进步主义特质的媒体话语，它活动于政府允许的范围之内，以改良社会为目标，以专业主义为基础，同时具有行动性、倡导性和参与性。

（四）传媒及其从业者对公共利益的自觉表述

在新的媒体话语的影响下，“公共利益”正在成为媒体及其从业人员的自觉表述和行动目标。

有研究者对全国 16 座城市的 813 名记者进行了问卷调查，发现中国记者的媒体角色认知正经历由传统（以宣传教化为主导）到现代（以信息监督为主导）的转变（赵凯、陶文静，2009）。在《南方人物周刊》的一次专访中，白岩松说：“过去我们是党的喉舌，现在我们是党的喉舌和群众的喉舌，这是一种进步……从政府的喉舌，变为百姓的喉舌。站在百姓的阵营里，谋求的是百姓的‘公共利益’。”（吴虹飞，2007）北京某主流都市报的评论部主任也坦承：“我写评论的基本立场是公众的立场，诉求点是公共利益。虽然我经常会有意识地多做政策解读的工作，但这种解读不是站在政府的立场，而是站在公众的立场……我认识的评论界的大多数人，都是贫寒出身，所以我觉得站在公众的立场是很自然的。”（张宁，2007，43 页）这些表述说明，服务于公共利益已经成为部分传媒从业者的价值追求。有人甚至认为，传媒改革“30 年来最重大的进步就是中国媒体有了媒体自身的价值观”（张洁，2009）。

除了从业者之外，一些媒体组织也开始将公共利益作为自己的旗帜和行为准则。《南风窗》的封面上，印着一条英文短语——“for the public good”，译成中文就是“为了公共利益”。编者解释说：“为打破垄断部门的利益格局而呐喊，为党内和乡镇的民主实践加油，为民族复兴的大业献计献策，为一切合法利益受损者（不仅是弱势群体）奔走呼号，或者更日常化一些的，为国内外读者提供精炼的政经资讯，这些都是‘for the public good’的应有之意，我们将不遗余力地实践已有的承诺。”（《南风窗》编辑部，2003，3 页）这里体现出一种明显的对自身“社会公器”角色的觉醒和自觉担当。

如果说体制外的杂志这么做还“情有可原”，那么中央级的主流媒体也打出公共利益的口号，则表明这种觉醒和担当并不局限于市场化媒体，还渗透到了体制内媒体之中。《经济半小时》栏目组的座右铭是“关注公共利益”，它虽身在央视财经频道，却和《财经》杂志一样，并不局限于经济领域，而是将关注的目光投向了广阔的社会生活，表现出鲜明的公共性特征。新华社旗下的《财经国家周刊》的办刊口号是：“公众利益至上，国家利益至上。”虽然两句相近的口号表明了一种调和，但是提出公众利益至上的理念，对于这样的媒体来说本身就是很大的突破。该刊总编姬斌说：“我们的办刊理念，就是把国家利益和公众利益有机地结合起来，两个利益结合，就是这本刊物的主流价值所在……我们非常想办成一本刊物，在中国的重大现实问题、未来发展的重大问题、事关公众利益与国家利益紧密相连的一切问题上，能够真正体现客观、真实、全面、建设性的风格，负责任地进行观察。”这样的表述已经越来越多地脱离了“党的喉舌”的传统话语框架，而呈现出更宽广的社会责任感和公共服务精神。这种理念上的提升，也重构了媒体的社会角色与功能，大大拓展了新闻实践的空间，对传媒服务于公共利益具有深远意义。

三、实践层面的进步

在传媒改革的过程中，政府会渐进式地允许媒体创新，但不会直接提供制度安排，只是通过反复观察和考虑媒体的违规行为，再以默许、鼓励、追认和批准的方式，逐渐开放部分控制领域，或者以限制、干涉和禁止的方式来取缔部分违规行为。这就是所谓的“束缚创新”（陈怀林，1999）。在“束缚创新”的模式之下，新闻从业者有一定的自主发挥空间，因此在不同情境下的“临场发挥”往往成为他们的基本行为策略（潘忠党，1997），即面对模糊情境或者新出现的陌生情境，采取带有创新性质与试探性质的策略与行为。而一旦这种创新行为在重复若干次后没有引起制度的强烈反弹，则往往会被固定下来并被整合进从业者的实践行为系统而成为新的“惯例”。正是在不断的临场发挥中，许多原本的报道“雷区”，比如对于自然灾害和部分突发事件的报道等，逐渐成为可以正常报道的领域。大众传媒服务于公共利益的实践，正不断拓宽着自己的行为边界。

（一）报道空间的开拓与深化

近些年来，新闻媒体在报道的速度、广度、深度等方面都有了非常明显的进步。

（1）在时效性方面，由于互联网、手机等新媒体传播技术的发展，消息的传播速度大大提高。为了掌握报道的主动权，传统媒体不得不提升自身报道的时效性。新媒体与传统媒体的竞争，使传媒报道的时效性得到了整体提升。

在2008年的汶川大地震中，中国媒体在第一时间对灾情进行了报道。新华社在地震发生后不到20分钟，就发出了第一条快讯。新华社播发的英文快讯领先于所有外电，比法新社早6分钟，比美联社早8分钟。新华网在14时55分公布了这一消息，而这是网上最早发布的关于汶川地震的消息，距离地震发生仅27分钟。第一张地震图片也由新华社在地震发生28分钟后迅速发出。中央电视台在地震发生32分钟后，在新闻频道口播了第一条新闻；15时20分，央视打破原有节目安排，推出汶川地震新闻直播，滚动播出抗震救灾有关消息和工作进展。媒体的快速出击，使真相始终跑在谣言前面，迅速消除了人们的恐慌，稳定了社会情绪。

（2）在报道的广度方面，自然灾害、大部分突发事件和大多数公共事务，都已成为可以正常报道的领域，报道空间明显拓展，社会能见度大大提高。

2008年重庆发生出租车司机罢运事件，新华社重庆分社当日就迅速发稿，还一度以“罢工”定义此次事件，并在第二天继续跟进，直言当地政府部门未能将事件成功平息。《人民日报》作为中共中央机关报，在重庆罢运事件和深圳袭警事件的次日，都刊登了相关报道。时政报道在不断艰难探索的过程中也逐渐拓展了自身的活动空间，在报道的题材上，从“眼睛向上”转为“眼睛向下”（周葆华，2003），开始关注中国大陆地方政府改革和基层民主的进程；对高层领导人的报道则注重信息的及时传播和尝试对其是非功过进行评说；在法治问题、社会问题、台湾问题、外交和高层人士变动等传统意义上比较敏感的题材上都迈出了第一步。在报道方式上，开始注重对时政新闻的评论、分析和解释。

在报道空间的拓展上，表现最明显的还是突发性事件报道领域。在对汶川地震的报道中，众多国内媒体打破以往突发事件的报道模式，对灾情进行了全天候、全景式的报道，使灾情真相得以全面、立体地展示出来。

在传统模式中，出于对社会稳定和政治因素的考虑，宣传管理部门要求媒体对灾难新闻须持特别慎重的态度，必须积极宣传战胜灾害的成绩，反对纯客观地报道灾情。这种报道方式固然可以鼓舞士气，但是片面强调抗灾救灾而忽略灾情本身，却把受众对灾难的知情权弃置一边，给人留下一种“顾左右而言他”、避实就虚的感觉。

在对汶川地震的报道中，新闻价值取向得到了突破。以人为本、以事为主成为主导性的新闻价值取向，灾情本身和受灾群众成为报道关注的核心，而对抗灾政策和精神的宣传则被置于事件的延展过程之中。各类媒体把地震灾情放在醒目、显要的位置予以报道。大到救援工作的总体进展，小到每天最新的财产损失情况、人员伤亡的具体数字，信息的公开程度相当高。众多普通灾民成为抗震救灾报道中的典型英雄人物，普通民众开始在媒体叙事框架中占据主要地位。有学者认为“2008 年，我国新闻实践取得了突破性的进步”（董天策，2009）。

（3）在报道的深度方面，媒体也取得了长足进步。近年来有不少“民生新闻”和舆论监督都明确指向现象背后的制度性缺陷，并引发了公共政策方面的回应。对“重庆钉子户”和“山西黑砖窑”等事件的报道，并没有停留在“反常”和“悲情”的层面，而是深入追寻事件的来龙去脉，反思导致事件发生的社会环境和制度根源，完成了从“个体性”向“公共性”的跃升。媒体对于贵州瓮安、山西娄烦、三鹿奶粉诸多事件的深入挖掘与不懈追问，使事件真相逐渐显露，表现了媒体高度的社会责任感。另外，媒体对公共事务报道的功力也有所长进，比如对于已成为社会公害的高房价问题的报道，媒体从当初的指责“炒房团”，到后来将矛头对准开发商，到现在深入分析地产利益集团的结构构成以及政府在其中的角色，呈现出一种逐渐深入的态势。

（4）平民视角和民本价值得以彰显。《中国青年报》“冰点”栏目的开篇之作《北京最后的粪桶》，就典型体现了平民视角。与此相近的新闻操作理念，在中央电视台《东方时空》中的《生活空间》《百姓故事》栏目和《南方周末》中的《百姓茶坊》与《百姓记事》版面上，也都有体现。民生新闻的出现，则把民本价值发挥到了极致。这种以人为本的新闻操作理念，使媒体的报道视角和叙述方式都发生了改变。白岩松认为：“我们这一代新闻主持人如果说作了什么贡献的话，那就是对新闻语言体系的改造，脱离了原来的八股体系，关注人、说人话、像个人。”《南方周末》则直接宣称要成为“一本中国百姓的生存史和思想史”，记录“流动于社会的民间思想”和“行进中的中国人的醒着的生活”（徐列，2009）。

在这种操作模式中，普通民众更容易接近媒体，成为报道的主体，而且他们的形象不再是媒体从宣传需要出发建构的符号，而是自身状态与生活的真实表达。公众的近用权得到某种程度的实现，公众成为编辑部场域中“不出席”的主体之一，媒体呈现与社会话语的表达日趋多元。

（二）言论空间拓展，公共协商起步

无论是传统的主流党报，还是面向普通大众的市民报纸，近年来的一个共同发展趋势就是评论版面的扩大与加强。现在大多数市民报纸都有专门的时评版，一些甚至有评论版组，专门拿出几个版面出来做时评和评论，还将其做成报纸的品牌之一。时评的内容非常广泛，对当下社会的各方面都有涉及，尤其是有重大新闻出现时，报纸评论形成的风潮甚至不亚于媒体报道的火力。在发挥空间上，时评比报道的尺度更为宽松，以批判倾向为主，各类批评官方信息不透明、权力膨胀、道德堕落的言辞随处可见，上至各部部长、地方首脑，下至基层官员，都在被批评范围之列。2010年“两会”期间，湖北省省长李鸿忠抢夺记者录音笔，就引发了各大媒体的口诛笔伐，要求省长公开道歉甚至引咎辞职，展现了媒体评论的空间和能量。

有研究者指出，时评的繁荣不仅仅是一种文体的繁荣，更是“话语权”扩张和下移的标志（张淑华，2006）。新时期时评走向繁荣并非偶然，而是自有其深层次的原因。

从社会层面来讲，利益群体意见的分化与多元已是大势所趋，而且由于利益博弈日趋明显，公民的表达意愿很强烈，表达能力也随着受教育程度的提高而增强，这就积累了相当的表达势能。

从传媒生态上来讲，舆论环境日渐宽松、公民言论空间已经扩展开来，网络上的民意表达因为渠道的易得与少受审查，比传统媒体还要大胆得多，这也促进了传统媒体言论空间的扩张。

从操作层面上来讲，传媒竞争日趋激烈，如何赢得公众？争夺言论制高点是一个很好的选择。

从历史传统上来追溯，新闻事业的优良传统之一就是密切联系群众，报纸都设有专门的读者来信版，公众参与在话语上具有正当性。在1956年的《人民日报》改革中，头一个月平均每天刊发读者来信近10篇（丁淦林，1998，432页）；当然，这种读者来信版“主要是人民群众提出自己工作和生活中的各种困难和疾苦，把党报当作类似政府信访部门，解决自己的实际问题，而不是发表自己对社会问题、国家大事的个人观点。这样的言论版缺少意见交流，更缺少观点冲突。”（马少华，2002）因此，以前的言论版缺乏公共讨论，公众意见的多元性和丰富性无法得到充分表达。现在的言论版则较好地弥补了这一缺陷。

一旦有了多元意见的表达与交流，公共讨论与协商的进行就顺理成章了。而且我们通过分析时评版操作者的自述，可以发现公共协商机制的形成是出自有意的制度设计而非无心插柳。

> 媒体对公民社会的第二个推动作用就是把公共事件带到公众视野，让公众来讨论。这就是说，媒体能带动公共讨论、公共辩论。
>
> 《南方都市报》破天荒地每天拿出几个版做评论，刚开始这个模式很多人是质疑的，据说这不符合老百姓的阅读习惯，但坚持下来最后还是成功了，评论成了《南方都市报》第一个拳头产品，很多读者买《南方都市报》后第一时间看它的评论，它强制性地改变了读者的阅读习惯。“南都模式”在中国的都市报当中得到了快速复制，内地但凡有点影响的都市报，评论版的操作跟《南方都市报》基本上都差不多。评论

在市场化媒体中的快速崛起起了一个巨大的作用，它们本质上都是公共辩论、公共讨论，而这种公共辩论、公共讨论恰恰是当下中国最紧缺的公共产品。

如果说我们的市场化媒体对公民社会起着什么作用的话，公共辩论是一个非常重大的作用。全中国的公共辩论，是随着市场化媒体在中国发展壮大后才展开的。接下来，我希望它能够逐步扩展到课堂上，扩展到我们人大的会堂上，扩展到我们政协的会堂上，在社会的每个角落都展开。

通过推动公共事件，通过推动公共辩论，最终推动公共政策的改进，这是媒体的第三个作用，也是最重要的作用。

我本人就是做评论的，或者说我本人就是参与公共辩论的，我参与的一个主要意图就是影响公共政策，使决策机制更民主、更理性、更科学。

公共辩论全面展开之前，怎样荒谬的法律法规都没有一起事件因为民意而改变，但是，有了公共辩论之后，这种状况有了很大改观。（笑蜀，2009）

公共表达与协商的出现是公民权利表达的实践，这不仅彰显了民意、规范了权利的运行，而且提升了公众决策的合理性，为公共利益的实现提供了有效的保障。

从另一个角度来看，言论的勃兴，还充当了新闻的替补角色。新闻停滞不前时，时评则迂回进攻，这样既能保护记者，又能引起受众关注。“目前的新闻，尤其是一些重大新闻，事情到了关键时刻就没了，于是，时评中的‘评’，就成了人们的次选择，希望通过时评，推动事情的发展。”（迟国维，2005）从这个角度来说，时评拓宽并延伸了新闻，也扩展了传媒发挥的空间。

（三）公共参与的扩大

在报道和言论空间都在不断扩展的同时，传媒开始呈现出更为主动的公共政策参与的姿态。

2010 年 3 月 1 日，《经济观察报》《南方都市报》《华商报》《重庆时报》《大河报》等 13 家报社编辑部共同在头版发表社论，敦促废除户籍制度。社论以“人生而拥有自由迁徙之权利”为切入点，向中国政治精英及全体国民公开喊话：提请“两会”代表与委员们，善用你们手中的权力，加快户籍改革进度，逐步以人口信息登记制度取代现行僵化的户籍制度，直至最终将其彻底消除。该社论也得到了四大门户网站（新浪、网易、搜狐、腾讯）的一致响应，均在新闻首页显要位置加以推荐。这一联合发表社论的开创性举动引发了巨大的社会反响，尤其是在“两会”即将召开的时刻。虽然社论的组织者最后被撤职，但是它表明了经过市场化成长和公民社会熏陶后的媒体拥有强大的公共意识的律动和公共参与的能量。

对于公共政策越来越积极的参与态度，在传统的主流媒体中也有反应。2010 年 3 月底到 4 月初，以新华社六评高房价为发端，中央电视台、《人民日报》、中央人民广播电台、《光明日报》《中国青年报》等中央主流媒体全部开动，以报道、评论等各种形式炮轰高房价，对政策调整建言献策。重要的是，这并非宣传部门授意下的舆论攻势，也不是为特定的政策出台吹风，而是媒体对于公共政策和社会发展问题的自发的公共关注。

部分中央媒体关于房价的报道如下：

3 月 28 日：《红火景象下的楼市之忧》（新华社）

3 月 29 日：《不能让楼市成为投机者的乐园》（新华社）

3 月 30 日：《坚决清除房价中的“腐败成本”》（新华社）

3 月 31 日：《疯狂的房价叫板土地招拍挂》（新华社）

4 月 1 日：《“土地财政”还能维持多久》（新华社）、《中国楼市三问：老百姓如何才能住上房?》（《人民日报》）

4 月 2 日：《税收杠杆应发挥更大作用》（新华社）

4 月 3 日：《日本年轻人：租房住也幸福》（央视《新闻联播》）、《奥地利房价稳定靠政府干预》（《光明日报》）

4 月 4 日：《面积小价格低 纽约小户型受青睐》（央视《新闻联播》）

4 月 5 日：《实行土地招拍“价低者得”难在哪里》（《检察日报》）

4 月 6 日：《是否取消房地产预售制》（《人民日报》）、《新华六评能否触动畸高地价房价》（《中国青年报》）、《美国政府采取多种措施促房价稳定》（央视《新闻联播》）

4 月 7 日：《住房制度改革要不要大幅调整?》《遏制土地拆征的“利益依赖”》（《人民日报》）

4 月 8 日：推出专题“关注疯狂房地产”（中央人民广播电台）

4 月 9 日：《北京楼市持续火爆投资性买房占多数》《评论：征收房产税是遏制房价上涨的有力手段》（中央人民广播电台）

4 月 10 日：《住房保有税能否抑制高房价?》（中央人民广播电台）

在舆论压力之下，相关的调控政策不断出台，如“二套房房贷首付 50%以上”“暂停发放第三套房贷款”、探索“综合评标”的土地出让方式、明确保障性住房比例等，房价过高地区的房价疯涨被明显抑制，出现了量价齐跌的现象，防止了楼市泡沫的进一步扩大。

（四）从业者的理性与韧性

在实践情境中，政府有自身的利益追求。媒体在服务于公共利益和取得政府满意之间，永远存在着一种张力，世界上任何国家概莫能外，只是程度不同而已。中国媒体这些年能在服务于公共利益上取得明显进步，有赖于从业者的理性和韧性。

在中国那些有责任感的媒体人中，普遍存在着一种理性而积极的认识，用《新闻调查》制片人张洁的话来说，“我们要承认现实：我们是在一个有限制的环境里做新闻”（张洁，2009）。《南方周末》编辑部则在内部培训材料中如此表达：“我们注定是要戴着锁镣跳舞……需要的是从石头下顽强生长的韧劲。”这是一种对于自身所处环境的清醒的认识，但是他们并未因环境限制而放弃自身的责任，而是在承认体制权威的前提下，谨慎地开始了对它的改进。媒体人钱钢说：“洪水凶猛，但解决不了任何问题。在中国，我们认为‘水滴石穿’。”“很多事情需要一毫米、一厘米地推进，我把它叫做‘毫厘主义’”（杜鹃，2007）。正是在这种“日拱一卒”式的长期坚持下，从业者集小改善为大进步，开创了今日之媒体局面。孙玉胜认为，新闻改革不能逾越现有的经济、政治发展状况，而应审时度势，在大环境发展变化的动态过程中抓住机遇，趁势而上。

在改进的过程中，从业者也注意讲求“策略”。为什么《财经》报道了赈灾中的校舍坍塌事件而没有像其他媒体那样被处罚？胡舒立对此的回答是：我们从不用非常感性或者不正式的语言说话，比如‘你说谎了’……我们尽力分析体制，谈论一个好的设想或愿景为什么无法变为现实。也就是说，强调自身的事实报道和意见表达对国家而言具有“建设性”，以期通过这样的具有建设性的表达，促使、帮助党和政府能够采取科学有效的举措，改良、改善公共权力的运用，最终实现公共利益。通过这样一种转换与调和的方式，从业者可以在一定程度上消弭实践中存在的国家与公众之间的张力，使之既符合公共利益，又能让党和政府满意，“在双方之间小心翼翼地走着钢丝”（张宁，2007，44 页）。

媒体在报道中对地方政府使用“不信任”叙述框架的同时，还使用“信任中央政府”叙述框架，倾向于中央政府和国家法律的权威，其实也是游走于政府层级之间，寻找运作的空间。

第二节　失衡的三角支撑

一、媒体领域的权力格局：强政治、强市场和弱社会

在传媒体系的运作过程中，政治权力、市场与社会公众是三股主导力量，形成三足鼎立的局势。在这三种力量处于良好的平衡状态时，媒体会获得充足的经济收入，并在合理的政府规制下灵活地响应公众的需求，服务于公共利益。但是在中国，这三股力量目前处于相当不平衡的状态，呈现出明显的强政治、强市场和弱社会格局。

(一) 康晓光的权力矩阵图

中国社会已经凸显出三个领域分化的趋势，即经济、社会从政治领域中分离出来，政治、经济、社会三大领域之间的结构关系从领域合一走向领域分离。从本质上来讲它是国家与社会相分离的过程，也是传媒改革得以开展的体制背景。

根据康晓光的研究（见表 5－1），1978 年以前中国的权力格局是典型的“单极权力格局”，所有社会领域中资源调配与使用的权力完全为政治权力所掌控，也就是说，政治权力的作用范围覆盖了一切领域（康晓光，1999，61 页）。

表 5－1　1978 年以前中国的权力格局矩阵①

权力对象／权力主体	政治领域	经济领域	社会领域
政治权力	＋＋＋	＋＋＋	＋＋＋
经济权力	－	－	－
社会权力	－	－	－

（说明：“＋＋＋”表示存在强权力关系；“＋＋”表示存在一般权力关系；“＋”表示存在弱权力关系；“－”表示不存在权力关系。）

① 这里所谓的“社会领域”，指公民社会（civil society），即相对独立于政治和经济系统的社会互动领域，主要由私人领域（尤其是家庭）、结社领域（主要指自愿结社）、社会运动和各种公共交往形式所构成。此种国家、经济、社会的三元分析模式，明显受到哈贝马斯等人的影响。

而在经过 30 多年的改革之后，权力格局发生了转变，主要体现为政治权力仍然牢牢把握其在政治领域的话语权，与此同时，在一定程度上让渡出其原有的对经济领域和社会领域的控制权。其中，经济权力在本领域内获得的自主性要大于社会权力。这与 20 年来中国市场经济的高速发展、经济主体及其力量的不断壮大密切相关。另外要注意的是，经济权力对社会和政治领域亦有一定渗透及影响（见表 5－2）。

表 5－2　转型中国社会的权力格局矩阵

权力主体＼权力对象	政治领域	经济领域	社会领域
政治权力	+++	++	++
经济权力	+	++	+
社会权力	－	－	+

从总体上看，康晓光等人对转型时期中国权力格局的变化趋势的把握是准确的。而中国社会的强政治、较强经济和弱社会的权力格局，在传媒领域也有明显体现。

（二）政治权力是媒体领域的主导性控制力量

虽然与改革开放之前相比，政治权力对于媒体的管理有所放松，但新闻媒体的强意识形态特征依然如故，传媒体制的政治色彩“淡化而未弱化”，国家对媒体宣传的管控意志没有削弱。即便是传媒业的发展不得不借助于市场经济的力量，但资本的影响被尽力控制在新闻生产过程之外。在中国加入 WTO 的过程中，新闻信息报道领域并未开放。现有的投资、合资主要集中在传媒经营领域，如新闻出版总署规定：“报纸的广告经营者限于在合法授权范围内开展广告经营、代理业务，不得参与报纸的采访、编辑等出版活动。”（新闻出版总署，2005）2005 年还取消了外资的节目制作权，禁止外商投资设立和经营广播电视节目制作公司，并严格要求外商“不得通过变相进入频道、频率、版面、编辑和出版等宣传业务领域”（文化部、国家新闻出版广播电影电视总局、新闻出版总署等，2005）。

在传媒改革的过程中，指导文件一再强调要“加强和改进党对媒体的领导”，并明确指出，宣传部门要牢牢掌握新闻媒体的主要干部的任免权、重大问题的决策权、重要资源的配置权、新闻宣传的终审权（黄玉波，2005）。很显然，政治权力依然是传媒领域中的主导性控制力量。

2002 年针对上海市新闻从业者进行的有关新闻生产的调查，也揭示出新闻从业者对这一现实有较为明晰的认识（陆晔、俞卫东，2003）。根据该项调查，在报道选题确定、采访写作或制作、报道是否被采用和如何被采用等环节上，从业者普遍认为“各级党和政府职能部门”具有较大影响力，有时甚至超过了责任编辑和制片人的影响力，且从业者年龄越大，越倾向于认为党政职能部门的影响力强于责任编辑和制片人。

（三）市场力量已经成长为决定传媒行为的重要力量

有学者认为，中国 30 多年的发展，与其说是改革开放的 30 年，不如说是市场化的 30 年。这一论断颇有意味，但不可否认的是，在媒体靠广告养活的今天，市场已经成长为决定传媒行为的重要力量。这一点，从在传媒领域具有根本性影响的资本准入与所有权变化上就可以管中窥豹。

在法规、政策文本表述上，传媒领域的资本准入已由“所有媒体领域都禁止业外资本进入”，转变为“新闻采编业务禁止业外资本介入”。这里的“新闻采编业务”主要是指“时政新闻及相关内容”。这意味着在投资准入范围扩大的同时，对资本影响力设置的“禁区”也在相应缩小：先是作为传媒上游环节的所有“内容生产”放开（经营环节放开）；再收缩为“新闻采编业务”（电视剧、综艺类节目放开）；然后再收缩为“时政新闻类节目”（体育、科技、娱乐等新闻放开）。与此相对应的是，媒体领域的产权结构从拥有独占性排他性的国家所有制，正逐步转变成国有资本占主导地位的多元所有制；由原来的“所有传媒资产皆属国有”收敛为现在的“公益性传媒资产属国有”，其中“公益性传媒资产”主要是指报纸刊号、频率频道等传播渠道资源。

至于市场力量对具体的新闻生产所产生的影响，在上一节已论及，此处不再赘述。

（四）虚弱的公众

新闻从业者继承的儒家传统与专业主义理念相结合，以及市场驱动下媒体组织对自身利益的追逐，让转型期涌现出的社会力量得以进入编辑部场域，并对内容生产实践产生影响。

但是，这种进入有着明显的缺陷。

首先，公众主要是凭借“受众需求”的话语进入新闻实践的，它主要是一种经济角色的“受众”，而非民主政治意义上的“公众”，这使它的存在缺乏厚重的政治和社会文化意义。

其次，公众缺乏组织。分散的个体受众根本无法对传媒运作产生有效的影响，只有当他们能够顺畅沟通，并且自由联合，以一定社会组织和社会团体的形式活动于传媒领域之中时，才能有效地制约权力和市场的力量。国外的受众团体、媒体评议组织和公益研究机构非常多，公众因此得以通过各种渠道参与到媒体的运作过程中，成为传媒领域不可忽视的力量。但是中国的社会组织不发达，社会团体的成立还受到限制，受众能够接近和影响媒体的渠道还非常有限。

最后，中国的社会领域从整体上来说还属于发育初期，社会力量普遍薄弱，难以为公众在媒体场域的活跃提供支持。

因此，公众在传媒领域的存在基本上是“碎片化”的，也是非常虚弱的，很难对传媒领域施加明显而直接的有效影响。这就导致在权力、市场与公众的三角支撑中，有一角还无法担负起它自身的责任。而一旦缺乏公众的制约，权力与市场力量中的消极因素就难以被钳制，在民主政治不发达的社会中，还有可能导致权力与市场结合起来，诱迫媒体抛弃公共利益而服务于特殊利益集团，中国不能不防范这样的风险。

已有人意识到危险的逼近。有研究者将中国的媒体变迁总结为“以资本化为根本特征的重新制度化过程”，即政治力量与资本力量结合，政治力量借助资本力量继续进行资本化后的政治控制，加强其政治统治的合法性；资本力量渐渐成为媒体重组的主要力量，它借助政治力量的保护获得更加丰厚的资本回报（胡正荣，2003）。两者的结合形成了一种交换与庇护的关系，权力驯服资本，实现利益合谋，这对于公共利益来说是非常危险的。

潘忠党教授也指出，作为权力的不同矢量，国家和市场力量有对抗的可能，也有其相互叠加从而形成合力的可能（潘忠党，2008）。比如，国家为了维护官僚集团的自身利益或者迎合国内外资本利益，可能会限制下层劳工和农民的话语权，以保持“社会稳定”或者降低工资，提高本国产品在国际市场上的竞争力。与此同时，在商业逻辑的驱动下，传媒可能因下层劳工与农民这两个社会阶层不是广告商的目标受众而忽略他们的话语表达需求和社会传播需求。这样一来，媒体的政治控制就可能与媒体的市场逻辑形成结构上的合力，同时压制这两个社会群体的话语权。

从长期看，如果缺乏来自社会公众的制约力量和公共性的价值支撑，将会对媒体的公共利益角色产生明显的不利影响。

二、权力与市场双重挤压下的媒体

虽然市场力量在中国目前的传媒领域还主要表现为一种积极的解放因素，但不可否认，市场同样具有抑制社会表达的功能。展江教授担心："原来的国家控制没有减少，而高高的市场，又在压制媒体。"（展江，2009）目前，市场还很少有机会去控制政治权力，但是其向社会领域渗透的趋势已十分引人注目，从而瓜分了一部分社会权力，这尤其表现在大众传媒的商业化方面。相形之下，社会领域不仅自身权力有限，同时还面临着来自政治领域和经济领域的双重威胁。其后果是"官媒合一已经发展到商媒勾结和官商媒共谋，传媒难以充当公众期待的社会转型守望者的角色"（展江，2005）。

（一）媒体的集中与同质化

20世纪90年代以来，席卷欧美的媒体整合并购导致媒体所有制的高度集中，引发了社会的广泛担心和批评。因为媒体所有权集中制造出的"媒体巨无霸"导致了财阀对传媒的控制与操纵，这让"新闻和媒体文化更加堕落""更加唯利是图"，让媒体的"公共机构性质"衰落，资本侵蚀公共利益的现象日益突出（罗伯特·W·麦克切斯尼，2004，72页）。

西方社会经过几百年发展之后形成的媒体集团垄断格局，在传媒市场化起步不久的中国，就已经提前降临了。

集团化对于整治中国传媒行业的"散、滥、差"，促进传媒产业化和集约化起到了明显作用。但是传媒集团的组建过程带有一定的行政干预色彩，部分传媒集团的成立是一种不完全市场化的条件下计划配置的结果（黄玉波、张金海，2006）。这种结果造成了一种"行政性市场垄断"。

对于这种行政垄断在产业发展中造成的混乱，已有相当多的学者论及（段京肃，2004；陈正荣，2007），本书关注的重点是它对媒体服务于公共利益的消极影响。

传媒领域的行政垄断格局，使各地的传媒市场被一两家传媒集团瓜分，限制了真正意义上的市场竞争，当然也减少了大众的选择可能和所能获得的媒体服务。同时，它还损害了社会的多渠道信息系统，使信息的流动更容易遭到强势利益集团的控制，多元意见的表达受到限制。另外，垄断还导致媒体的同质化，这会削弱媒体反映社会多样性和丰富性的能力，侵蚀文化的多元性。

如何建立一个"好的"传媒市场，而非权力与资本联手摆布下的传媒市场，是中国传媒业的难题，如果处理不好，则会使媒体还未脱出权力的钳制，又增加了资本的压力。这与中国目前面临的"如何建立好的市场经济"的挑战，在本质上是同一个问题。

（二）传媒的犬儒主义倾向

在商业利益与政治权力双重倒逼之下，中国传媒的犬儒主义倾向越来越明显。

传媒在公共领域建构方面，依然受到比较明显的抑制，对公共事务的报道由于“雷区”密布而充满了风险，一旦把握不好就有可能受到处理，因此被许多人视为畏途。

而且，市场化机制推动媒体追求经济利益。在资本逻辑的支配下，媒体追求的是“成本最小化”和“利润最大化”。成本最小化除指控制经济成本之外，还意味着对政治风险的规避。京华时报社社长吴海民说，媒体作为企业在内容上肯定是“听话的”，市场化程度越高就越“听话”，如果导向不行，一票否决，企业就倒掉了。在这里，资本与权力完成了合谋，“安全第一”成为传媒的行为准则。从这一角度来看，时政报道成本高，风险大，根本不符合“以最小的政治风险赢得最大的商业利益”的要求。相反，文化娱乐报道既为受众所欢迎，又无太多风险，何乐而不为？如果还能加上一些吸引眼球的逸闻和故作义愤的感叹，那就再好不过。媒体一旦被鼓励“安全地赚钱”，犬儒主义的泛滥也就不可避免了。

于是我们可以看到，一方面，媒体对于公共事务的报道出现结构性紧缺的现象，从数量上到质量上都有明显不足；另一方面，“鉴于许多政治问题传媒没有权力自行报道，对一些敏感问题随时要听从上面的指令，剩下能报道的也就是明星逸闻、家长里短、罪犯新闻之类”（陈力丹，2008）。媒体打着“贴近受众”的大旗，将力量倾注在文体娱乐、社会新闻领域。不少所谓的“民生新闻”中，一些鸡毛蒜皮、家长里短、柴米油盐之类的琐事成了主要内容。比如哪里有人跳楼了，哪里发生交通事故了，哪里的下水道井盖丢了；或者对哪家的猪长了三条腿之类的奇闻进行大篇幅报道。在价值追求缺失的情况下，就连新闻专业主义也越来越简化为一套操作层面的规范，这套规范越符合市场标准，就越无关公共利益的内核。

公共事务报道的结构性不足与社会、娱乐新闻的结构性过剩同时存在，说明新闻媒体中存在着明显的对政治领域的逃避。许多媒体对于自身在社会转型期所肩负的重大公共责任，采取了“侧过身去”的做法，其中一些媒体在新闻信息报道上所呈现出的内容上的琐屑和精神追求上的低级，简直令人惊讶，其结果是“戕害人民的心灵”，（《马克思恩格斯全集》，第1卷，1995，170页）。

第三节 媒体服务于公共利益的主要障碍

一、体制限制

体制问题，是当前新闻媒体服务于公共利益存在的最根本问题。

（一）以宣传为本位，权力干预过度

1. 宣传本位过于单薄

当前的传媒管理体制，从根本上来讲，还是一种以宣传为本位、以控制为手段、以权力稳定为目标的体制，在价值取向上强调媒体的“宣传功能”优先于它的“新闻功能”。白岩松的一段话很能说明问题：“今年我们去美国去看新闻博物馆，在博物馆里头有一个触目惊心的东西，它是2001年9月12日那天各个国家报纸的头版，所有的头版都是

‘9·11’，只有我们的是领导的接见。”（白岩松，2010）

在宣传本位的制约下，因为传媒服务于公共利益的功能发挥带有相当程度的政治意义，自始至终都被相关管理部门小心翼翼地控制着，编辑部内也存在着比较普遍的自我审查，新闻生产中的公共性受到结构性抑制。李希光指出：“中国的传媒在重大的国际国内新闻报道上，特别是涉及最广大人民群众的公共事务、公共政策、公共利益、国家安全、公共安全、公仆的选举与任命等方面的新闻报道仍然看不出明显的变革迹象。反而是，越是与公众利益相关的事项，越被视为政治敏感问题。”（李希光，2003）

从中国当前的社会转型和发展角度来看，“媒体是党的宣传工具”的观念尽管依然正确，但已经显得有些单薄，难以适应传媒业的发展现状，也难以适应转型社会对传媒的需求。因此对新时期媒体功能的界定，有必要增添更加丰富的内涵和外延。

2. 权力干涉过多

在现行体制中，宣传主管部门的权力无远弗届，上至媒体的所有权、人事权，下至某些具体报道的语气用词，都在新闻主管部门的管控范围之内，而且这种权力是不受质疑的。权力控制过度导致新闻传媒的自主性和功能发挥受到限制。

北京某都市报的编辑在博客中有这样的记录：

> 央视大楼的大火，我们参加采访的有13个人，不参加采访但也到了现场去看的还有若干，自己去的，没人指派，其中一个记者，是从西四环外自己赶来的。
>
> 采访的记者里，一个想办法进入到最核心区，还有一个也进入警戒线内。
>
> 后来，还搞到了一些内部来源的图片。
>
> ……
>
> 可是那天，仍然只发了一个通稿，没有一张照片，没有记者的文字和署名。
>
> 是第n的n次方次了，大家已经习惯了，
>
> 没有抱怨，没有遗憾，甚至没有就这个问题多谈几句。
>
> 记者都写好稿子了，我MSN告诉他被和谐了，
>
> 他二话不说就洗洗睡了，
>
> 我也默默地收拾东西回家，
>
> 第二天，一切如常。
>
> 再次发生同样的事情，会再次上演同样的过程——激动万分、互相通知、纷纷赶往、上网发帖、写稿、请示、拉锯、被毙、然后默默回家。
>
> 按说经历几次，就会失去热情了，
>
> 但奇怪的是，我知道的很多人，还都没有。
>
> 看来我们都有一根坚强的神经，
>
> 真的很不错，
>
> 这说明，我们有常葆青春的素质。

媒体人王晓峰评论说，在这次突发事件（央视大火）的报道中，“中国所有官方媒体都输给了民间媒体”①。输的原因，不是由于能力的问题，上述编辑的博客已经证明，职业

① 王晓峰在此处所说的“民间媒体”，主要是指非国有的、宣传部门控制程度稍低的网站、博客、论坛等网络媒体。

记者的采访突破能力与信息获取能力远高于一般公众。但是为什么我们最终要借助网络才能获得关于此次事件较为详细的信息呢？原因皆在管控二字。此案例清楚地显示出束缚在媒体之上的无形而沉重的限制枷锁。网络和传统媒体之间的信息落差有多大，权力控制造成的信息损失就有多高。如果说时效性方面的欠缺还并非最严重的问题，那么，权力干涉所导致的对议题的任意遮蔽，对公共讨论的压制，则会伤害到媒体为公共利益服务的基本能力。

（二）传媒的双重角色造成混乱

中国当前对传媒性质的认定，带有“事业单位，企业经营”的双重属性，媒体既是喉舌，又是产业，要政治家办报，产业化经营，这就使媒体领域中的政治与市场因素错综复杂地交织在一起，传媒业长了“计划的脑袋”和“市场的肚子”（李良荣，2009），不得不在事业和企业之间寻求平衡。

有研究者认为，“事业单位，企业化管理”的体制只是“在改革初期适应了传媒市场化的进程，并没有从根本上改变传媒单位的性质”（黄玉波、张金海，2006）。也就是说，当时采取的办法是虚置核心问题、发展产业要素、进行边缘突破，这种传媒发展的路径阻力较小，各方都有利益可得，因此容易推行。

但是，传媒的双重角色经过近二十年的发展，一头已经渐行渐远，一头犹在原地踏步，冲突自然在所难免。研究者直言“事业单位，企业化管理”体制已对传媒进一步发展形成制约。上海文广集团的黎瑞刚也痛感“事业单位这个帽子下，掩盖了巨大的生产力空耗”（黎瑞刚，2009），媒体行业本应是可与电信业比肩的大产业，美国媒体行业的市值是5,000亿美元，已经超过了电信行业；而中国的媒体行业的价值无法计算，一些公开的数据显示，媒体行业的市值不过几百亿美元，与产业规模基本和美国相当的中国电信业相比，只是一个零头。传媒行业的发展潜力，受到了体制的巨大限制。

另外，“事业性质”与“市场经营”的多年纠缠，也导致了传媒领域中的诸多乱象，如媒体产权虚置、所有人缺位、管办合一、行政垄断等。

传媒产业产权虚置，产权主体缺位，没有谁能真正为国有产权负责。连带着也使媒体的占有权、使用权、收益权、处分权和所有权之间充满了种种矛盾和冲突，严重阻碍了传媒行业的顺利发展。

现有的媒体体制，既不是最有效率的，也不是最能够保障公共利益的。用崔永元的话来说，如果我们的电视台都是公共电视台的话，那我们的电视台就是全世界最脏的公共电视台；如果我们的电视台都是商业电视台的话，那我们的电视台就是全世界最差的商业电视台，又不好看，又不赚钱。媒体不得不在政治、市场与社会等多重价值取向之间疲于奔命，公共利益原则常常“被妥协”。

现在媒体行业的办法是将“公益性文化事业”与“经营性文化产业”进行区分。但是如果缺乏真正的公共利益价值导向，简单的划分不但不能解决问题，反而有可能加剧媒体“或受制于权力，或受制于市场”的局面，造成传媒类型结构中公共性的继续缺失。

（三）体制壁垒限制了传媒业服务水平的提高

当前，体制壁垒越来越成为传媒资源整合扩张的限制。比如由于固有的“属地管理”原则，跨地域开办媒体受到限制；由于一些主管部门坚决维护自身的管控权力和既得利益，导致各媒体形态之间的融合受到人为阻隔。“三网合一”的口号喊了多年，却一直停留在规划阶段而难有实际行动，地方稍有突破性尝试，广电总局便举起“意识形态安全”的大棒来喊停。

有学者认为，中国传媒业多年来按照行政级次、行政区划分配资源，使得传媒市场形成了特有的“井”字结构（即“四纵”“四横”，依照四种媒介形态形成的管理格局和依照四级行政级别形成的管理格局）、平行式结构（即媒体之间融合度极低，跨媒体经营举步维艰）和倾斜式结构（即媒体空间布局的不平衡：东中西部不平衡，城市与农村不平衡，中心大城市与中小城市不平衡）。这些地区壁垒、媒体壁垒和行业壁垒的存在，严重阻碍了统一、开放、竞争、有序的现代传媒市场体系的形成，限制了传媒业的发展和服务水平的提高。

二、市场的不利影响

市场机制有着自身难以克服的局限性。首先，市场并不等于民主；其次，市场对合理体制的建构力量毕竟有限；最后，市场本身存在结构性的缺陷，会导致市场失灵。尤其是在中国当前的传媒语境中，在没有公共性的理念支持和制度保障的情况下，商业利益更加侵蚀媒体服务于公共利益的能力。

（一）媒体是独立利益主体

施拉姆认为，传媒的集中化已经改变了媒体、政府和民众之间的古老关系。在 18 世纪和 19 世纪，众多的小型媒体是作为人民的代表来监督政府，实际上也就等同于人民。但是现在这些更大、更集中的媒体，在某种程度上已经离开了民众，变成了独立的体系。这是一个与其他体系，如企业、政府那样的权力中心平行和类似的体系。它们不再完全是民众的代言人，而是有了自身的利益诉求。

汪晖也指出，在市场条件下，除了国家、政党和利益集团的直接支配之外，媒体的商业逻辑对媒体的公共性影响很大。（汪晖，2009）这个商业逻辑并不是指媒体可能受到利益集团的影响，而是说大众媒体在市场条件下运作，它有自身的独立的利益——媒体也成为一个独立的利益集团。

传媒成为独立的利益主体，意味着传媒并非天然会为公共利益服务。如果没有合理的制度安排，传媒其实更容易被利益集团所俘获。

（二）市场机制的缺陷

1. 对弱势群体的挤出效应

市场有其内在的结构性偏差，它本身不是一个价值中性的机制（赵月枝，2007）。依照默多克和戈尔丁的表述，经济力量的作用不是随意而是有选择地排除“那些缺乏经济力量或资源的声音……成本核算的内在逻辑系统地发挥作用，不断巩固已在主要大众媒介市场上建立根基的那些群体的地位，不断排除缺乏成功地进入市场所需要的资本基础的那些群体”（G. 默多克、P. 戈尔丁，2003）。也就是说，市场逻辑会依据商业价值对受众和传播内容进行筛选。

在市场环境中，媒体主要靠广告生存。广告收入不仅取决于受众的数量，而且取决于他们的购买力。越有钱的人，购买力越强，所以在面向富人的媒体上所登广告的费用要更昂贵。这就造成两个后果，一是出于“抓住最有商业价值的受众”的需要，大众传媒往往将关注点放在具有较强经济实力的公众群体上，传播一些与其利益相关的内容。在西方，“主流媒体的编辑经常公开鼓励他们的记者去写有利于扩大读者面，尤其是那些面向具有巨大购买力的读者的报道”（Ryan，1991，pp.121－122）。而对于那些经济实力不是很强的受众，为他们服务的新闻信息报道从数量到质量上与前者都会有差距。这就是传播内容上的市场化筛选造成的不平衡。二是由于赢得广告的能力有差距，在一个完全市场化的环境中，面向富人的媒体往往会在竞争机制中挤垮受众基数大但收入低的媒体。这方面最典型的例子出现在20世纪60年代的英国。左派报纸《每日导报》（*The Daily Herald*）虽然读者人数达474万之巨，却因为这些受众大部分是劳工阶层，报纸在市场上获取不到足够的广告收入来支撑经营，最终被迫关闭。一个意味深长的现象是，《每日导报》的读者数几乎是《泰晤士报》（*The Times*）、《金融时报》（*Financial Times*）和《卫报》（*The Guardian*）这三份迎合统治阶层和中产阶层报纸的读者总数的两倍！

中国当下的媒体格局中，也出现了明显的弱势群体挤出效应。赵月枝感叹，媒体的市场化驱使一些以农民、妇女、老年人及其他经济弱势群体为对象的出版物无法生存。（Zhao Yuezhi，1998，p.147）媒体争相表示自己的受众是“三高”人群，即高收入、高学历、高社会地位。让我们来看看北京的三家都市报对自己读者的描述：

《北京青年报》的“标准读者像”：他（或她）是一个36岁左右较为成熟的人，拥有高中或大专以上学历，是供职于政府机关、教科文卫单位或企事业单位的公务员，专业人士或“白领人士”，他们拥有较高的经济收入和消费投资的决策能力，是享有高档生活用品的城市人。

《新京报》的读者描述：读者属于年轻时尚并具有高消费能力的社会主流群体。学历较高，以白领人群为主，兼顾学生；他们拥有丰厚的个人收入和殷实的家庭经济环境，消费实力雄厚；他们在个人或家庭消费中处于决策主体地位；他们具有较高的社会经济地位，是社会主流群体。

《北京晨报》的“标准读者像”：他（或她）是一个37岁左右的基层职业人士，拥有高中或大专以上学历，属于忙忙碌碌的“上班一族”，他们拥有中等经济收入和消费投资决策能力、对于流行与时尚较为敏感。

这三家报纸对于读者群的描述稍有不同，但整体上来说大同小异，他们面向的是城市中的中高收入人群，这也是大部分新闻媒体的共同选择。至于城市中的中低收入者和村镇中的人群，即便没有被抛弃，至少也成了媒体服务的边缘区域。相当一部分的媒体组织在走向市场之后，“尽量讨好有钱和有闲阶级，而忘记了弱势团体在挣扎”（李金铨，2004，13页），有的甚至与精英集团结盟，成为其代言人，完全抛弃了自身维护公共利益的天职。

这就提醒我们必须关注市场在传播资源配置中的社会倾向性，市场是势利的、“嫌贫爱富”的，即便媒体代表的利益群体数量庞大，但如果他们的消费能力不够高，在广告上不够有价值，那么提供给他们的媒体服务就不会充分，他们的社会表达和利益代言也不会通畅（赵月枝，2007）。“市场失灵”必须以一定的政治干预或社会政策加以平衡。

中国社会正处于转型时期，媒体资源不能像教育资源和医疗资源的分配不公那样，毫无节制地滑向城市化和市场化。传媒的角色首先是所有社会成员的利益表达通道，而永远不能仅仅成为一个追逐经济利益的“金钱怪兽”。也就是说，单一的媒体可以拥有选择受众的自由，整个社会的传播格局却不能把任何一个社会阶层排斥在外，尤其是弱势群体。这样才能确保不同社会阶层可以同时实现最基本的利益诉求。

2. 市场对于新闻报道的结构性扭曲

商业化的竞争不仅使娱乐性内容在整个传媒报道内容中的比重增加，而且使数量有减少趋势的时政报道出现了娱乐化趋势，进一步促进了“信息娱乐”的发展。民众得到了他们想要的，而失去了他们需要的。

市场竞争有可能造成媒体内容的低俗化。2008年年初轰动一时的“艳照门”事件发生后，男主角陈冠希和多位女艺人处于舆论漩涡之中，其中包括张柏芝和“TWINS”组合中的钟欣桐。钟欣桐后来接受邀请，参加香港电视广播有限公司（TVB）的访谈节目《志云饭局》接受采访，原拟定采访中尽量少触及“艳照门”事件的细节，但香港有线台率先播出张柏芝的独家访谈，张柏芝在节目中袒露心声，大骂陈冠希。为不在收视率大战中落败，TVB临时决定将采访“升级”，逼问钟欣桐她与陈冠希的情史细节。网友也纷纷自拟各种尖锐问题，并呼吁TVB能采纳他们的意见。TVB外事部副总监曾醒明接受《羊城晚报》记者访问时表示，钟欣桐的访谈内容“一定会是观众感兴趣的话题”。最后果然在节目中有很多细节上的追问，女主角泪光涟涟，看客们得偿所愿，收视率当然不赖。但是这种猎奇之风导致的低俗化，除了满足人们的窥私欲外，对公共利益没有任何好处，反倒败坏了社会风气。

“很多知识分子和大众都批评媒体，后来媒体也批评自己，但所有的人又都在看媒体，花边新闻和那些最糟糕的恶意攻击比电视剧还吸引人。总之，人们一方面觉得它很肮脏，一方面又被它吸引……在大众和媒体之间有着共谋关系。”（汪晖，2009）

市场机制还有可能使媒体朝褊狭的方向发展。因为在竞争中，媒体需要更鲜明的风格来吸引受众。美国福克斯新闻网（FOX）1996年成立，只用了5年多的时间，就超过了号称报道客观、公正的美国有线电视新闻网（CNN），成为美国有线电视的“收视王”。其市场成功的杀手锏就是利用鲜明的个性、煽动性的言论来吸引观众的眼球。但是这一市场成功的背后，却是社会理性的受损。

另外，市场机制下过于强调取悦观众、强化现有狭窄兴趣和成见的窄播，会隔离公众，使他们失去全面了解社会、了解五色人生并与社会各界、各种生活方式和价值观交锋的机会（Zhao Yuezhi，1998），其结果不利于培养公众的公民意识和促进社会沟通与融合。

（三）生存和利润的压力消解了对公共利益的追求

1. 追逐利润

最初十几年间，媒体的市场经营还带有“以宣养宣”的意味，但随着市场机制的渗透，赚取更多利润似乎成为许多媒体的头等大事。在生存的压力之下，在对利润的追逐中，媒体自身的利益诉求逐渐压过了对公共利益的关怀。“媒体不要看他表面上哭喊着为人民服务，其实都是为他们自己服务。”（李良荣，2009）

《中国新闻周刊》主编杨瑞春谈到了自己的困惑：

最近我参加了一次朋友聚会，主角是我原来的一些同事，中国最优秀的一群新闻人。因为各种各样的原因，大家已经各自分散，或者成为职业经理人，担任一些新兴媒体的头儿，或者开始自己创业。那晚话题基本围绕如何盈利展开，大家，包括我自己，也谈新闻，谈媒体，但谈的时候已经不再把它作为一种理想，就像以前我们坚信的，至少相信自己相信的——作为改造社会的工具，而是将其作为一种能盈利的产品来讨论。在聚会的最后我多少有点恍惚，这里面有几位曾经是出生入死的调查记者呀，比如其中一位，是当年一场著名的因征地而起的血案的调查者，曾经为那篇优秀的报道被“和谐”掉而痛不欲生，现在则创办了一家销售奢侈品的网站，卖路易威登（LV）、古驰（GUCCI）等大牌，已经开始盈利。假如在5年前，这群人的谈话可能完全是另外一种情形……早年从事这行时曾经“粪土万户侯”的光荣与梦想，在资本的力量之前怎么就显得如此无力呢？

2. 生存压力

“中国广播电视新闻改革研究”课题组对北京、上海、江苏、广东和甘肃五地电视媒体50余个电视栏目、100多位电视新闻从业人员进行了调研考察，最终发现，哪怕是最具有理想情怀的新闻栏目，在实际运作中也往往禁不住生存压力的持续压迫，而最终不由自主地踏上唯利是图的快车。白岩松感叹：越来越多的媒体因为生存压力走到物质第一的地步，都已经没有自己的价值观和追求了，钱是第一位的。

凤凰卫视总裁刘长乐认为，现在媒体中存在一些非常客观、非常技术的问题：第一，工资过低。第二，为降低成本，频频使用没有资质的试用人员，内容的质量无法保证。编制就那么多，实习人员不占编制，像小时工、临时工这样的人员很多。第三，就是委制和外包。把一个靠知识积累、洞明世事才能干好的职业，变成了一手交钱一手交货的交易，这怎么能提高质量、保证质量呢？第四，就是用栏目、版面与金钱、权力进行交易。在这样的情况下，媒体维护公共利益的效果自然会大打折扣。

不单是媒体组织，媒体中的从业人员也有强大的生存压力。在一些都市类媒体中，人员流动非常频繁，媒体的底薪给得很低，任务量则定得很高，还有残酷的淘汰机制。从业者处于高度的生存焦虑之中，沦为“知识劳工”，也难有长远的价值追求。

（四）市场有可能遮蔽议题

在市场条件下，传媒作为独立的利益主体，为了维护自身的经济利益，有可能与企业或利益集团达成妥协，遮蔽或修饰某些社会议题，危及公共利益。

陈力丹教授组织了一次关于中国新闻职业道德的田野调查。在分析了288篇观察日记和38份深度访谈记录之后，研究者得出了非常严峻的结论：针对媒体广告客户的揭露性新闻是媒体报道的一个禁区。让人担忧的是，在我们所观察到的情况中，没有一例触犯了广告客户利益的揭露性报道能发表出来——尽管不少采编人员对此感到恼怒。

《艰难的新闻自律》一书中，观察者们记录下了随处可见的广告客户造成的媒体自我审查和报道受限：

“记者们写稿要看涉及对象是不是我们的大客户，如果是的话那将分外小心，甚至许多稿子干脆作罢不写了。”（31页）

“××企业是我们的大客户，不能报道它的负面消息。”（67页）

"我们报社的一些记者非常了解大广告客户揭露性新闻不让发的现实，有时便会告诫其他记者。今天，记者L对记者H说：'你那些稿子全部不要提名字，大厂家一个都不能提，可以提一两个小企业。X的，我们报就是资本奴隶。'因为大厂家都在报社登了广告，惹不起。"（67页）

"以前这种大企业是不让我们直接做的，因为要拉他们做广告，今天不知道怎么让做的，估计是因为广告没拉上。"当然，稿件最终也没有见报。（68页）

一些涉及广告主的揭露性新闻，经营部门可以在实际上行使"枪毙"稿件的权力，而采编部门基本没有反对和制衡的能力。（31页）

以上这些记录的内容，一些来自中央大报，另一些来自地方都市报。这说明市场机制形成的表达限制与遮蔽已经是一个普遍的现象。就连《南方周末》这样以专业主义为目标的严肃报纸也不能免俗，长篇特稿《系统》一文的消失就是一个案例。

《南方周末》2007年12月20日刊发了记者曹筠武的长篇特稿《系统》，详尽深入地描述了发生在网络游戏"征途"中令人触目惊心的故事（该网游由史玉柱旗下的巨人公司开发）。但是该文在发表之后，却被有意识地抹去。

如果说曹筠武向我们呈现的是在这款"网游巨作"中"系统"的可怕，那么这篇报道本身所遭遇的，却让人为中国媒体之"系统"而心寒。

我凑巧在常去的BBS的某版面读到被转载的《系统》一文，但却吃惊地发现，这篇文章在网络上似乎正在被抹去。在《南方周末》自己的网站上，2007年12月20日这天的页面里，你不但找不到这篇文章的html版本，甚至连报纸提供的PDF版本的版面中，也"凑巧"缺少了本文所在的两个版面。

而就在几天以前，《南方周末》曾在"财富"栏目刊登了一篇对史玉柱的报道，挟"巨人网络"上市之余威，极尽曲笔赞美之能事。这篇文章当然安然无恙地存在于网站当天的页面上，html和PDF版本俱全，而且用搜索引擎查询，结果也是铺天盖地。不知道在专业人士眼里，这算不算一篇成功的公关软文枪稿？

中国知名的游戏论坛17173中也有人提到了《系统》一文的消失。

为何如此？几乎毫无疑问，是那只"看不见的巨手"在操纵，在公关，在"和谐"。在明白人关军看来，这篇文章的写作与刊发，已经是"智慧与勇气"的体现：

"毫无疑问，史玉柱同学看了这样的文章会不高兴。他的公司刚刚与《南方周末》搞了一个合作，叫'奥运征途'，赞助该报记者寻访历届奥运会举办城市，一路上不是美金就是欧元，花销不菲。史同学不高兴的后果是什么呢，以我的小人之心揣度之，就是挥动大刀，咔嚓一声'秒杀'这个合作。"

OK，我一直认为，从向权力下跪到向金钱下跪，对市场化、商业化进程中的中国媒体来说，那是易如反掌、顺其自然的转化。新闻审查和网络过滤对任何一个有点文化的中国成年人来说，都绝对不是新闻；但是当金钱如此轻易地操纵一家报纸（而且是号称中国很牛很有风骨的那家），以及更多家网站论坛的时候，当"巨人"式"脑白金"营销无往不利的时候，我们是不是都应该想一想，责任在所谓的"系统"，还是"系统"后面的人，还是也包括我们自己？（Oh My Media，2007）

三、职业道德建设有待加强

大众传媒从性质上来讲，是一种公共服务行业，其自身的职业道德建设，将对传媒服务于社会的实际状况产生重大影响。而当前新闻职业道德领域尚存在诸多问题，严重妨碍了传媒的公共利益角色的发挥，其中最典型的表现就是媒体寻租。

媒体寻租，是指传媒机构或从业者利用自身掌握的信息传播资源，以“闻”或“不闻”为条件，与报道中涉及的机构或个人进行利益交换。它在本质上是一种“化公为私”，即将一种本应服务于公共利益的资源用来服务于私利。这是传媒领域中最典型的腐败行为。

由于新闻职业道德建设难收成效，媒体寻租已有泛滥之势。调查记者罗昌平撰文指出，新闻腐败的存在，已由早年的软文宣传，发展到收受红包、车马费，甚至于利用舆论监督“代租”公共知情权；也由记者个体，发展到记者站甚至代表报刊最高意志的编辑部的集体行为……新闻二手传播的各类门户网站，亦成为权钱交易之重镇。除从个体行为升级为集体行动之外，媒体寻租还出现了由传统的“秘密寻租”向“公开创租”的转变趋势。

新闻媒体的信息传播权利是一种公共资源，对这种公共资源的利用必须以服务于全社会、服务于公共利益为目的才具有合法性。媒体寻租是对于传媒资源的非公共性的不正当使用，它使本为公器的媒体沦为私利的工具，从根本上损害了传媒的公信力，也伤害了社会的公共利益。

参考书目

白岩松：《为大家去触碰底线在哪 央视一哥不好当》，新浪网，2010 年 1 月 7 日，http：//ent. sina. com. cn/s/m/2010-01-07/16392836970. shtml。

陈怀林：《1990 年代中国传媒的制度创新》，《二十一世纪》，1999 年第 2 期。

陈力丹：《学术对谈：反思与展望（下）中国传媒改革开放三十周年笔谈》，《传播与社会学刊》，2008 年第 6 期。

陈涛：《我在〈财经〉和〈南方周末〉的日子》，《泡沫的盛宴》，中国计划出版社 2002 年版。

陈正荣：《集团之后，广电体制向何处去》，《董事会》，2007 年第 1 期。

迟国维：《新闻停滞不前时，时评则迂回进攻》，《采写编》，2005 年第 1 期。

丁淦林：《中国新闻事业史新编》，四川人民出版社 1998 年版。

丁关根：《在人民日报国内记者工作会议上的讲话》，《1993 中国新闻年鉴》，中国社会科学出版社 1994 年版。

董天策、陈映：《信息公开与传媒变局——2008 年我国新闻实践的突破与启示》，《西南民族大学学报》，2009 年第 1 期。

杜鹃：《政府信息公开化和调查性报道的困境与突破》，在《中国改革》杂志社举办的法律记者沙龙主讲发言，2007 年 5 月 27 日。

段京肃：《媒介集团化的喜悦与尴尬》，《广播电视大学学报（哲学社会科学版）》，2004 年第 3 期。

〔英〕G. 默多克、〔英〕P. 戈尔丁等：《文化、传播和政治经济学》，张国良主编：《20 世纪传播学经典文本》，复旦大学出版社 2003 年版。

国家新闻出版广播电影电视总局、商务部：《中外合资、合作广播电视节目制作经营企业管理暂行规定》（“44 号令”），人民网，2004 年 11 月 28 日，http：//www.people.com.cn/GB/14677/40606/3038055.html。

国务院：《关于非公有资本进入文化产业的若干决定》，央视网，2005 年 8 月 8 日，http：//www.cctv.com/news/china/20050808/102504.shtml。

洪兵：《转型社会中的新闻生产》，复旦大学 2004 年博士学位论文。

胡正荣：《后 WTO 时代我国媒介产业重组及其资本化结果——对我国媒介发展的政治经济学分析》，《新闻大学》，2003 年第 3 期。

胡正荣：《媒介的现实与超越》，北京广播学院出版社 2004 年版。

黄旦：《传者图像：新闻专业主义的建构与消解》，复旦大学出版社 2005 年版。

黄玉波、张金海：《从部分剥离走向整体转制——当前中国传媒产业体制改革初探》，《新闻大学》，2006 年第 3 期。

康晓光：《权力的转移——转型时期中国权力格局的变迁》，浙江人民出版社 1999 年版。

黎瑞刚：《你家里那台电视革命了》，《南方周末》，2009 年 2 月 6 日。

李大同：《冰点 '03》，西苑出版社 2004 年版。

李希光：《互联网与下一代美国主流媒体》，《科技潮》，2000 年第 5 期。

李希光：《畸变的媒体》，复旦大学出版社 2003 年版。

李金铨：《超越西方霸权——传媒与“文化中国”的现代性》，牛津大学出版社（香港）2004 年版。

李金铨：《中国媒介的全球性和民族性：话语、市场、科技以及意识形态》，《二十一世纪》，2003 年 1 月。

李良荣：“传播与中国”复旦论坛之圆桌论坛，2009 年 12 月。

李良荣、林晖：《垄断·自由竞争·垄断竞争——当代中国新闻媒介集团化趋向透析》，《新闻大学》，1999 年第 2 期。

林芬、赵鼎新：《霸权文化缺失下的中国新闻和社会运动》，《传媒与社会学刊》，2008 年第 6 期。

卢昆、沈颖、徐列、迟宇宙：《一纸风行 20 年——在四个不同时期谈〈南方周末〉》，2004 年 4 月 14 日，http：//liangfeng6688.banzhu.net/article/liangfeng6688-47-532628.html。

卢跃刚：《风云际会》，《本报今日出击》，南方日报出版社 2000 年版。

陆晔、潘忠党：《成名的想象：中国社会转型过程中新闻从业者的专业主义话语建构》，《新闻学研究》，2002 年（总）第 71 期。

陆晔、俞卫东：《社会转型过程中新闻生产的影响因素——2002 上海新闻从业者调查报告之三》，《新闻记者》，2003 年第 3 期。

〔美〕罗伯特·W·麦克切斯尼：《富媒体，穷民主：不确定时代的传播政治》，新华出版社 2004 年版。

《马克思恩格斯全集》，中文 1 版，第 1 卷，人民出版社 1995 年版。

马少华：《冲突与宽容的言论生态——中美报纸言论版比较研究》，《国际新闻界》2002 年第 3 期。

毛泽东：《对晋绥日报编辑人员的谈话》，参见《毛泽东选集》第 4 卷，2003 年版。

《南方周末》编者：《我的纸里包着你的火》，《南方周末》，2004 年 1 月 1 日。

《南方周末》编者：《致敬！2003 中国传媒》，《南方周末》，2004 年 1 月 1 日。

《南风窗》编辑部：《“为了公众利益”》，《南风窗》，2003 年第 2 期。

Oh My Media：《〈南方周末〉之〈系统〉与中国媒体之“系统”》，http：//ohmymedia.com/2007/12/23/735/。

潘忠党：《传媒的公共性与中国传媒改革的再起步》，《传播与社会学刊》，2008 年第 6 期。

潘忠党：《新闻改革与新闻体制的改造——我国新闻改革实践的传播社会学之探讨》，《新闻与传播研究》，1997 年第 3 期。

任贤良：《舆论监督的现状、问题与解决方法思考》，《中国记者》，2005 年第 7 期。

邵培仁、陈兵：《论中国报业集团管理改革中的十大悖论》，《中国传媒报告》（香港），2004年第4期。
孙玉胜：《十年——从改变电视的语态开始》，三联书店2003年版。
童静蓉：《中国语境下的新闻专业主义社会话语》，《传播与社会学刊》，2006年第1期。
〔美〕托德·吉特林：《新左派运动的媒介镜像》，胡正荣、张锐译，华夏出版社2007年版。
汪晖：《“去政治化的政治”与大众传媒的公共性》，《传播与社会学刊》，2009年第8期。
汪凯：《转型中国：媒体、民意与公共政策》，复旦大学出版社2005年版。
王坚平等：《目击历史：〈新闻调查〉幕后的故事》，文化艺术出版社1999年版。
王君平：《我国民营传媒业的现状及SWOT分析》，人民网，2004年11月15日，http：//www.people.com.cn/GB/14677/21963/39509/2987794.html。
王平：《中国传媒上市风云》，《今传媒》，2005年第7期。
王学文：《中国传媒结构与市场份额分析》，《中华新闻报》，2003年9月1日。
文化部、国家新闻出版广播电影电视总局、新闻出版总署：《关于文化领域引进外资的若干意见》，新华网，2005年8月4日，http：//news.xinhuanet.com/newmedia/2005-12/14/content_3921001.html。
吴虹飞：《电视“老人”白岩松》，《南方人物周刊》，2007年第19期。
笑蜀：《市场化媒体是公民社会的主心骨》，《南方传媒研究》，2009年4月23日。
谢岳：《当代中国政治沟通》，上海人民出版社2006年版。
新闻出版总署报刊司：《报纸出版管理规定》，人民网，2005年10月21日，http：media.people.com.cn/GB/40606/379147.html。
新闻出版总署报刊司：《中国报业发展年度报告（2005）》，人民网，2005年9月30日，http：//media.people.com.cn/BIG5/22114/45733/53735/3733536.html。
新闻战线编辑部、北京新闻学会：《人民日报编辑委员会向中央的报告》，《报纸工作研究参考资料》，1985年第4期。
徐列：《重新打量每个生命——〈南方人物周刊〉人物报道手册》，南方日报出版社，2009年版。
曾繁旭：《国家控制下的NGO议题建构：以中国议题为例》，《传播与社会学刊》，2009年第8期。
展江：《警惕传媒的双重“封建化”》，《青年记者》，2005年第3期。
展江：《媒介与中国的六十年》，在复旦新闻论坛上的发言，2009年。
张朝阳：《90年代以来中国传媒变革研究》，吉林大学2006年博士学位论文。
张洁：《转型期的媒体诉求》，《新闻大学》，2009年第4期。
张宁：《中国转型期政府形象的媒介再现》，复旦大学2007年博士学位论文。
张淑华：《评论符号权力的生成与“公民写作”期待》，《郑州大学学报（哲学社会科学版）》，2006年第5期。
赵凯、陶文静：《2008年新闻伦理与职业道德研究综述》，《新闻记者》，2009第6期。
赵月枝：《国家、市场与社会：从全球视野和批判角度审视中国传播与权力的关系》，《传播与社会学刊》，2007年第2期。
赵月枝，《西方媒体的新自由主义转型与民主“赤字”》，中华传媒网，2010年3月10日。
郑涵、金冠军：《十字路口：当代中国大众传媒产业发展再思考》，《社会科学》，2004年第8期。
中共中央办公厅：《中共中央宣传部、国家新闻出版广播电影电视总局、新闻出版总署〈关于深化新闻出版广播影视业改革的若干意见〉的通知》（“17号文件”），新华网，2003年12月30日。
中共中央毛泽东选集编辑委员会编：《毛泽东选集》（一卷本），人民出版社1967年版。
中国社会科学院新闻研究所：《中国共产党新闻工作文件汇编》，新华出版社1980年版。
周葆华：《从〈南方周末〉看中国大陆时政报道的变迁》，首届中国新闻传播学科研究生学术年会论文，2003年。
Evan Osnos，“The Forbidden Zone”，*The New Yorker*，July 20，2009.

Herman, Edward S. and Noam Chomsky (1988), *Manufacturing Consent: The Political Economy of the Mass Media*, New York: Pantheon Books.

Lin, F. (2008), *Turning Gray: Changes of News in China*, Presentation at American Sociological association annual Meeting, Boston, MA.

Ryan, Charlotte (1991), *Prime Time Activism*, Boston, MA: South End Press.

Zhao Yuezhi, "From Commercialization to Conglomeration: The Transformation of the Chinese Press within the Orbit of the Party State", *Journal of Communication*, 50 (2), 1998.

Zhao Yuezhi, "Watchdogs on Party Leashes? Contexts and Implications of Investigative Journalism in post-Deng China", *Journalism Studies*, Volume 1, No. 4, Nov. 2000.

第六章 公共利益的制度基石：改善传媒治理

中国传媒业的发展已经到了一个关键阶段，或者说到了一个瓶颈期。一方面，大众传媒的生产力不能得到充分发挥，产业发展受到限制。“传媒业的巨大资源在毫无效率的空转中被虚掷和浪费，良好的发展机遇被搁置，传媒实践者的首创精神被压抑和挫伤，传媒人的专业精神及其智慧和才干被窒息，传媒产业的内在动力被扼杀”（喻国明，2003）。另一方面，传媒作为社会公共服务机构的职能在实践中也完成得不尽如人意。原因何在？几乎所有学者都认为，症结在于现行的传媒管理体制（李良荣，2004；童兵，1994；喻国明，2007；陈力丹、王辰瑶，2006；胡正荣，2008）。僵化落后的传媒管理体制已经成为一种严重的制约因素，影响到传媒的整体发展，进而影响到社会转型的进程。汪丁丁教授认为，中国社会发展到现阶段，必须把政府行为模式和社会治理模式的变革作为未来政策的核心议题。（高尚全、吴敬琏、汪丁丁，2010）而作为社会治理模式中的重要系统，传媒治理改革不但是传媒业自身发展的核心议题和制度基石，更关乎全社会的福祉与和谐社会的实现。

第一节 解放思想，树立传媒治理新观念

胡锦涛总书记在党的“十七大”报告中提出，“解放思想是发展中国特色社会主义的一大法宝”。传媒治理的改革也应该用好这个法宝，根据传媒业发展的实际情况，以及社会对于传媒的需求，树立传媒治理的新观念。

一、树立治理观念

本书有意采用了“治理”一词，而未用常见的“管理”一词，本身就意在倡导治理的理念。

迄今为止，政府与社会的关系可以分为三种模式：统治、管理和治理。在统治型模式

中，权力统治的秩序是核心价值，效率追求只是达到统治秩序的手段，而公共利益则是更次一级的工具性选择。在管理型模式中，公平与效率是核心价值。而在治理型模式中，公共利益是核心价值，它要求的是一个服务型政府。中国社会正处于从统治型向管理型过渡的过程之中，而治理模式合理化则是其发展方向和最终目标。

（一）治理的含义与要求

"治理"（governance）与"统治"（rule）既有相通之处，也有实质性的区别。治理一词的基本含义是指在一个既定的范围内运用权威维持秩序，满足公众的需要。治理的目的是在各种不同的制度关系中运用权力去引导、控制和规范公民的各种活动，以最大限度地增进公共利益。（俞可平，1999）治理和统治都需要权威和权力，但是统治的着眼点是政府自身，而治理的着眼点则是整个社会。治理是一个比政府更宽泛的概念，从现代的公司到大学直至基层的社区，如果要高效而有序地运行，可以没有政府的统治，但却不能没有治理。

良好的治理（good governance）即善治，指公共利益最大化的政治管理过程。它必须包括 6 个基本要素：

（1）合法性（legitimacy）。合法性指的是社会秩序和权威被自觉认可和服从的状态。它与法律规范没有直接的关系，从法律的角度看是合法的东西，但并不必然具有合法性。只有那些被一定范围内的人们内心所体认的权威和秩序，才具有政治学中所说的合法性。合法性越大，善治的程度便越高。取得和增大合法性的主要途径，是尽可能增加公民的共识和政治认同感。所以，善治要求有关的管理机构和管理者最大限度地协调公民之间以及公民与政府之间的利益矛盾，以便使公共管理活动取得公民最大限度的同意和认可。

（2）透明性（transparency）。透明性指的是政治信息的公开性。每一个公民都有权获得与自身利益相关的政府政策的信息，包括立法活动、政策制定、法律条款、政策实施、行政预算、公共开支以及其他有关的政治信息。透明性要求上述这些政治信息能够及时通过各种传媒为公民所知，以便公民能够有效地参与公共决策过程，并且对公共管理过程实施有效的监督。透明程度越高，善治的程度也越高。

（3）责任性（accountability）。责任性指的是人们应当对其自身的行为负责。在公共管理中，它特指与某一特定职位或机构相连的职责及相应的义务。责任性意味着管理人员及管理机构由于其承担的职务而必须履行一定的职能和义务。没有履行或不适当地履行他或它应当履行的职能和义务，就是失职，或者说是缺乏责任性。公众、尤其是公职人员和管理机构的责任性越大，表明善治的程度越高。在这方面，善治要求运用法律和道义的双重手段，增大个人及机构的责任性。

（4）法治（rule of law）。法治的基本意义是，法律是公共政治管理的最高准则，任何政府官员和公民都必须依法行使，在法律面前人人平等。法治的直接目标是规范公民的行为，管理社会事务，维持正常的社会生活秩序，但其最终目标在于保护公民的自由、平等及其他基本政治权利。从这个意义上说，法治与人治相对立，它规范公民的行为，但更制约政府的行为，是专制的死敌。法治是善治的基本要求，没有健全的法制，没有对法律的充分尊重，就没有建立在法律之上的社会秩序。

（5）回应（responsiveness）。这一点与上述责任性密切相关，从某种意义上说，回应是责任性的延伸。它的基本意义是，公共管理人员和管理机构必须对公民的要求作出及时的和负责的反应，不得无故拖延或没有下文。在必要时还应当定期地、主动地向公民征询意见、解释政策和回答问题。回应程度越高，善治的程度也就越高。

（6）有效（effectiveness）。有效主要指管理的效率，它有两方面的基本意义，一是管理机构设置合理，管理程序科学，管理活动灵活；二是最大限度地降低管理成本。善治的概念与无效的或低效的管理活动格格不入。善治程度越高，管理的有效性也就越高。（俞可平，1999）

六大要素中，大部分要素如合法性、透明性等，都与传媒密切相关。比如，合法性以民意为基础，而民意则由传媒塑造。因此要想达到良好的社会治理，必须充分借助传媒的力量。而传媒功能的充分发挥，必然要求自身也处于良好的治理之下。传媒系统的善治与整个社会大系统的善治是相互需要、相互促进的。

（二）传媒治理的理念

在公民社会日益发展和民众利益表达愿望日益强烈的背景下，依然保留管理部门不容置疑、不受监督的舆论控制权已越来越丧失其合理性，也与建设服务型政府的要求背道而驰，这已成为传媒治理中存在的最大束缚。

我们必须认识到，传媒管理的基础已经发生了改变。公民社会的发展与传播科技的进步，使公众成为信息传播格局中越来越活跃、越来越重要的力量。很难用固定组织的方式来应对公众，他们之间往往只有观念或者目标的一致性，却没有组织上的“总司令部”。他们是“issue organization”，亦即由一些具体的事件吸引和在有限时段里协调起来的力量。平时他们各干各的，一遇有事件，便迅速聚集，展开行动。他们每遇到一个机会或问题，就会自主地发展出一些技巧和手段，下一次这些技巧和手段会不会再用往往不确定。下一次他们会在什么地方、什么时候行动，多半也是未知数。在新媒体时代，建立在同质化的原子式个人基础上的管控将越来越无效。如果管理者试图强化这种控制，如同只是在沙滩上拼命加固大厦，往往无济于事。只有通过改革才能巩固管理者的权力——才能令其以更合适的方式更长久地获得权力，裹足不前或顺着强化控制的路径滑行，只能使权力的基础逐渐被掏空。

为了顺应经济和社会发展对党的执政方式的改革要求，党的“十六大”已经提出要“加强党的执政能力建设”，这也意味着政府治理模式的转变，“公务员的首要作用乃是帮助公民明确阐述并实现他们的公共利益，而不是试图去控制或驾驭社会”。（郁建兴，2004）各地政府也先后出台了《关于建设服务型政府的工作意见》和《建设服务型政府工作要点》等文件，以推动政府由利益型、管理型向公益型、服务型的转变。胡锦涛曾提出：“一切工作都要经得起实践、群众和历史的检验，衡量政绩的最终标准是人民拥护不拥护、赞成不赞成、高兴不高兴、答应不答应。”要真正做到“权为民所用，情为民所系，利为民所谋”。传媒管理部门当然也不能自外于治理转型和公共服务政府的建设。

由于治理的核心理念是以公共利益为归依，传媒治理当然也要以公共利益为目标，转变管理观念，更新调控手段，积极有序地促进传媒功能的发挥。

1. 以公共利益为目标

相对于其他公共政策领域，传媒治理的背景更加综合和多元。它不是单纯的产业政策或政治政策，而是同时有着经济、意识形态和公共利益的政策价值追求，不同的价值追求之间又具有一定的内在张力。如何在治理过程中达成不同价值的协调，是传媒治理最大的难点。

我国对新闻媒体的传统管理，首要的价值取向就是维护意识形态安全，在近 30 年还叠加了产业发展的目标，但长期以来，却一直失落了本应成为传媒基本行为准则的“公共利益”取向。这就导致了传媒面临“双重封建化”的危险：“一方面，媒体的社会公器职能和权力制衡作用经常被否定，新闻传播迟迟不与国际接轨；另一方面，市场机制下广告和公共关系的侵入导致了传媒的再封建化，使传媒易于被利益集团所操控。”（展江，2005）

针对这种危险，传媒治理中的权力运用应该从两个维度来展开，一方面发挥权力的正面性和创造性作用，鼓励媒体在培养理性公众、促进利益表达与协商、凝聚社会共识等方面充分发挥其积极作用；另一方面建立完善的规制框架，防止利益集团渗透媒体。

尤其要注意政治权力对于媒体的限权性规范。须知国家对媒体的规范不是为了“驯服臣民”，而在于让媒体能够尽其所能，促进与维护社会的整体福祉。因此对于传媒的管控应该格外谨慎，如果在新闻信息流通的过程中设置不必要的障碍，将会极大地提高社会运行成本。“国家的限制不能与公众利益相抵触。这是因为，无论对被表达的各种观点作出什么样的判断，没有哪个国家能够从压制其公民的良知中获得净收益。相反，现代国家普遍意识到，公民的良知是国家保持活力的源泉。而且，哪里的公民负有良知的义务，哪里的主权国家也就负有一种义务，即对其公民保持良知的义务。因此，其利益和义务都要求国家赋予这项精神权利（表达自由）以法定地位。”（新闻自由委员会，2004，70 页）

2. 转变管理观念

传媒管理者须完成从革命党向执政党转变的观念调适，重构政府与媒体之间的关系。原国务院新闻办副主任王国庆说，政府应对新闻媒体的态度经历了三个阶段，最初是“媒体控制”（media control），后来叫“媒体管理”（media management），现在要向“媒体合作”（media co-operation）转变。（王国庆，2005）相应地，媒体与政府之间的关系，也由原来的一体关系，到侍从关系，再向伙伴关系转变。在社会转型的过程中，应该让媒体成为政府的“诤友”。

从 2007 年的《突发事件应对法》开始，到 2008 年国务院颁布实施的《政府信息公开条例》，国家在政策层面出台了一些新的规定，通过立法来推动信息的公开，保障民众和媒体的知情权。有学者认为，这代表了国家审慎而积极地调整与媒体之间关系的一种努力。（展江，2008）

在管理观念的转变过程中，还应注意对传媒运行规律的尊重，马克思曾说：“要使它完成自己的使命，首先不应该从外部施加任何压力，必须承认它具有连植物也具有的那种为我们所承认的东西，即承认它具有自己的内在规律。”（《马克思恩格斯全集》第 1 卷，189—190 页）承认媒体的专业性，尊重新闻价值规律，而不是仅仅从管理者的主观愿望出发，管理者才能更科学地利用媒体。

3. 更新调控手段

树立传媒治理的观念，意味着社会调控手段的更新，即在坚持党管媒体的原则的同时，改善党管理媒体的方式方法。首先是以对舆论导向的“宏观调控”取代对具体报道内容的耳提面命式的“微观干预”；其次是依法行政，以法治化、规范化的手段来调节媒体行为。

二、树立新的稳定观

社会稳定作为施政目标，并非中国所独有，而是所有公共治理的重要价值追求。对于转型期的中国而言，社会稳定显得尤其重要。没有稳定，就没有经济的迅速发展和人民的安居乐业。

但是，我们不能僵化地理解“稳定”，不能将稳定简单地等同于维持现状。按照马克思主义的理解，事物永远处于变动之中，而且矛盾永远存在，社会活动的多样性和社会关系的广泛性不可避免地造成差异、矛盾和冲突，所以社会稳定也就表现为一个相对的、动态的过程。一个国家的社会稳定并不等于经济、政治、思想的固定不变，它应当允许上述诸要素存在着变化和差异，以吐故纳新，推陈出新。另外，我们也要注意，不能只追求社会的表面稳定和政权的顺利运转，而是要追求整体上和更深层次上的社会安全，以及民众对于政权合法性的内在认同，这样才能求得真正意义上的社会公共秩序。

（一）稳定问题的泛化

在过去20年中，由于对不稳定因素和危机发生的可能性估计过高，使得我们形成了一种稳定压倒一切的思维定势。在这种思维定势中，稳定似乎成了一种终极性的否定因素，一切都要为稳定让路，社会中正常的矛盾冲突都要上升到影响社会稳定和安定团结的高度；在党和政府的工作中，稳定成为一种无需论证的话语，影响稳定成了无法担当的政治责任。

“不稳定因素”这个词汇在我们的社会中使用广泛。从讨要被拖欠工资的外来务工人员，到未就业的大学生，再到社会贫富差距，都属于不稳定因素。某县确定的“不稳定因素排查表”中，列举的“不稳定因素”包括：

> 因房地产交易，城镇房屋拆迁，建筑工程质量和工程款结算，物业管理引发的不稳定因素；
> 因地权、征地引发的不稳定因素；
> 因涉农问题引发的不稳定因素；
> 因劳动就业、基本生活保障等问题引发的不稳定因素；
> 因传销、制假售假等问题引发的不稳定因素；
> 因集资、证券、储蓄、保险等金融问题引发的不稳定因素；
> 因新闻出版、广播影视引发的不稳定因素；
> 因基层组织和领导干部工作方法、工作作风问题引发的不稳定因素；
> 因行政执法引发的不稳定因素；
> 因司法工作引发的不稳定因素；
> 因军转干部的问题、大中专学生就业安置引发的不稳定因素；
> 因退伍、退役军人就业安置，自然灾害事故引发的不稳定因素；
> 因教育问题引发的不稳定因素；
> 因民族、宗教问题引发的不稳定因素；
> 因环境污染、生态破坏引发的不稳定因素；

因企业改制问题引发的不稳定因素；
因食品、药品问题引发的不稳定因素；
因防洪、建桥、水库开发影响群众生活、生产引发的不稳定因素；
因安全生产问题引发的不稳定因素；
因医疗问题引发的不稳定因素；
因大型水利、水电工程移民引发的不稳定因素；
因其他问题引发的不稳定因素等。

从这个排查表中可以看出，社会稳定问题出现了明显的泛化趋势，几乎是有社会矛盾的地方，就有“不稳定因素”的身影。经济社会生活中的各种具体冲突纠纷等，都被当作了“不稳定因素”，而且一旦上升到稳定范畴，这些事件就都成了“敏感”问题。

由于稳定问题的泛化与“压倒一切式”的强制性处理方式，导致了一种“体制性拘谨”，在这样一种拘谨的体制性思维所造成的过分敏感的氛围中，正常的社会矛盾和社会冲突的危险性往往被无限放大，在矛盾的处理上僵硬无效，社会健康化的变革步履缓慢，一些为长远发展和长治久安所必需的制度建设，如利益表达机制、权力制衡机制和社会化反腐败机制的建立等均难以推进，结果是进一步加剧了社会的内在溃败。这里的悖论在于，在结构性矛盾难以得到解决的情况下，现行的维稳体制越成功，社会矛盾就越积累，社会隐患就越深重，将来的改革成本就越高。

（二）僵化的稳定逻辑在传媒领域产生的后果

新闻媒体作为社会传播主渠道，当然是现行维稳体制的重要组成部分。泛化、僵化的稳定逻辑在传媒领域也造成了恶性循环：社会不稳定因素越多，媒体监管就越要加强；而媒体控制越严格，它的告知、表达和监督制约的功能就越衰弱，社会矛盾就发酵和累积得越严重，社会不稳的趋势就越强，这就促使管理者继续加强控制，从而出现了“社会不稳——媒体管控”的恶性循环。僵化的稳定逻辑已成为中国传媒发展中面临的最大的政治困境。

维稳机制对媒体管控的依赖，使“稳定”的达成越来越成为一场舍本逐末的征途。似乎真正影响社会稳定的，不是那些公民合法权益被侵害的事件，而是对这些事件的报道和评论。所以维护社会稳定的“要诀”，在于控制“负面”信息的传播。实际上，在媒体管控奏效的同时，我们失去了对社会事件背后的结构性原因进行深入检视并加以有效解决的机会，进行社会改良并将其制度化的可能性也被排除，最终使我们成为“自身成功的受害者”。

尤其值得我们警惕的是，在“维护社会稳定”的名义下，媒体管控越来越成为一些权力部门和官员保护自己的手段。他（它）们常用的手法就是，为了掩盖住自身对公共权力和公共资源进行不当甚至非法利用所造成的社会后果，以维护社会稳定为旗号，禁止媒体进行报道，以达到自保的目的。西安电子科技大学发生万余名学生被办理信用卡事件之后，其宣传部部长强建周的话就很能体现这种思维。他对记者说：“应该知道稳定是上上下下都很重视的问题，信用卡没给学生造成实际损害……希望她不要报道信用卡一事。当前处于特殊时期，高校稳定压倒一切。如果继续报道信用卡一事，可能引发群体性事件……”凤凰卫视主持人梁文道对此评论说：“一所大学的宣传部部长能够把话说得这么顺畅自然，绝不造作，是因为他学到了权力运作的形式。凡是遇到问题，就要把‘大局’搬出来；凡有舆论监督，就得举起‘稳定’的王牌；最后还不忘‘群体事件’的警示。尽管那个问题其实是他自己造成的。”（梁文道，2008）

近年来许多轰动性的舆论监督个案都传递出这样的信息：“维护社会稳定”是假，“维护既得利益”“维护领导官帽”才是真。媒体控制越是严密，地方政府与官员们行事就越少掣肘，越肆无忌惮。基层政治生态的糜烂，可以说与媒体因受到严格管控而无法发挥作用有直接关系。靠信息控制而达成的“社会稳定”，已经失去了维护稳定的真正意义。

（三）树立新的稳定观

俞可平对“传统稳定”与“现代稳定”进行了区分。他认为，传统的静态稳定，其主要特点是把稳定理解为现状的静止不动，并通过压制的手段维持现存的秩序。现代的动态稳定，其主要特点是把稳定理解为过程中的平衡，并通过持续不断的调整来维持新的平衡。动态稳定的实质，是用新的平衡代替旧的平衡，使秩序由静止的状态变为一种过程的状态。（俞可平，2008）我们现在要转变观念，让以“疏”为主的“动态稳定”代替以“堵”为主的“静态稳定”。中共“十五大”报告也明确指出：“在社会政治稳定中推进改革、发展，在改革、发展中实现社会政治稳定。”（江泽民，1997）

孙立平教授也主张用一种新的关于秩序的思维来替代传统的稳定思维。他认为，稳定是被动的，秩序则是主动的；稳定是静态的，秩序则是动态的；稳定往往是与活力矛盾的，而秩序则是与活力兼容的。（孙立平，2007）可以说，在新的发展阶段上，用新的思维重建社会秩序是社会建设的一个极其重要的内容。

新的稳定观，必然要求传媒治理的“脱敏化”。

所谓脱敏，就是对社会矛盾冲突的实事求是的认知和处理。中国当前的社会冲突越来越表现为不同利益诉求之间的冲突，冲突的理性化程度也越来越高，利益诉求的目标基本上都是具体的、有限的，如土地征用、城市拆迁、工资拖欠、失业下岗等引发的社会冲突，实际上都是不同的社会利益群体之间如何实现公平的利益分配问题。我们要学会接受一个现实，那就是由利益分化导致的矛盾冲突已成为中国社会生活中一个正常的组成部分。

在这一认识的基础之上，我们可以发现，基于利益的冲突是理性的冲突，是可以用谈判、妥协、讨价还价的方式进行利益协调来解决这些冲突的，冲突演变成足以造成大规模社会动荡的几率是很小的。因此，我们的任务不是要消灭这种现象，而是要为解决这种问题提供制度化的方法。好的制度不是消灭冲突，而是能够容纳冲突和用制度化的方式化解冲突。就国内政治而言，大部分社会矛盾都是利益问题，不是政治或意识形态问题，实事求是地予以承认和化解，是最有效的办法。

如果坚持将冲突定义为“不稳定因素”，将其划入“敏感”范围，不允许媒体进行报道，就会使冲突被强行压下之后，成为一个不能被公开讨论的禁忌，事情就会真的变得越来越“敏感”，这样，某一特定的具体利益问题就会上升到体制问题，成为体制不得不背负的包袱。在这一过程中，中央政府的合法性可能会被地方政府官员或特殊利益集团所绑架并遭到损害，造成执政资源流失。

如果用脱敏的眼光去看待相关冲突，那么它就是一个利益多元社会中的正常现象。政府站在公共利益的立场予以协调，媒体予以客观公正地报道，允许合理的利益表达与利益博弈，冲突终究能归于一个适当的平衡，这样，事件就会回归它的“利益”本质，真正变得“不敏感”起来。

“敏感问题”或“社会稳定”等话语方式，实际上是提高问题的层次。这种做法不是有什么问题就解决什么问题，而是使具体问题上升到政治层面，其客观效果就是在一定程度上消除了解决它的可能性，维持当前状态的目的也就达到了。其实质还是为了维护既得利益。

除了少数因涉及重大组织、人物、事件或引发严重社会后果而造成的真正的敏感问题以外，大部分所谓“敏感问题”都是莫须有的。我们不要人为地将社会冲突政治化、敏感化。以重庆出租车司机罢运事件为例，当地政府不拿社会稳定说事儿，而是允许媒体报道，加强各方沟通，实事求是地分析矛盾的原因所在，进行合理的利益协调，冲突自然消弭。反观有些地区，试图立法规定“罢运”为非法，使交通运输市场中的矛盾犹如地底岩浆般奔流。社会治理的水平高低，一望可知。

对于传媒管理部门而言，应该解放思想，将稳定视为一种相对的、动态的过程，以社会的长治久安为目标，用一种自信而坦荡的胸怀来面对社会转型期的种种矛盾。

实际上，适当放开对媒体的管控不但不会造成社会的不稳定，反而是社会治理和利益平衡的需要，它可以帮助体制形成对社会矛盾和社会冲突的容纳能力，有助于社会的真正稳定。在长期实践中，国家也发现，以往的“敏感领域”的逐步放开不仅未引起社会的不稳定，相反，却促进了社会的健康发展和进步。《攻坚：“十七大”后中国政治体制改革研究报告》也指出，应该给予媒体更大的活动空间。当然，媒体有更大的自由之后，也应更注意自身的责任和报道的分寸，要有大局观，防止造成社会动荡。

第二节　传媒治理的改善

一、健全新闻法治

中国传媒体制最突出的问题，在于宣传管理部门的权力行使不受限制。用展江教授的话来说，传媒管理领域还处于“人治特区和法制盲区”（展江，2005）。

（一）新闻“人治”

虽然大众传媒的功能早已扩展，但管理部门依然像革命年代一样，以控制组织传播工具的方式控制大众传播媒介。有关新闻报道管理的规定、政策和批示，长期以来都是不对社会公开的内部文件；对于新闻工作的具体要求，很多是通过党内文件以纪律规定的形式下发的，有关新闻工作的具体指令大都以一种内部化、较隐蔽的方式下达，管理部门“以言代法”的现象非常普遍。“打招呼”“通风会”“禁止令”，几乎是媒体从业者每天开展新闻工作之前的必修课程。可以说，宣传管理部门对媒体的调控是一种典型的内部式的、不规范的人治化管理，而且这种权力不受质疑，必须严格遵循，否则就会遭到处罚。它对新闻信息报道的控制几乎已经成为一种脱离于法治之外的绝对权力，这种状况在其他领域是非常少见的，也是绝对不正常的。

曾经有一个广泛流传的传闻，说某市宣传部部长每天都要到该市晚报当美编，亲自操刀头版的版式，看着校样出来以后，他才放心地离去。当然，这可能是一个编造出来的笑话，但是我们必须承认，如果哪个城市的宣传部部长愿意的话，他是可以这么做的——这就一点都不让人觉得好笑了。

没有边界的权力行使方式，使媒体功能的正常发挥受到限制。管理部门直接干预媒体的日常工作，频繁下达短期指令，导致媒体丧失自主性。而不能自主的媒体无法对自己负责，更无法对公众负责。

不受控制的权力，还必然导致管控权的滥用。因为对报道内容的终审权是由宣传主管部门垄断的，官员拥有非常大的自由裁量权。由于这种自由裁量权缺乏充分的监督和约束，它在现实中被滥用也就不可避免。官员们“可能试图‘用权力培育真理’，甚至以公共利益的名义作出一些明显违背公共利益的决定”（罗以澄、刘兢，2006）。

“人治”是造成传媒产业发展和传媒功能发挥受限的根本原因，已经越来越成为中国传媒业进一步发展创新的障碍。因此，实现新闻法治，是传媒治理中最核心也是最重要的内容，是传媒治理的必然发展方向。

（二）新闻法治

党的“十五大”早就提出了“依法治国，建设社会主义法治国家”的基本目标。作为社会治理的一环，传媒治理当然也要纳入法治的框架之内。媒体管理部门必须和不受控制的权力说再见。

1. 进行新闻立法

实现新闻法治，首先要有必要的新闻立法，使传媒管理“有法可依”。我国目前已经颁布了多部与传媒管理有关的单行法，如《中华人民共和国著作权法》《出版管理条例》《互联网新闻信息服务管理规定》等，但是“以禁止性和义务性规范为主，对媒体的授权性规范则较为欠缺”（魏永征，1999，14—15 页）。新闻从业人员的正常职业行为难以得到有力的法律保障，“记者的采访权受到侵害时，寻找不到有效的救济途径，更没有办法制裁侵害采访权的违法行为。”（毕惠岩、王维华，2003）所以我们才会经常看到“某某部门对记者发出封杀令”“记者采访屡遭非法限制人身自由”等事件的发生，这就增加了从业人员的执业风险，部分地牺牲了媒体的社会功能。

应制定以保障公民知情权为核心的新闻法，对新闻传播权利进行清晰的成文界定，实现“由随机化的管理到规范化的管理”的转变。“凡对传播的禁止皆诉诸法律，法无授权不行禁止；凡禁止传播皆有法律法规依据，施禁与所禁一一依法行事，达到法治化”（彭菊华等，2003），压缩官员“自由裁量权”的运作空间。

改革开放以来，新闻立法的呼声一直未断，因为种种原因，一直未能实现。但是我们必须认识到，新闻法治是传媒体制改革中无法扭转的历史趋势。坚持党对新闻事业的领导，并不是说不讲方式。党的领导和法治必然会统一，不以人的意志为转移。

当然，不能奢望有了一部新闻法，新闻法治就有了保障。新闻法治“不是仅仅制订出一部新闻法就可以的，这是一个综合的历史工程”（宋克明，1998，109 页）。

2. 执法透明化

按照《政府信息公开条例》的精神，政务信息公开是常态，不公开是例外。因此，对于新闻媒体的管理规定，也应该公开。相关法规在出台之前，应该像国务院、全国人大制定的其他法规一样，征求社会公众的意见，进行公开讨论。在法规制定之后，应该公开颁布，让社会知晓。执行的过程，包括对媒体的处罚也应该公开透明。这样就可以增加对权力的监督，大大减少终审权被滥用的机会。

3. 制定权利救济程序

完整的新闻法治，应该包含媒体的申诉与救济机制。无救济则无权利，要想使法律落到实处，就必须以有效的救济手段为依托。媒体在行使自身合法权利的时候，如果遭到主管部门的阻止和处罚，应有权向该机构的上级部门进行申诉，请求进行行政复议。如果不服行政复议，媒体还可以向法院提起司法诉讼。这样一方面保障了媒体的权利，一方面可以防止主管部门的权力成为一种绝对的、不受质疑的权威。

消灭新闻传播领域的人治现象，完善社会主义新闻法治，可以减少各种既得利益集团对媒体的干预，增强媒体自主性，使媒体能更好地进行独立而负责任的报道，发挥更多的积极功能，服务于社会的公共利益。

二、变“控负”机制为弹性合作机制

(一)“控负”机制

将新闻报道分为“正面报道”和“负面报道”，然后对后者进行控制，可算是中国新闻传播领域的一个特色。对于到底什么报道算是“负面报道”，其界定一直是模糊不清和带有随意性的。它大体上与西方的“bad news”相似，是指“对带有负面因素的新闻事实的报道”(陈堂发，2007，139页)。

在压力体制下，一旦出现影响本地、本部门形象的批评报道，就属于考核评定中的“一票否决”。因此，各级宣传主管部门的重要任务之一，就是控制对本地、本部门的“负面报道”，政府对宣传部门进行业绩考评，也主要是看“能否将本单位的负面报道控制到零”。某位地方政府的宣传官员直陈：“以前只要组织策划好正面宣传报道，工作就算完成了；现在多了‘控负’这一块儿，压力特别大，因为单位领导特别重视。”(任卫东、朱薇，2005)

伴随各种新闻媒体的不断发展壮大，宣传部门的“控负”任务也越来越繁重，不但要管机关媒体，还要管市场化媒体；不但要管传统媒体，还要管新兴网络媒体。一些地方政府还成立了正式的“控负办公室”，专门对付外地、中央和网络媒体对本地的批评报道。“控负”越来越成为一种有组织的制度化行为。当前中国媒体的管理机制，已经由原来的宣传机制，转变为宣传与“控负”并举的机制，而且越来越以后者为主，这意味着各级宣传部的工作重点已经不是追求正面“宣传”，而是针对具体报道的“控负”。有媒体从业者戏言，主管部门的“宣传通知”，实际上都是充斥着禁令的“不宣传通知”。这反映了“控负”机制的实际存在。

(二)“控负”的表现

“控负”有多种手段，常见的手段主要包括下面几种。

(1) 信息封锁。面对媒体的舆论监督，地方政府最常采用的一招就是“无可奉告”，并要求知情人员不得接受媒体采访，不得透露事情真相，对媒体实行信息封锁。

（2）阻挠采访。有些地方还会使用“拿不上台面”的手法：一旦记者采访的内容稍有涉及负面的东西，他们便贴身跟随，明为“协助”采访，实则干扰采访。这种采访阻挠主要是地方政府针对得罪不起的“上级媒体”时采取的，而对外地媒体的采访则可能直接使用威胁甚至是暴力手段。以河北定州征地血案为例，香港凤凰卫视著名记者曾子墨在当地采访时受到了定州政府及警方人员的“特别监护守候”，并被警察搜身和扣押采访证据。曾子墨写道：“被允许离开定州市委时，天色已暗，当地官员对我们说的最后一句话是：‘如果不是国新办来电，今天没有你们台长来接，你们是不可能这样离开的’。”（曾子墨，2005）

（3）媒体公关。地方政府在媒体中培养“眼线”，在本地本单位负面新闻曝光前获得消息，以便有时间动用各种关系去“灭火”；用金钱、贵重礼品收买记者和媒体。如果收买不了，就找到媒体的上级宣传部门来施加压力，“打招呼”将报道压下去。

（4）传播封杀。当“负面报道”已经被媒体披露之后，有些地方政府就干脆对这些媒体在本地的传播进行“封杀”，尽量不让本地民众知晓。对报纸、杂志，则通过邮局发行关口，给予扣押或抽走相关版面；对电视节目，则是通过有线网络公司切断电视信号。如2003年8月28日《人民日报》发表的一篇《如此拆房为谁谋利?》的报道，披露了江西省定南县有关部门违法行政、强拆城市私有房屋的事实。结果当期的《人民日报》在定南县被该县政府全部扣压。

（5）舆论反击。当上述手段都不生效的情况下，地方政府和官员就向上级指控媒体报道“失实”，或者动用自己所掌握的本地宣传工具，对媒体报道的“失实”逐一反驳，宣传本地的“大好形势”，开展舆论反击战（张朝阳、宁亚梅，2007）。

（三）“控负”机制的负面影响

其实对于全社会而言，负面报道不一定就会带来负面影响，比如舆论监督就有利于公共利益，它的社会效果其实是正面的。地方政府将舆论监督作为“负面报道”进行抵制，无非是因为这些报道对当地政府形象和官员的“官帽”会有“负面”影响罢了。

负面报道的界限非常模糊，因为它受到管理者好恶的影响。除了揭露社会弊端的批评报道，还有展现各种社会“阴暗面”和突发事件的报道等，乃至某些让领导看了不高兴的新闻，都被斥之为“负面报道”。官员们也无意对“负面报道”的范围进行清晰界定，因为这样意味着限制了他们随心所欲地运用这一概念的权力。实际上，一些腐败官员正是“把‘负面报道’当成自己防守的盾牌和以攻为守的帽子和棍子”（潘多拉，2008），掩盖自己的丑行，钳制舆论监督。

“控负”机制的过度发达，造成了媒体的体制性压抑。它阻碍了社会真实信息的流通，使社会治理不透明，民众知情权被侵害，腐败泛滥，既得利益集团猖獗，媒体的公信力和社会公共利益都受到极大伤害。我们必须改变这种刚性抑制的传媒调控，建立政府管理部门与媒体之间的弹性合作机制。

（四）弹性合作机制的建立

“控负”作为一种刚性抑制机制，所付出的社会成本非常高昂，在传播渠道无法被垄断的情况下，它的效果也会受到影响。尤其是这种媒体管理方式的合法性将会越来越受到质疑，不可能一直存在下去。应该及早进行媒体调控方式的转型，从以前简单粗糙的强制命令，向有技巧的弹性合作转变，以更为灵活、更为有效的方式来引导媒体。

在这个过程中，政府要学习如何同媒体打交道。“懂得如何与记者交流，建立伙伴关系，政府与媒体就能达到双赢。”（宫礼，2005）首先政府要尊重新闻舆论的传播规律，尊重民众的知情权和表达权，鼓励新闻媒体成为建设和谐社会的积极力量。其次要变抑制为引导，比如建立完善的信息公开制度和新闻发言人制度，在新闻源头进行设置和引导，由信息的控制者成为信息的提供者，即便是遇到突发事件，也可以通过媒体准确地传达政府意愿，说服、动员公众与政府合作，共同解决危机，而不是采取低水平的“控负”手段，导致危机深化扩大。

当然，为了达到这一目标，还须有相应的配套行动。在中国当前的社会环境下，一方面要进行政治体制改革，为传媒治理改革提供一定的社会空间；另一方面，也要注意对各级领导进行媒介素养培训，增加他们对媒体运作的理解和认知，消除那种由于不了解而产生的隔阂和提防，提高他们运用媒体的能力，才能更好地发挥媒体的作用。

对“控负”机制的调整过程不会一帆风顺，它必将伴随着种种的不适应甚至痛苦。但是这不是反对改革的理由。正像托克维尔所说的那样，“为了能够享受出版自由提供的莫大好处，必须忍受它所造成的不可避免的痛苦。想得到好处又要避免痛苦，这是国家患病时常有的幻想之一”（托克维尔，1988，206 页）。马克思也指出，“不耐心地对待自由出版物的短处，也就不可能利用它的长处”（《马克思恩格斯全集》第 1 卷，74 页）。为了建设一个真正稳定与和谐的社会，必须让媒体成为社会真实信息的反映者、民众利益的表达者、公共权力的监督者和公共利益的维护者，“控负”机制也必须作出调整。2009 年在中国举办的世界媒体峰会上，路透社总编史进德（David Schlesinger）表示，媒体的“开放、透明和负责”，是构建“一个真正健康、稳定和成功的体系的先决条件”。“所有有关方面必须帮助媒体，帮助社会。他们必须承认，虽然开放、透明和负责可能会引起一时的不快，有时还会让人难堪，但这些最终是值得的。”（席佳琳，2009）

第三节　传媒的社会治理

一、公共治理中的社会参与

当前行政体制改革的中心任务和目标，是从过去那种掌权型、控制型、主宰型、服务型为一体的“全能型政府”向“公共服务型政府”转变。（邹东涛，2008）从管理模式上讲，就是统治向治理的转变。

治理与传统管理的重大区别之一，就是治理的主体可以是政府组织，也可以是非政府的其他组织，或政府与民间的联合组织。它是一种政府与公民对公共生活的合作管理。在治理过程中，政府和其他各种社会力量共同构成了相互依存的网络体系。

按照这样的理解，治理理念下政党、国家与社会的关系有别于此前国家包办社会的局面。在管理的主体上，它既包括传统的政党、国家，也积极引进社会力量的介入和参与；

强调公民和社会机构的积极参与和合作；强调公共利益的社会管理，是一种具有开放性的管理方式。

为什么社会参与治理会被如此重视呢？因为治理是以公共利益最大化为取向，而公共利益的实现并不必然地要求政府管理的垄断，相反，因为有助于弥补“政府失灵”和提高效率，政府外的半自治、准自治和自治的社会组织作为辅助力量，可能会更好地实现公共利益的最大化。基于公共利益的需要，政府有必要允许和促进各种民间组织与社会机构的发展，使其具备相应的治理能力，帮助社会进行自治，进而出现公共管理的社会化趋势。

在这一社会化过程中，政府依然作为最重要的公共产品和公共服务的提供者出现，但不再是唯一的提供者，所有的公共产品和公共服务都必须由政府提供的垄断时代已经被打破。公共服务的精神并非只限于那些正式为政府工作的人们，即并非只限于那些被我们视为公务员的人们，普通公民也希望有所贡献。随着公民社会的成长和各种社会组织的不断发展壮大，他们必将越来越多地参与到治理的过程之中，社会治理将会成为越来越明显的趋势。政府有必要为公民、为民间社会创造条件和机会，使公民和社会组织能够更好地为社会服务。

二、社会治理的价值

社会治理不会削弱政府的管理能力，相反，只有建立在充分的社会自主管理之上的政府才是最强有力的政府。正如列宁所说：“一个国家的力量在于群众的觉悟。只有当群众知道一切，能判断一切，并自觉地从事一切的时候，国家才有力量。”（《列宁全集》第26卷，1985，234页）

管得过多、管得过细，是当前政府机构膨胀、效率低下的重要原因。通过社会治理，政府可以将一些具体的公共事务通过分权的形式由社会组织来承担，实现社会自主管理。这样有助于使政府管理的重点从大量繁重的具体事务中解脱出来，并集中在战略管理、资源管理和社会协调、冲突解决等问题上，从而使政府摆正位置，找准角色，提高政府的管理效率和管理品质。传媒管理要想化“微观干预”为“宏观调控”，就必须依靠社会治理的力量。

社会治理还意味着一种非强迫的社会秩序，公民社会可以制衡政府的公共权力，确保政府的民主性，使政府真正成为为人民、为社会谋利益的政府。

只有政府有选择地退出，社会公共组织有选择地进入（刘先江，2006），政府管理与社会自主管理二者相互信任、相互支持、相互促进，开展多种契约性、制度性的联合，建立良性、友好的伙伴关系，才能实现对现代传媒的有效治理，提升传媒的公共服务水平。

三、传媒的社会治理

传媒的社会治理就是社会力量通过制度内外的协调与对话，以独立或与政府合作的方式，通过社区公众、中介组织、社会文化等对传媒加以影响和控制，参与行使政府的社会管理职能，最大限度地增进公共利益（周劲，2008，280页）。

当前传媒管理中存在明显的“越位”与“缺位”。一方面，政府对媒体内容管得过细、过死；另一方面，政府对商业力量侵蚀传媒造成的媒体及其从业人员行为失范缺乏有效的制约。而且媒体管理方式很单调，“社会综合管理很差，什么都要靠党和政府利用行政权力，管理方法很单一”（宋克明，1998，109页）。实践证明，在新闻行业的某些领域，行政管理的效率很低，比如新闻职业道德建设的问题，虽然有关部门常抓不懈，但迄今为止，职业道德依然是困扰新闻界的重大问题。国外的经验证明，这个领域本应是社会治理充分发挥作用的领域，其效果也更好。有必要将社会治理模式引入传媒管理之中，充分利用受众和社会组织的力量，参与到媒体的运作过程中来，密切媒体与社会之间的关系，让媒体能够更灵活地对公众需求作出反应，也可以对媒体形成有效的制约和监督，促使其更好地为公共利益服务。

从统治到治理的传媒体制改革，也必然要求开展传媒的社会治理，从而改变全能体制模式下国家对传媒的垄断式控制，建立一种“政府管理、社会管理与行业自律相结合的综合管理体制”（张朝阳，2006，159页），实现具有现代治理精神的、以“社会管理”为主的制度创新。

值得欣喜的是，传媒的社会治理方式在中国已经出现了一些端倪。

首先是媒体从业者的认知和试验。有部分从业者认识到了社会治理对于媒体的价值，并开始在实践中进行一些管理方式上的试验。中央电视台在评价节目质量时，就不仅仅以收视率为标准，而是开始逐渐依靠内部品质管理人员和外部专业团体，以及观众代表、媒体批评者、政府管理者，从全台新闻、整个频道、单个节目这三个维度，建立国家、社会、观众、业界这四个层次的评价体系（庄永志，2009，56页）。

胡舒立的尝试则更为大胆和新颖。2010年3月25日，在财新传媒启幕仪式上，胡舒立宣布财新传媒公信力委员会成立。这个委员会是一个民间监督机构，由一些拥有崇高声望的政商学界人士组成。最重要的是，公信力委员会独立于董事会和管理委员会，对于编辑方针和总编辑的任免拥有决策权，以保护“新闻为公”的原则不受权力与商业利益的侵蚀。很明显，她吸取了从《财经》杂志出走的经验教训。而这一架构安排与欧洲的一些公共媒体非常相似，可以说是中国媒体的社会治理中一次非常有意义的制度创新尝试。公信力委员会主席吴敬琏也认为，委员会的成立，为新闻从业人员捍卫新闻专业主义，实现公正、客观的新闻理想提供了有效的制度保障，对于一个媒体集团的长远发展至关重要。

其次，管理部门也在尝试进行管理体制改革。比如北京网络新闻信息评议会的成立，就是一次明显的管理模式的转变。

2006年4月，由北京市互联网宣传管理办公室指导，北京网络媒体协会主办的北京网络新闻信息评议会成立，由其对北京网络媒体行业开展新闻信息服务的情况实施社会公众评议。这种运用社会公众评议方式实施传媒治理的模式源自西方，在我国媒体管理体制中尚属新生事物。

该评议会的宗旨是通过加强自身监督与评议，促进全行业营造积极、健康、向上的网络文化环境。评议会的主要职能则是依据国家相关法律法规及其他相关行业规约，对涉及北京网络媒体互联网新闻信息服务、新闻职业道德和因新闻侵权问题而引发的新闻纠纷进行评议，并监督评议结果的执行。评议会设主任1名、副主任2名，其中1名副主任从网民中产生。同时，为确保评议会的公正，明确规定了主任、副主任须由非任职网络媒体业界人士担任。评议会成员总数在150人左右，其中政府管理部门代表约20人，行业代表约20人，专家学者约30人，网民代表约80人。同时，对评议员应有的教育水平、年龄、网龄、职业分工、互联网应用水平、分析能力和表达能力都有明确界定。

评议会设立了北京互联网违法和不良信息举报热线（包括举报网站、举报电话、举报邮箱、信件投诉），受理公众投诉。该热线还组织了专门的“妈妈评审团”，为青少年的网络世界“保驾护航”，其成员面向社会公开招聘。

评议会的评议内容是社会各界对网络媒体的举报投诉，以及相关政府管理部门针对成员单位的违法、违规行为提出的评议请求。

评议会不定期召开，每次会议成员由秘书处从评议会成员库中按比例随机选择 9 名，评议内容由 9 位成员根据秘书处收集的投诉情况进行选择，评议会成员不参加对涉及本单位投诉的评议，一般性评议结果经表决，获多数即可通过，重大评议结果需经三分之二多数通过。

秘书处将评议公报发送各成员单位并监督有关奖励、处罚决定的实施。各成员单位可就涉及本网站的评议结论进行申辩，申请复议，复议由评议会另组人员参与。同时，评议会还要将评议结果反馈给投诉者，并进一步征求意见。有关评议结果，须在北京网络媒体协会网站或通过其他方式向社会公布。

从该评议会的宗旨、组织架构、工作内容和工作方式等各方面情况来看，这种管理方式都具有明显的社会治理特征，大大不同于以往那种垄断的、不透明的、随意性大的传媒管理方式，具有相当的前瞻性和突破性，是传媒管理体制的一次明显进步。

最后，民间力量已经开始行动。在大学和民间出现了一批传媒观察者和研究者，他们有的是大学体制内的学者，有的是媒体从业人员，还有一些是来自社会各界的媒体观察家。他们关注媒体动向，批评媒体行为，思考媒体前途，体现出强烈的社会责任感。这是一股生机勃勃的力量，虽然这股力量现在还主要是以网络的形式存在，但其迟早会进入现实，在传媒的社会治理中发挥更重要的作用。

四、传媒社会治理的途径

（一）社会评议会

在世界各国对于传媒的社会治理中，各种类型的新闻评议会发挥了重要的作用。

最具代表性的新闻评议组织是英国的报业评议会，它已经有超过半个世纪的历史，于 1991 年改组为英国报业投诉委员会（The Press Complaints Commission），委员会成员大部分都是非媒体人士，以保证其独立于媒体之外。委员会的宗旨在于保护新闻自由并抑制对于新闻自由的滥用，主要职能则是受理和调查公众对报界的投诉，作出裁定，并对有损报业声誉的不良行为予以公布和谴责。委员会平均每年收到 3,000 多起投诉，公众投诉的范围很广，从黄色低俗报道到针对媒体的不公正、侵犯隐私和歪曲事实等，都包括在内。大部分投诉以温和的方式调停解决，小部分最终付诸裁定，裁定的结果被广泛公布，即便是被批评的报刊，也会刊登相关决议（魏永征等，2003，366—371 页）。1953 年英国报业总评议会成立并取得明显成效以来，世界上多数发达国家以及许多发展中国家都建立了报业评议会或类似机构。这些机构大部分由社会各界人士共同组成，受理违反职业道德的投诉，有的还主动以各种自律准则为准绳，考察传媒内容。这样大型的、正式的媒体监督组织，一般都具有很高的公信力，对于本国媒体的职业行为有相当的约束作用，是传媒社会治理的主力军之一。西方国家正是通过这种独立的行业自律机构和严格的新闻职业道德准则，对传媒实现了卓有成效的社会治理。

中国也有日常的报纸和电视新闻“评议”，那就是中国特色的审读制。在1988年11月9日新闻出版署发布的《关于加强对报纸、期刊、图书审读工作的通知》中，规定审读工作的主要任务是了解报纸、期刊、图书的内容，掌握出版动态；审读的主要内容是检查书、报、刊的内容是否贯彻了党的路线、方针、政策，是否坚持了原定的办报、办刊、办社宗旨和方针；出版社是否坚持了原定的专业分工；以及报纸、期刊和图书的出版是否遵守了国家法律、出版管理规定、宣传纪律和保密规定。通知中还要求新闻出版署报纸局、期刊局、图书局及各省、自治区、直辖市新闻出版局应配置一定数量的负责审读工作的人员，对本地区的报纸、期刊和图书进行审读。

现在，各级党委宣传部门都成立了新闻阅评小组，由退休的资深新闻从业人员以及其他专业人士担任评阅员，对新闻媒体的表现进行点评。这些人都是行家里手，所提的问题针对性强，对传媒表现的改善起到很大的帮助作用。但这种点评是一种封闭式的体制内审读，缺乏公众的参与。广泛的公众参与可以吸收受众参与评阅，了解普通公众对媒体工作的意见，也能让社会治理更广泛、更有效。

（二）专业团体

媒体行业的专业协会、团体，是专业自治的重要力量，它们制定规约，组织活动，还出版专门的刊物，对媒体从业者乃至整个大众传播行业的行为和政策进行讨论，在业内具有一定程度的影响力。

我国的新闻行业协会组织比较发达。除了中华全国新闻工作者协会以外，各省和一些地市都建立了新闻工作者协会，还有一些按职业划分的协会或学会组织，如中国广播电视协会、中国新闻摄影家协会、全国播音主持学会等，它们定期举办新闻类评奖、研讨活动（雷跃捷，2007，11—12页），但是它们的活动范围还比较有限，治理作用发挥得不明显，还有很大的潜力可以挖掘。

大多数传媒行业的专业社团都是从国家体制中分离出来的，或是由在国有部门中工作的专业人士组建的。因此，政府在从全能型向服务型政府转变的过程中，完全可以更多地发挥专业团体的作用，通过国家与社会相互赋权的方式，即通过国家与社会双方主动寻求建立公私伙伴关系的方式，以治理传媒领域的公共事务（顾昕、王旭，2005）。

（三）公益组织

行业外的监督组织，比如一些公益基金会和受众组织，也是一股巨大的力量。比如哈佛大学的尼曼（Niemen）基金会致力于开展媒体培训。许多此类社会组织都是由热心公共事务的人士自愿组织起来，进而开展媒体批评的。比较著名的组织有美国的“媒体研究中心”（Media Research Center，MRC）、“公众与准确报道”（Fairness & Accuracy in Reporting，FAIR）等。以FAIR为例，它成立于1986年，总部位于纽约，其主要工作是观察媒体的运作，对新闻媒体中存在的偏差、审查等各种违反公共利益原则的行为进行监督和批评，促进媒体改善自身行为。它通过以下方式来开展活动：（1）出版媒体批评杂志*Extra*!，关注传媒业的动向和存在的问题。（2）制作媒体批评广播节目*CounterSpin*，该节目每周播出一次，内容主要是批判性地检查每周报道的重要新闻，关注有偏差和不正确的新闻、报道中的性别种族歧视，以及公司对媒体的影响等。(3) 与媒体从业者进行接触和对话，并建议他们如何去扩展和改进媒体工作。(4) 与受众紧密联系，经常组织一些活动或讨论，鼓励受众就自身的疑惑与媒体进行接触，不只做被动的新闻消费者，还应成为媒体的参与者。(5) 利用网络开展媒体批评（雷跃捷，2007，98—102 页）。

美国学者麦克切斯尼创建的媒体改革组织“自由的新闻”（Free Press），主办了三届全国性的媒体改革会议，现在这个组织已经拥有 35 万名成员，覆盖全国 50 个州。他们鼓励和帮助公民参与政府的媒体政策制定，促成切实可行的、非营利的、非商业化的媒体组织的建立，使媒体市场更多元、更公平。自从 2002 年“自由的新闻”成立以来，这个媒体改革组织取得了两项实实在在的胜利：2003 年推迟了联邦通讯委员会（FCC）制定放松媒体所有权的规定的企图；2006 年阻止了国会对《电信法》的全面修订，该修订拟通过区别对待互联网网络供应商来进行网络封锁。这些胜利并非是通过一位大学教授的呐喊及其著述而赢得的，而是由数以万计的把媒体当作一种公共事务的公民来实现的（喻国明，2009，序言 3—6 页）。

(四) 顾问委员会

1950 年，美国一家地方报纸成立了“公民顾问理事会”（Citizens' Advisory Council），所选的理事会成员代表社区中的工人群体、教育界、农业界、市政府和商业界等不同方面的利益，欢迎他们对报纸提出批评和建议。在公民顾问理事会的第一次会议上，成员们尚且踌躇，但是在后来的会议中，理事会成员展开了热烈的讨论，有尖锐的批评，也有对缺乏根据的批评的反批评。该报纸的发行人每次都参加会议，他认为这一做法能帮助他改进报纸。美国《主编与发行人》（*Editor & Publisher*）杂志曾评论说，这一做法密切了报刊同社会的关系，是很有价值的实验（Rivers L. William and Mathews Cleve，1988，pp. 216 - 217）。

在欧洲的一些公共媒体中，也有类似的委员会存在，他们可能拥有挑选媒体领导人、影响新闻编辑方针的权力。胡舒立在财新传媒所作的尝试，与此颇有类似之处。

(五) 学者和研究机构

高校中的教育研究机构和学者，是社会治理中的重要力量。比如，媒介素养（media literacy）运动就是由研究者发起的，它对改善大众的媒介运用水平和提升大众参与媒体治理的意愿与能力，有着非常巨大的作用。

2004 年，宾夕法尼亚大学、南加利福尼亚大学、密歇根大学以及伊利诺伊大学传播项目的领袖们，开始每几个月就集会讨论，最终成立了一个组织——“大学媒体政策研究联盟”，该组织致力于推动媒体改革的相关议程。（罗伯特·W·麦克切斯尼，2009，160 页）像这样的研究者组织非常多，其中最负盛名的莫过于 20 世纪美国的哈钦斯委员会了，他们提交的研究报告成为社会责任论学说的奠基石。

研究机构也会有出版物，如《哥伦比亚新闻学评论》就是在哥伦比亚大学新闻研究生院赞助下出版的。这份双月刊不仅聚焦媒体的行为，也关注政治、经济、技术等其他各种力量对媒体行为的或好或坏的影响。它吸引了一大批著名记者前来撰稿和编辑刊物，在新闻业内享有盛名（雷跃捷，2007，103 页）。

（六）公民

公民是一切社会治理的基础，所有的行动，最终要落实到公民的参与之中。在现有的传播格局中，作为受众的公民还是太过被动，太无声无息，就算对媒体的报道有不满，也很少有意愿或渠道去表达。我们应该让“沉默”的公众回归到媒体治理的体系中，激发他们的潜能，发挥他们的力量，帮助他们组织起来，形成对传媒的压力团体，以抗衡其他各方势力对传媒的操纵。甚至可以“让公民积极参与媒介政策制定，给新闻体制创新带来真正的活力”（单波，2008）。

参考书目

毕惠岩、王维华：《新闻自由权的法律解读》，《山东审判》，2003 年第 2 期。

陈力丹、王辰瑶：《电视传媒与公共空间——2005 年我国电视研究理论聚焦》，《电视研究》，2006 年第 2 期。

陈堂发：《媒介话语权解析》，新华出版社 2007 年版。

单波：《反思与展望：中国传媒改革开放三十周年笔谈》，《传媒与社会学刊》，2008 年第 6 期。

《邓小平文选》第 2 卷，人民出版社 1994 年版。

董晓宇：《公共管理的由来及其与公共行政的内在差异》，《北京行政学院学报》，2004 年第 1 期。

高尚全、吴敬琏、汪丁丁：《推进整体改革议程——高尚全、吴敬琏、汪丁丁三人谈》，《中国改革》，2010 年第 4 期。

宫礼：《不要和记者作战——李希光谈政府与媒体沟通技巧》，《求索》，2005 年第 9 期。

顾昕、王旭：《从国家主义到法团主义——中国市场转型过程中国家与专业团体关系的演变》，《社会学研究》，2005 年第 2 期。

〔美〕美国新闻委员会：《一个自由而负责任的新闻界》，展江等译，中国人民大学出版社 2004 年版。

胡正荣等：《时代之印——中国媒介 30 年》，陕西人民出版社 2008 年版。

江泽民：《高举邓小平理论伟大旗帜，把建设有中国特色社会主义事业全面推向二十一世纪（在中国共产党第十五次全国代表大会上的报告）》，《人民日报》，1997 年 9 月 12 日。

雷跃捷：《媒介批评》，北京大学出版社 2007 年版。

李良荣：《李良荣自选集》，复旦大学出版社 2004 年版。

李舒、季明：《虚拟世界“话语权”增强 新媒体产生巨大冲撞力》，《瞭望新闻周刊》，2009 年 2 月 16 日。

梁文道：《全国遍地是中央作者》，《南方周末》，2008 年 12 月 25 日。

《列宁全集》第 26 卷，人民出版社 1985 年版。

刘先江：《“国家与社会”视野中的政府管理社会化研究》，华中师范大学 2006 年博士学位论文。

〔美〕罗伯特·W·麦克切斯尼：《传播革命》，高金萍译，上海译文出版社 2009 年版。

罗以澄、刘兢：《论新闻传播中的公共利益原则》，《当代传播》，2006 年第 4 期。

《马克思恩格斯全集》，中文 1 版，第 1 卷，人民出版社 1956 年版。

潘多拉：《“负面报道”之说也该寿终正寝了》，《燕赵都市报》，2008 年 2 月 16 日。

彭菊华等：《传播禁止论纲》，《新闻与传播研究》，2003 年第 2 期。

任卫东、朱薇：《如此“控负”无异掩耳盗铃》，新浪网，2005 年 9 月 19 日，http：//news.sina.com.cn/c/2005-09-19/014969756385.shtml。

宋克明：《美英新闻法制与管理》，中国民主法制出版社 1998 年版。

孙立平：《用新的思维重建社会秩序》，《南方周末》，2007 年 11 月 13 日。

童兵：《主体与喉舌》，河南人民出版社 1994 年版。

〔法〕托克维尔：《论美国的民主》上卷，董果良译，商务印书馆 1988 年版。

王国庆：《在第一时间抢占舆论制高点》，《对外大传播》，2005 年 10 月。

魏永征等：《西方传媒的法制、管理与自律》，中国人民大学出版社 2003 年版。

魏永征：《中国新闻传播法纲要》，上海社会科学院出版社 1999 年版。

席佳琳：《默多克呼吁中国开放媒体》，FT 中文网，2009 年 10 月 10 日，http：//www. ftchinese. com/story/001029107。

萧功秦：《中国的大转型——从发展政治学看中国变革》，新星出版社 2008 年版。

新浪财经：《财新传媒正式成立 首推媒体公信力委员会》，2010 年 3 月 25 日，新浪网，http：//finance. sina. com. cn/roll/20100326/10497639067. shtml。

俞可平：《全球化时代的政治管理模式》，《方法》，1999 年第 1 期。

俞可平：《中国治理变迁 30 年（1978—2008）》，《吉林大学社会科学学报》，2008 年第 3 期。

郁建兴、徐越倩：《从发展型政府到公共服务型政府》，《马克思主义与现实》，2004 年第 5 期。

喻国明：《传媒的“语法革命”：解读 Web2. 0 时代传媒运营新规则》，南方日报出版社 2007 年版。

喻国明等：《中国媒体：责任与方向》，《南方周末》，2003 年 2 月 27 日。

喻国明：《方向比速度更重要》，《国际公关》，2009 年第 2 期。

喻国明：《中国传媒业发展的关键与“问题单”——兼论传媒体制改革的现实性与迫切性》，《新闻记者》，2007 年第 3 期。

曾子墨：《劫后定州目击》，《凤凰周刊》（香港），2005 年 7 月 4 日。

展江：《警惕传媒的双重“封建化”》，《青年记者》，2005 年第 3 期。

展江：《审慎而积极地调整国家—媒体关系——胡锦涛在人民日报社考察工作时的讲话解读》，《国际新闻界》，2008 年第 7 期。

张朝阳、宁亚梅：《“终审权寻租”与“地方控负”：论舆论监督的制度困境》，《中共长春市委党校学报》，2007 年第 2 期。

张洁：《转型期的媒体诉求》，《新闻大学》，2009 年第 4 期。

张宁：《转型期政府形象的媒介再现》，复旦大学 2007 年博士学位论文。

张淑华：《评论符号权力的生成与“公民写作”期待》，《郑州大学学报（哲学社会科学版）》，2006 年第 5 期。

赵凯、陶文静：《2008 年新闻伦理与职业道德研究综述》，《新闻记者》，2009 第 6 期。

〔美〕珍妮特·V·登哈特、罗伯特·B·登哈特：《新公共服务：服务，而不是掌舵》，丁煌译，中国人民大学出版社 2004 年版。

中共中央办公厅：《中央宣传部、国家广电总局、新闻出版总署〈关于深化新闻出版广播影视业改革的若干意见〉的通知》（“17 号文件”），新华网，2003 年 12 月 30 日。

中国社会科学院新闻研究所：《中国共产党新闻工作文件汇编》，新华出版社 1980 年版。

周劲：《传媒治理——理论与模式的中国式建构》，人民出版社 2008 年版。

庄永志：《2003/2009：迟滞中前行》，《新闻大学》，2009 年第 4 期。

邹东涛：《政治体制改革的目标：实现社会主义民主》，《学习时报》，2008 年 5 月 21 日。

Hallin，Daniel（2000），“Media，Political Power，and Democratization in Mexico”，in J. Curran and M. J. Park（Eds），*De-Westernizing Media Studies*，London：Routledge.

Rivers L. William and Mathews Cleve（1988），*Ethics for the Media*，New Jersey：Prentice Hall.

第七章 公共利益的防火墙：职业化的新闻道德建设

第一节 新闻职业道德失范及其对公共利益的影响

一、职业道德的性质与作用

与政府管理那种“必须怎样”的带有强制性质的调节手段不同，新闻职业道德规范是以媒体及其从业者的行为“应当怎样”为尺度，力图通过自律使自身的行为正当得体。职业道德规范对于提升传媒的表现具有非常重要的意义，因为法律管理只能保证最低的行为底线，而真正出色的传媒表现，最终还是有赖于传媒自身的努力。1904 年，普利策曾在《新闻学院》一文中这样论述：只有高尚的理想、兢兢业业的正当行为、对所涉及的问题具备正确的知识以及真诚的道德责任感，才能使报刊不屈从于商业利益，不寻求自私的目的，不反对公众的福利。

优良的职业道德对新闻媒体来说具有多重的意义。

首先，它是媒体公信力的基础。“媒体自己宣称它的作用是作为社会的看门狗，揭露腐蚀和破坏公共利益的恶行，随之就引出媒体自身该如何行为的问题。”（卡伦·桑德斯，2007，41 页）为了证明自己值得受公众托付去担起这份职责，它必须在行为上约束自己，以确立自身在公众面前的形象。

其次，对于力图获得专业地位的新闻事业而言，职业道德规范是重要的自治手段，也是维护新闻业自主性的依据。否则，“对于媒体权力的滥用会成为对控制的邀请”（汪晖，2009）。

最后，职业道德规范是公共利益的防火墙。由于舆论的重要性，新闻生产的场域中，往往有多种力量在同时运作，希望对媒体施加有利于自身的影响。媒体也是独立的利益主体，有可能受到各种诱惑和压力的影响，为了自身利益的实现而放弃了原本应有的公共利益立场。要想在各种复杂的利益关系中坚持公共利益的立场，就必须抵制住这些影响。但是诱惑和压力是无所不在的，而且往往是无形的、隐蔽的，行政管理不足以制约之，所以有效的自律就非常重要。职业道德规范犹如一道防火墙，将各种利益干涉隔离在新闻生产的过程之外，帮助媒体在公共利益的目标上实现“应然”与“实然”的统一。

总而言之，优良的新闻职业道德，对于传媒服务于公共利益有着不可替代的保障和促进作用。

二、我国新闻业中的道德失范

新闻职业道德的问题在中国受到重视，发生在20世纪80年代以后。此前，传媒通常被当作党政机关的一个部门，没有形成作为一种“职业”的道德意识和职业工作规范。何况在计划经济体制之下，媒体没有独立的经济利益诉求，职业道德问题也没有存在的空间。但是，自从市场化改革开始以来，职业伦理并不成熟的中国传媒及其从业人员就陷入了义利交迫的困窘之中，出现了许多涉及职业操守的问题，比如“有偿新闻”虽然历经整治，却依然大面积扩散，至今已成为传媒行业中默认的现实；“封口费”丑闻层出不穷等现象，极大地影响了社会对媒体的观感，也引发了社会对新闻道德问题的关注。

20世纪90年代以来，中国先后进行了近十次较大规模的以新闻职业道德规范为主题的调查。这些调查结果得出的结论表明，媒介伦理建设成效不大，并且面临观念上和实践中的危机。

早在1997年，中国人民大学舆论研究所和中华全国新闻工作者协会就曾在全国范围内进行了名为“中国新闻工作者职业意识和职业道德”的大型抽样调查。调查表明，我国新闻工作者的职业道德至少在以下四个方面存在着较为普遍的问题：“接受被采访单位或个人的招待用餐”“为自己的版面或节目联系赞助”“为自己的单位联系广告业务”和“接受新闻来源单位赠送的礼品”。对于以上四个方面的表现，分别有56.0%至78.8%的新闻从业人员认为这种现象在业内很普遍。

另外，“主动淡化不利于重要广告客户的新闻”“接受被采访单位的现金馈赠”“接受新闻来源单位安排的免费旅游”“参与为企业制作商业广告”的现象也被至少超过20%的人认为在新闻界相当普遍。甚至分别有17.3%和9.4%的人认为“为企业担任公关工作”“在企业兼职”的现象在新闻界也很普遍（喻国明，1998）。

令人震惊的是，以上“在新闻界普遍存在的现象”，如采编与经营不分、收受采访对象的钱物、在采访对象企业中兼职等，全都是世界各国媒介伦理中明文禁止的行为，这说明我国的新闻传播在实践中存在着严重的道德失范问题。

时隔五年之后，2002年在上海进行的对新闻从业人员的调查表明，与1997年调查时的结果相比，五年来从业者的职业伦理观念几乎没有进步。例如，对于“为自己的版面或节目联系赞助”“被采访单位或个人的招待用餐”等问题的“同意度指数”，仍在3～4之间（1为绝对不接受，3为说不清，5为绝对接受），持中立偏于接受的立场。报告的结论是：“我们十分遗憾地看到，在《中国新闻工作者职业道德准则》出台10年后，新闻从业者在道德观念和道德自律方面，仍然存在相当模糊的认识。”（陆晔、俞卫东，2003）

2003年，中国人民大学新闻与社会发展研究中心重新在全国进行了一次抽样调查，调查结果依然令人失望：新闻从业人员中，近3/4同意或默认记者拉广告；4/5同意或默认为栏目拉赞助；2/3同意或默认主动淡化不利于广告客户的新闻；5/6认为可以接受或默认被采访方提供用餐；近2/3认为可以接受或默认被采访方提供免费旅游；近1/2认为可以接受或默认被采访方的现金馈赠；1/2 认为记者可以或默认为企业公关（郑保卫、陈绚，2004）。在明显的是非面前，多数人持容忍、认可的态度。

陈力丹教授的结论是："中国大陆新闻职业伦理规范的水平的确不容乐观。"因为在他所进行的调查中，部分从业者用了"非常危险""相当差"这样的词语来判断新闻职业道德的水准。调查所披露的新闻实践的"真实情景"，有相当部分会让人感觉沉重。比如有些记者对低于千元的所谓"车马费"已经根本看不上眼了，有些记者习惯于从网上"扒"一些信息，捕风捉影地炮制新闻，有些记者热衷于铺路子、找关系，把个人的利害得失看得远远重于新闻工作的职责。更重要的是，新闻界的某些不良风气已然隐隐地形成了某种不健康的"圈子文化"，让一些人在违反新闻伦理规范的时候心安理得，而让另一些人在无奈和消极中屈从（陈力丹、王辰瑶、季为民，2010，6 页）。张志安教授甚至估计，保守来算，中国专做特稿及深度报道的"真"记者约 400 人，而挂在某些中央级、部级行业报之下，在各地以舆论监督之名行敲诈之实的"假"记者不下 1,000 人！

上述调查的结果是相当令人警醒的。多年来，传媒人在对职业伦理的认识与建设方面没有大的起色，新闻界中道德失范的现象十分普遍，一些违背基本的新闻职业道德的行为屡禁不绝，甚至有扩大的趋势。就在新版《中国新闻工作者职业道德准则》颁布的同时，又爆出了"河北蔚县矿主花 260 万收买记者 10 名记者涉案"的丑闻。新闻职业道德建设中存在的种种问题，使本应服务于社会的新闻媒体成为被收买的对象，新闻生产成为利益交换的过程，严重损害了媒体的公共立场和社会的公共利益。

三、新闻道德建设中存在的问题

新闻道德规范中的混乱现象已持续多年，其原因也十分复杂。从根本上讲，是因为媒体处于从单纯的"喉舌"向一种专业社会组织进化的初期，新旧转换之际，旧的约束不足以应对新的传播环境，有效的专业道德规范和职业自律机制又尚未建立起来，因此出现了阶段性的失调。

在以往的职业道德建设过程中，管理部门还是囿于传统思维，用老一套的政治手段来解决新时期的道德规范问题，没有采用足够的职业化方式和新的社会治理手段，导致建设效果不佳。

政治化的手段体现在职业规范的条文和建设方式两个方面。

以《中国新闻工作者职业道德准则》（下文简称《准则》）为例。作为新中国成立后第一份适用于全国新闻工作者的职业道德规范，于 1991 年 1 月获得中华全国新闻工作者协会（简称中国记协）第四届理事会第一次全体会议通过并公布实施，迄今已经过三次修订。《准则》的出台，是一个标志性的进步。在此之前，对"喉舌"机构中的从业人员的职业道德要求，基本上就是对党员政治品格的要求。从《准则》开始，新闻从业者的职业道德准则启动了由政治话语向专业规范的转型。

但是《准则》的条文也存在明显的缺陷，就是政治话语与专业规范相混淆，缺乏职业特点和可操作性。有学者对 1997 年版的《准则》进行统计发现，政治词汇频繁出现，如"宣传"7 次、"正确"8 次、"党"10 次、"舆论"13 次、"社会主义"13 次，等等。反复出现 5 次以上的政治词汇共有 16 个，合计 356 字，占整个《准则》总字数的 17%，加上其他政治词汇，超过 20%（周俊，2008）。大部分条目的内容，都可以归结为六个字："懂政治，讲党性。”

媒体是党的喉舌，所以这些要求当然很有必要而且很重要；但我们同时也应该看到，这些要求实际上更多是属于社会主义新闻工作者的政治素养，而非职业道德素养的内容。这些原则，主要通过马克思主义新闻观的学习来落实，而不是和职业道德混为一谈。笔者认为，意识形态的内核与专业主义的规范，当然可以并行而存，西方传媒的表现已经为我们诠释了这一点。但是在道德信条中把两者扯在一起，却非明智之举。

在《准则》中，抽象的政治话语占据过多的篇幅，明显影响了专业规范的表述，使得《准则》从整体观感而言，不像是一份从业者内部充分协商后达成的道德契约，而更像是管理部门发出的政治号召，其条例的主要内容是如何让媒体及其从业者更好地扮演宣传者的角色。这种政治话语与专业规范混淆的状况，不但降低了它的可操作性，而且消解了其道德感召力，导致其自身无法有效地渗透到实践环节。

几次抽样调查的结果也表明，超过60%的新闻从业者都认为，《准则》在提高职业道德水准中的作用不大（喻国明，1998；郑保卫、陈绚，2004），《准则》的有效性遭遇尴尬。

2009年版的《准则》跟旧版本相比，改动非常大，表述上的进步也很明显。但是笔者统计了一下，政治词汇整体上并没有减少。实际上，就连此次修订也是新闻界深入开展“三项学习教育”活动的成果。从总体上来说，它仍然是一份从政治规范向专业规范过渡的文本，而非成熟的职业道德准则。

在新闻职业道德建设的方式上，也存在着口号化和政治运动化的倾向。经常见到的景象是，在特定事件出现之后，管理部门展开了风风火火的整治活动，场面声势浩大，口号也喊得很高昂严肃，但是一阵风之后，一切照旧。而且多次运动的主要着力点都是治理有偿新闻，但有偿新闻仅仅是职业道德中的深层次问题的外在表现之一，这些运动治标不治本。一位新华社的高级记者指出：“传媒界把‘加强行业自律、强调职业道德、刹住不正之风’局限于集中对有偿新闻进行专项治理，这当然是完全必要的，但就记者队伍的建设而言还远远不够。应该看到，当前损害媒体和记者声誉的，不仅是有偿新闻，还包括职业理念、职业态度、职业纪律和职业责任方面暴露出来的许多问题。”（陈力丹，2007）

陈力丹教授认为，传媒行业要确立职业理念，用“职业”的力量平衡政治与市场的外在影响，形成相对稳定的鼎足态势，否则，传媒和从业人员缺乏支点，在强大的外力冲击下，只能或浮躁功利，或木讷消沉（陈力丹、王辰瑶、季为民，2010，2页）。也就是说，媒介伦理建设中，要有以公共利益为归依的职业理念进行支撑，方能保证其精神价值的有效性。

以往的职业道德建设中的弊端，以及它在政治和商业压力下的尴尬表现提醒我们，新闻伦理的建设路径有必要进行改革。我们可以借鉴新闻专业主义理念，促进媒介伦理规范及其运作机制的建设。

第二节　专业伦理的建设

一、为什么需要专业伦理

随着传媒的功能从单一走向全面，大众传播媒体在社会生活中的作用越来越重要，对人们的思想和行为所产生的渗透和影响也日益深远。人们有理由要求大众传媒成为社会的“守望者”，以公共利益为宗旨，准确、及时、客观、公正、全面地向公众报道社会的真实情况，并努力消除社会成员之间的信息不对称——公众对媒体活动中的专业伦理规范的要求正式浮出水面。

而且随着市场经济体制的推进，媒体身兼“喉舌”与“企业”双重角色，大众传媒作为市场经济体制中独立的利益主体，与社会其他成员、组织之间有着复杂的联系与纠葛。以政治话语为主要内容、适应特定历史情境的传统媒介伦理，已经难以应付转型社会中日趋复杂的媒体环境及媒体与社会中个人和组织间的关系了。以公共利益为核心的新闻专业伦理作为调节各不同主体之间利益关系的准则，从来没有被如此迫切地需要过。

在西方国家，大众传媒作为司职社会传播的专业组织，在100多年来专业化进程的努力中，已经逐步形成了符合自身职业特点的、操作性很强的专业伦理规范体系，并有专业组织阐述和执行这样的行为规范。它的理论基础是新闻专业主义。如前文所述，新闻专业主义是以公共利益为归依的，它衍化出一系列对媒体的相关品质与职业行为规范的特定要求，如准确、公正、及时、全面、平衡、深刻等，建立了合理的社会形象，并较好地调节了媒体与其他社会主体之间的关系。

我国之所以需要专业化的媒介伦理，不仅仅是为了防止道德失范和赢得受众，也是媒体功能改进与角色转型的必然要求。进行舆论监督、突发事件报道、公共领域的构建等，都需要专业伦理的辅助与支撑。媒体的功能正由单纯的“宣传引导”向全方位信息传播转化，单一的“喉舌论”将无法在媒体角色转型过程中取得内部认同和公众信任，专业伦理规范是媒体顺利转型必不可少的保障，更是其在转型后获取社会合法性的支撑。从这个角度来说，建立一个符合时代需要的、遵循职业规律的、切实可行的专业化的媒介伦理体系，是一个现代社会对于社会公共传播机构的内在要求。

二、专业伦理建设的路径

要想让职业道德规范真正有效地制约从业者的新闻实践，除了从文本上增强规范的有效性，并强化执行和监督之外，还必须以制度改革推动传媒生态改良，以获取新闻工作者坚持职业操守的可持续动力。

（一）厘清往日混为一谈的政治话语与职业规范要求

必须使媒介伦理回归常态并具体化，同时强化媒体的主体意识，引进新闻专业主义理念，建设以专业规范为基础的媒介伦理。

发达国家在大众传媒领域大多已形成了成熟的职业道德规范与准则。它以公共利益为宗旨，具有鲜明的职业特点，而且很注意对一些关键概念，比如“私人场所”等，进行清楚的界定，对于重要的例外情况加以说明，这一切均有助于新闻职业道德规范的严密性和可操作性。

相较而言，我国新闻道德规范的职业特点不够鲜明，条文也不够平实具体。它已经不适合现代社会之需，需要加以改造。我们可以借鉴发达国家在媒介伦理建设方面的成功经验，引进新闻专业主义的理念。其实，专业的媒介伦理和操作规范与意识形态并不必然矛盾，这一点，从意识形态在西方的客观性体制里的渗透和自觉执行中可以看得很清楚。因此，在我国的媒介伦理建设中，可以大胆引进专业主义理念，确立职业化的道德规范条文，以公共传播和专业规范的外壳包含意识形态的内核，提高传媒职业规范的水准，重建媒介伦理的科学性和权威性。

同时也要注意规范条文的具体可操作性。从这一角度来看，2009 年对《准则》的修订中，最大的进步当属全文最后新添的附则：要求各媒体结合实际制定相应的实施细则，认真组织落实。这短短的一句话看似不起眼，实则找准了原来存在的一个重大问题：《准则》作为全国统一的职业道德条例，原则性较强，偏于抽象，和从业者的个人行为之间难以发生直接关联，大大削弱了其有效性。新版《准则》明确要求各媒体制定实施细则，形成了“统一规范——组织细则——个人行为”的完整链条，有利于《准则》的贯彻实施。

（二）严格内部执行，强化社会监督

媒体组织有必要成立内部的职业道德委员会，负责职业道德规范的执行、监督和受理投诉。投诉一旦被受理，媒体必须启动专业委员会程序进行调查，得出的结论要予以公布，对违反职业道德规范的从业者，必须严肃处理，加大新闻从业人员的违规风险，弱化其违规冲动。

笔者认为，通过大力促进媒体组织内部的专业伦理建设来推动整体的新闻职业道德建设，是比较切实可行的办法。因为从推动职业道德建设的主体来看，主管部门离从业者太远，行业协会又失之于软弱无力，从业者所供职的媒体组织才是最佳的推动主体。西方媒体的采编人员在入职培训之初，都会拿到厚厚的媒体内部规章条例，这些条例对他们的职业行为作了很具体的规定。一旦记者触犯职业道德准则，将会被公司开除，机会成本非常之高。媒体机构作为自律的主体，发挥了最重要的作用。

从《财经》杂志等媒体的运行经验来看，严格、规范的内部控制流程和标准，的确可以对违规行为发挥比较有效的防范作用。《财经》杂志不仅要求员工遵循美国财经编辑记者协会发布的《财经编辑记者行为守则》，还根据大陆地区现实状况作了诸多补充。如规定：“收到价值 200 元以下的纪念性赠品，个人可接受并保留”“收到价值 200 元以上的赠品，如不便退回，交回单位行政部，由单位登记收存，用于集体活动”等。（张志安、陆晔，2008）从业者就可以按这些规定，照章操作。

而且，在媒体转型的过程中，新闻媒体已经开始从内部产生对专业伦理的需求和探索，某些专业水准较高、专业意识较强的媒体，比如《南方周末》《财经》杂志、中央电视台的《新闻调查》栏目等，已经在编辑部内部形成了以专业主义为基础的较为明晰、可操作的职业道德规范，并通过这些标杆媒体的示范和从业人员的流动逐渐扩散开来。当然，这种专业化的职业道德规范的建立主要还是一个民间自发生长的过程，并没有上升到体制化的表达。但我们可以借助这一发展趋势，将已经积累下来的民间资源有效利用起来，充分发挥各媒体（集团）的主体意识，强化其内部的专业伦理规范的建设，以切实有效地推动我国的新闻职业道德建设。

在强化内部执行力的同时，要增加媒体的开放度、透明度，加强社会监督。当前，我国新闻媒体的内部运作还是较为封闭的，普通民众既不了解，亦很难介入。在一些发达国家，有许多活跃的受众俱乐部，也有很多与媒体批评相关的非政府组织，它们对媒体及其从业者的行为规范起到了很好的监督促进作用。中国公民的受教育程度日渐提高，媒介素养有所增强，我们完全可以吸收国外的经验，将新闻媒体的工作流程和职业规范向社会公开，“阳光作业”，并鼓励公众参与监督。比如成立松散的民间媒体批评组织，将公众对媒体的批评进行定期整理后予以公布，一可密切媒体与受众之间的关系，二可收到良好的监督效果。北京市网络评议会在对互联网上的黄色低俗信息的治理中，就起到了非常有效的作用。

当然，只从职业道德建设着手，是解决不了职业道德问题的。优化现有的制度环境，才是让职业道德规范能够真正渗透到实践操作中去的坚实基础。

（三）完善媒体退出机制，提升媒体服务质量

吴敬琏先生曾指出，现在的问题，不是由于市场改革造成的，而是由于市场改革不到位造成的。这句话完全适用于新闻职业道德领域的状况。

“一元体制，二元运作”下的新闻媒体，用国家所有制赋予的政治优势在市场上获取经济收入，又用市场上赚取的经济收入来保证宣传任务的完成，在制度设计中就埋下了媒体寻租的隐患（胡正荣，2008）。

另外，媒体市场的进入门槛由国家垄断并实施总量控制，新闻传播领域实质上是“特许式”的垄断。在多数地区，新闻传播的资源由一两家传媒机构垄断，且媒体兼具行政权力外延的性质，造就了传媒及其从业者的特权地位，形成了巨大的寻租空间。

而且，传媒退出机制付之阙如，使新闻媒体只生不死，即便有部分媒体退出，大多也不是市场原因，而是行政集中整治的结果。没有市场竞争力的媒体为了生存和获利，会采取各种办法，利用手中的传播资源来“设租”或“寻租”。这导致此类媒体中常出现采编与经营合一，向记者下达创收任务等做法，许多违规行为甚至直接以媒体组织的名义实施，这部分媒体的行为，大大影响了新闻界的道德风气。

要杜绝以上现象，最根本的解决办法，还是要在必要的监管和活跃的社会治理之下，推进传媒领域资源的市场化分配，由市场竞争来制约媒体及其从业者的行为，防止现在这种“半市场化”状态导致的权钱交易。媒体如果以市场化的方式生存，就会更加依赖客观、公正、专业的报道能力，也会更注重自身的公信力建设。这对推动职业道德规范的建设是有利的。

（四）为从业者提供必要的职业保障

新闻从业者常常帮其他弱势群体维权，但他们自身合法权利的保障却不尽如人意，很多人甚至连基本的用工合同、劳动待遇都不能保障。

一项关于媒体从业人员社会保障状况的调查报告显示，一多半的媒体从业人员是户籍所在地与就业地点不一致的“外来工”，60.3%的人未与所在单位签订劳动合同；61.4%的人没有在单位办理社会保险关系（蔡文武、刘国基，2003）。

清华大学教授李希光在谈到这些“新闻民工”时，认为他们生活和工作的窘境不比那些在北京打工的民工好多少。

一份拥有近乎垄断性的舆论权力的工作，却伴随着朝不保夕的生存焦虑。那么，从业者最理性的选择，就是在最短时间内获取最大的经济收益，而不是坚持长久的职业守望。在这种博弈中，职业道德的溃败几乎是可以预见的。

哈钦斯委员会早就给出了解决之道：“足够的报酬、充分的认同和完备的合同，是发展专业人士不可或缺的先决条件。”（新闻自由委员会，2004，57页）

业内人士都知道，《财经》杂志的记者是不拿红包的，这在中国当前的媒体中很少见。前主编胡舒立对此的解释是，我相信记者的工资要给到“使他足以保持职业自尊心”，记

者能够维护职业自尊心的时候，就会更热爱自己的职业，就不会轻易动摇。

> 其实红包的问题是一直有的，我们的一般方法就是都不去，因为有一些新闻发布会我们就不去，或者去的比较晚，就不拿，《财经》有一个政策就是说如果你要退红包的话，你得当着别人的面退，因为你得起码让别人知道说谢谢，我不要什么，你别到时偷偷给人家，结果被外边人拿了，你在里头弄不清楚，我们内部大概说过这么一个政策，其实我到《财经》杂志以后已经没有这个问题。因此我 1998 年开始做《财经》杂志的时候，我就问在你们这儿要记者去采访，出租汽车票能报销吗，他们说那当然可以，我说如果需要采访，比如说我需要一个采访，能不能我付钱吃饭能报销，他们说那当然可以啊。我说记者出差能坐飞机吗？他们说那当然，我说出差能住酒店吗？他说我们有个统一标准呀，好像是普通记者四百元钱以下，比较高级的像我这样就能住到四百到五百，我就觉得这足以保证自尊心，我一听，我就觉得他们没有沾染新闻界的恶习，你采访商业社会，你与商业社会的中等水平是相近的。（《杨澜访谈录》，2001）

笔者曾就职业道德问题向一位《华尔街日报》的记者求证，他的回答是："在我们这里，信誉比金钱重要得多。"虽然因为公司规定而无法透露薪资水平，但他承认："可以确保记者在北京获得体面的生活。"

冰冻三尺，非一日之寒。要想从混乱无序中重建专业化的媒介伦理，也非一日之功。我们一方面要认识到社会主义新闻事业的独特性，一方面也要正视现代社会对大众传媒的客观要求，并积极地吸收西方价值观念和制度设计中正确的、合理的东西，为我所用，有效推进新闻职业道德建设，努力塑造一个以公共利益为宗旨的，受信赖、受尊重的传媒业。

参考书目

蔡文武、刘国基：《"牛"们的苦涩——媒体从业人员社会保障状况调查报告》，《中国社会保障》，2003 年第 7 期。

陈力丹、王辰瑶、季为民：《艰难的新闻自律》，人民日报出版社 2010 年版。

陈力丹：《我国传媒业的职业道德意识与自律建设》，《现代传播》，2007 年第 1 期。

胡正荣：《媒介寻租的背后》，《中国新闻周刊》，2003 年第 42 期。

〔英〕卡伦·桑德斯：《道德与新闻》，洪伟等译，复旦大学出版社 2007 年版。

陆晔、俞卫东：《传媒人的传媒观与伦理观》，《新闻记者》，2003 年第 4 期。

汪晖：《"去政治化的政治"与大众传媒的公共性》，《传播与社会学刊》，2009 年第 8 期。

〔美〕新闻自由委员会：《一个自由而负责任的新闻界》，展江等译，中国人民大学出版社 2004 年版。

喻国明：《我国新闻工作者职业意识与职业道德调查报告》，《民主与科学》，1998 年第 3 期。

张志安、陆晔：《记者"权力寻租"中的社会资本转换及其伦理边界》，《国际新闻界》，2008 年第 10 期。

郑保卫、陈绚：《传媒人对"有偿新闻"的看法——中国新闻工作者职业道德调查报告》，《新闻记者》，2004 年第 5 期。

周俊：《试析我国现行新闻职业规范——以〈中国新闻工作者职业道德准则〉为例》，《国际新闻界》，2008 年第 8 期。

结语

社会转型必然伴随着大规模的利益调整，因此往往与失范和冲突相伴。而大众传媒作为社会的“雷达站”“减压阀”和“整合台”，其功能的充分发挥是中国社会顺利转型的必要条件。尤其是在当前社会利益结构性倾斜的情况下，传媒更应帮助社会形成合理的利益博弈机制，促进社会利益结构的平衡，釜底抽薪，彻底解决社会矛盾。

通过对传媒改革的检视，我们发现，大众传媒作为公共利益护佑者的功能，得到了一定程度的发挥，从总体上看，媒体对社会公共生活的参与和推动呈现出扩张的态势。但是由于传媒体系中的结构性缺陷，许多媒体在权力与市场的双重挤压之下，出现了明显的犬儒主义倾向。缺乏制度支持和精神支撑的从业者群体中，也存在着大面积的职业道德沦丧现象，媒体寻租亦成为常见现象。

媒体现在是什么样持续地提醒着我们媒体应该是什么样。传媒及其从业者不能满足于成为宣传和赚钱的工具，而对社会转型所面临的艰难险阻背过身去，应怀有将自身视为整个社会民主法治进程有机组成部分的自觉意识。

为此，传媒治理和专业伦理建设是有必要的。如果说推进传媒治理是为了改善媒体服务于公共利益的外部环境，那么建设专业化的职业伦理则是为了提升传媒服务于公共利益的内部规范和精神力量。双管齐下的最终目标，还是为了打造一个开放而负责任的传媒体系，推动中国走向现代化的全面转型。

当然，公共利益的理想必须进入不纯净的现实世界，这意味着理想将面临不可避免的张力和妥协。如何在一个有限制的环境中，坚守自身对于社会的责任，将考验媒体及其从业者的良知与职业水准。

最后，请允许我用英国作家劳伦斯的一句话作为本书的结尾：

> 现在没有一条通向未来的康庄大道，但是我们却迂回前进，或是攀援障碍而过。不管天翻地覆，我们都得生活。

参考文献

中文部分：

〔英〕安德鲁·甘布尔：《政治和命运》，胡晓进、罗玉珍等译，江苏人民出版社 2003 年版。

〔意〕安东尼奥·葛兰西：《狱中札记》，葆煦译，人民出版社 1983 年版。

白岩松：《为大家去触碰底线在哪 央视一哥不好当》，新浪网，2010 年 1 月 7 日，http：//ent. sina. com. cn/s/m/2010-01-07/16392836970. shtml。

毕惠岩、王维华：《新闻自由权的法律解读》，《山东审判》，2003 年第 2 期。

〔英〕边沁：《道德与立法原理导论》，时殷弘译，商务印书馆 2000 年版。

〔美〕博登海默：《法理学：法律哲学与法律方法》，邓正来译，中国政法大学出版社 1999 年版。

〔法〕贝尔纳·瓦耶纳：《当代新闻学》，丁雪英、连燕堂译，新华出版社 1986 年版。

蔡雯：《美国“公共新闻”的历史与现状——对美国“公共新闻”的实地观察与分析》，《国际新闻界》，2005 年第 1、2 期。

蔡文武、刘国基：《“牛”们的苦涩——媒体从业人员社会保障状况调查报告》，《中国社会保障》，2003 年第 7 期。

陈怀林：《九十年代中国传媒的制度创新》，《二十一世纪》，1999 年第 2 期。

陈家刚：《协商民主》，上海三联书店 2004 年版。

陈力丹：《学术对谈：反思与展望（下）中国传媒改革开放三十周年笔谈》，《传播与社会学刊》，2008 年第 6 期。

陈力丹、王辰瑶：《电视传媒与公共空间——2005 年我国电视研究理论聚焦》，《电视研究》，2006 年第 2 期。

陈力丹、王辰瑶、季为民：《艰难的新闻自律》，人民日报出版社 2010 年版。

陈力丹：《我国传媒业的职业道德意识与自律建设》，《现代传播》，2007 年第 1 期。

陈庆云、鄞益奋、曾军荣：《论公共管理中的公共利益》，《中国行政管理》，2005 年第 7 期。

陈锐雄：《民法总则新论》，三民书局 1982 年版。

陈弱水：《公共意识与中国文化》，新星出版社 2006 年版。

陈堂发主编：《媒介话语权解析》，新华出版社 2007 年版。
陈涛：《泡沫的盛宴》，中国计划出版社 2002 年版。
陈韬文等：《传媒的公共性是传媒研究的核心议题》，《传播与社会学刊》，2009 年第 8 期。
陈新民：《德国公法学基础理论（上）》，山东人民出版社 2001 年版。
陈映芳：《贫困群体利益表达渠道调查》，《战略与管理》，2003 年第 6 期。
陈煜儒：《向社会普及和提高公共意识——英伦巡礼之五》，《财经》，2005 年。
陈正荣：《集团之后，广电体制向何处去?》，《董事会》2007 年第 1 期。
陈忠：《序言》，《南风窗》，2003 年第 2 期。
迟福林：《第二次改革：中国未来 30 年的强国之路》，中国经济出版社 2010 年版。
迟福林：《公共需求变化与政府转型》，《中国经贸导刊》，2005 年第 17 期。
迟国维：《新闻停滞不前时，时评则迂回进攻》，《采写编》，2005 年第 1 期。
〔美〕大卫·克罗图、威廉·霍伊尼斯：《运营媒体：在商业媒体与公共利益之间》，董关鹏、金城译，清华大学出版社 2007 年版。
〔美〕戴尔·佩斯金（Dale Peskin），安德鲁·纳齐森（Andrew Nachison）：《新兴媒体重新构建全球化社会》，2006 年 5 月 3 日，http：//usinfo. org/media/NewMedia _ gb. htm。
〔英〕戴维·米勒、韦农·波格丹诺：《布莱克维尔政治学百科全书》，邓正来译，中国政法大学出版社 1992 年版。
〔美〕戴维·伊斯顿：《政治生活的系统分析》，王浦劬译，华夏出版社 1999 年版。
〔英〕丹尼斯·麦奎尔、〔瑞典〕斯文·温德尔：《大众传播模式论》，祝建华等译，上海译文出版社 1987 年版。
《邓小平文选》第 2 卷，人民出版社 1994 年版。
丁关根：《在人民日报国内记者工作会议上的讲话》，《1993 中国新闻年鉴》，中国社会科学出版社 1994 年版。
丁淦林：《中国新闻事业史新编》，四川人民出版社 1998 年版。
董天策、陈映：《信息公开与传媒变局——2008 年我国新闻实践的突破与启示》，《西南民族大学学报》，2009 年第 1 期。
董晓宇：《公共管理的由来及其与公共行政的内在差异——由传统公共行政到公共管理研究之一》，《北京行政学院学报》，2004 年第 1 期。
杜钢建：《知情权制度比较研究》，《中国法学》，1993 年第 2 期。
杜鹃：《政府信息公开化和调查性报道的困境与突破》，在《中国改革》杂志社举办的法律记者沙龙主讲发言，2007 年 5 月 27 日。
杜维明：《一阳来复》，上海文艺出版社 1997 年版。
段京肃：《媒介集团化的喜悦与尴尬》，《广播电视大学学报（哲学社会科学版）》，2004 年第 3 期。
〔美〕E. R. 克鲁斯克、B. M. 杰克逊：《公共政策词典》，唐理斌译，上海远东出版社 1992 年版。
〔英〕基思·福克斯：《政治社会学》，陈崎、耿喜梅、肖咏梅译，华夏出版社 2008 版。

高尚全、吴敬琏、汪丁丁：《推进整体改革议程——高尚全、吴敬琏、汪丁丁三人谈》，《中国改革》，2010 年第 4 期。

耿步健：《从马克思、恩格斯经典论述谈集体利益高于个人利益》，《求索》，2005 年第 9 期。

宫礼：《不要和记者作战——李希光谈政府与媒体沟通技巧》，《新安晚报》，2005 年 3 月 29 日。

顾昕、王旭：《从国家主义到法团主义——中国市场转型过程中国家与专业团体关系的演变》，《社会学研究》，2005 年第 2 期。

国家广电总局、商务部：《中外合资、合作广播电视节目制作经营企业管理暂行规定》，人民网，2004 年 11 月 28 日，http：//www. people. com. cn/GB/14677/40606/3038055. html。

国务院：《关于非公有资本进入文化产业的若干决定》，央视网，2005 年 8 月 8 日，http：//www. cctv. com/news/china/20050808/102504. shtml。

〔德〕哈贝马斯：《公共领域的结构转型》，曹卫东等译，学林出版社 1999 年版。

〔德〕哈贝马斯：《交往与社会进化》，张博树译，重庆出版社 1989 年版。

〔德〕尤尔根·哈贝马斯：《重建历史唯物主义》，郭官义译，社会科学文献出版社 2000 年版。

何清涟：《当前中国社会结构演变的总体性分析》，《书屋》，2000 年第 3 期。

何增科：《公民社会与民主治理》，中央编译出版社 2007 年版。

洪兵：《转型社会中的新闻生产》，复旦大学博士学位论文，2005。

胡鞍钢、张晓群：《中国传媒迅速崛起的实证分析》，《战略与管理》，2004 年第 3 期。

胡鞍钢：《第二次转型：国家制度建设》，清华大学出版社 2003 年版。

胡泳：《众声喧哗》，广西师范大学出版社 2008 年版。

胡正荣：《后 WTO 时代我国媒介产业重组及其资本化结果——对我国媒体发展的政治经济学分析》，《新闻大学》，2003 年第 3 期。

胡正荣：《媒介的现实与超越》，北京广播学院出版社 2004 年版。

胡正荣：《媒介寻租的背后》，《新闻周刊》，2003 年第 42 期。

胡正荣、张磊：《时代之印——中国媒介三十年》，陕西人民出版社 2008 年版。

华世平：《政治学》，中国人民大学出版社 2007 年版。

《中国社会结构滞后经济结构 15 年》，《华西都市报》，2010 年 1 月 9 日。

黄旦：《“耳目”与“喉舌”的历史性变化：中国百年新闻思想主潮论》，《新闻记者》，1998 年第 10 期。

黄恒学：《中国事业管理体制改革研究》，清华大学出版社 1998 年版。

黄学贤：《公共利益界定的基本要素及应用》，《法学》，2004 年第 10 期。

黄玉波、张金海：《从“部分剥离”走向“整体转制”——当前中国传媒产业体制改革趋向初探》，《新闻大学》，2006 年第 3 期。

黄玉波：《从部分剥离走向整体转制——当前中国传媒集团产业体制改革的一种思路》，人民网，2005 年 9 月 30 日，http：//media. people. com. cn/GB/40628/3740480. html。

〔美〕James W. Carey：《新闻教育错在哪里》，李昕译，《国际新闻界》，2002 年第

3 期。
〔美〕J. C. 亚历山大：《国家与市民社会一种社会理论的研究路径》，邓正来译，中央编译出版社 2002 年版。
〔美〕安德森：《公共决策》，唐亮译，华夏出版社 1990 年版。
〔美〕杰弗里·亚利山大：《社会学二十讲》，贾春增、董天民等译，华夏出版社 2000 年版。
贾品荣：《应畅通公共利益表达机制》，《中国经济时报》，2007 年 8 月 10 日。
〔美〕加布里埃尔·A·阿尔蒙德、小 G·宾厄姆·鲍威尔：《比较政治学：体系、过程和政策》，曹沛霖等译，上海译文出版社 1987 年版。
蒋俊明、阎静：《转型时期人民利益表达要求的变化及挑战》，《江苏大学学报（社会科学版）》2004 年第 6 期。
江涌：《防范权贵资本祸害》，《瞭望》，2007 年第 13 期。
江泽民：《高举邓小平理论伟大旗帜，把建设有中国特色社会主义事业全面推向二十一世纪（在中国共产党第十五次全国代表大会上的报告）》，《人民日报》，1997 年 9 月 12 日。
郑涵、金冠军：《十字路口：当代中国大众传媒产业发展再思考》，《社会科学》，2004 年第 8 期。
康晓光：《权力的转移——转型时期中国权力格局的变迁》，浙江人民出版社 1999 年版。
康晓光：《未来 3—5 年中国大陆政治稳定性分析》，《战略与管理》，2002 年第 3 期。
〔英〕卡伦·桑德斯：《道德与新闻》，洪伟等译，复旦大学出版社 2007 年版。
〔美〕科恩：《论民主》，聂崇信、朱秀贤译，商务印书馆 1988 年版。
〔英〕詹姆斯·卡伦：《媒体与权力》，史安斌、董关鹏译，清华大学出版社 2006 年版。
〔美〕科塞：《社会冲突的功能》，孙立平等译，华夏出版社 1989 年版。
〔美〕凯利·莱特尔、朱利安·哈里斯、斯坦利·约翰逊：《全能记者必备》，宋铁军译，中国人民大学出版社 2010 年版。
雷跃捷：《媒介批评》，北京大学出版社 2007 年版。
李大同：《冰点 '03》，西苑出版社 2004 年版。
〔美〕利普塞特：《政治人——政治的社会基础》，刘钢敏、聂蓉译，商务印书馆 1993 年版。
李彬、李漫编：《马克思主义新闻观拓展读本》，清华大学出版社 2008 年版。
李炳烁：《超越古典共和主义与自由主义》，《江苏大学学报（社会科学版）》，2006 年第 5 期。
李继东：《英国公共广播政策变迁与问题研究》，中国传媒大学出版社 2007 年版。
李金铨：《超越西方霸权》，牛津大学出版社（香港）2004 年版。
李金铨：《中国媒介的全球性和民族性：话语、市场、科技以及意识形态》，《二十一世纪》，2003 年 1 月。
李良荣：“传播与中国”复旦论坛之圆桌论坛，2009 年 12 月。
李良荣：《学术对谈：反思与展望（下）中国传媒改革开放三十周年笔谈》，《传播与社会学刊》，2008 年第 6 期。

李良荣：《公共利益是中国传媒业立足之本》，《新闻记者》，2007 年第 8 期。

李良荣：《李良荣自选集》，复旦大学出版社 2004 年版。

李良荣、林晖：《垄断・自由竞争・垄断竞争》，《新闻大学》，1999 年第 2 期。

李良荣：《论中国新闻改革的优先目标——写在新闻改革 30 周年前夕》，《现代传播》，2007 年第 4 期。

董天策：《新闻创新：迎接 WTO 挑战的必由之路》，《新闻界》，2001 年第 2 期。

李良荣：《十五年来新闻改革的回顾与展望》，《新闻大学》，1995 年第 1 期。

李培林等：《社会冲突与阶级意识》，社会科学文献出版社 2005 年版。

李强：《转型时期的中国社会分层结构》，黑龙江人民出版社 2002 年版。

李舒、季明：《虚拟世界“话语权”增强 新媒体产生巨大冲撞力》，《瞭望新闻周刊》，2009 年 2 月 16 日。

黎瑞刚：《你家里那台电视机革命了》，《南方周末》，2009 年 2 月 6 日。

李希光：《互联网与下一代美国主流媒体》，《科技潮》，2000 年第 5 期。

李希光：《畸变的媒体》，复旦大学出版社 2003 年版。

国际交流问题研究委员会编：《多种声音，一个世界》，中国对外翻译出版公司第二编译室译，中国对外翻译出版公司 1981 年版。

梁启超：《本馆第一百册祝辞并论报馆之责任及本馆之经历》，《清议报》，1901 年第 100 期。

梁漱溟：《中国文化要义》，学林出版社 1987 年版。

《列宁全集》第 26 卷，中共中央马克思恩格斯列宁斯大林著作编译局编译，人民出版社 1985 年版。

梁文道：《全国遍地是中央作者》，《南方周末》，2008 年 12 月 25 日。

林芬、赵鼎新：《霸权文化缺失下的中国新闻和社会运动》，《传播与社会学刊》，2008 年第 6 期。

林喆等：《腐败犯罪学研究》，北京大学出版社 2002 年版。

刘海龙：《谁之危机？何种危机？——以瓮安事件和晋宁事件为例》，第二届中国青年传播学者研讨会，2009 年。

刘连泰：《“公共利益”的解释困境及其突围》，《文史哲》，2006 年第 2 期。

刘先江：《“国家与社会”视野中的政府管理社会化研究》，华中师范大学博士学位论文，2006 年。

刘祖云：《社会转型：一种特定的社会发展过程》，《华中师范大学学报（哲学社会科学版）》，1997 年第 6 期。

刘祖云：《中国社会发展三论：转型・分化・和谐》，社会科学文献出版社 2007 年版。

卢昆、沈颖、徐列、迟宇宙：《一纸风行 20 年——在四个不同时期谈〈南方周末〉》，2004 年 4 月 14 日，http：//liangfeng6688.banzhu.net/article/liangfeng6688-47-532628.html。

陆晔、俞卫东：《传媒人的传媒观与伦理观》，《新闻记者》，2003 年第 4 期。

卢跃刚，罗强烈主编：《本报今日出击》，南方日报出版社 2001 年版。

陆晔、潘忠党：《成名的想象：中国社会转型过程中新闻从业者的专业主义话语建构》，《新闻学研究》，2002 年（总）第 71 期。

陆晔、俞卫东：《社会转型过程中新闻生产的影响因素——2002 上海新闻从业者调查报告之三》，《新闻记者》，2003 年第 3 期。

〔美〕罗伯特·达尔：《多头政体——参与和反对》，谭君久、刘惠荣译，商务印书馆 2003 年版。

〔美〕罗伯特·W·麦克切斯尼：《富媒体，穷民主》，谢岳译，新华出版社 2004 年版。

〔美〕罗伯特·W·麦克切斯尼：《传播革命》，高金萍译，上海译文出版社 2009 年版。

〔美〕约翰·罗尔斯：《正义论》，何怀宏等译，中国社会科学出版社 1988 年版。

罗世宏：《自由报业谁买单？新闻与民主的再思考》，《新闻学研究》（台湾），2008 年第 95 期。

〔美〕罗斯科·庞德：《通过法律的社会控制》，沈宗灵译，商务印书馆 1984 年版。

〔英〕罗素：《西方哲学史》，何兆武、李约瑟译，商务印书馆 1981 年版。

吕世伦：《现代西方法学流派》，中国大百科全书出版社 2000 年版。

罗以澄、刘兢：《论新闻传播中的公共利益原则》，《当代传播》，2006 年第 4 期。

麻宝斌：《公共利益与政府职能》，吉林人民出版社 2003 年版。

麻宝斌：《治道变革：公共利益实现机制的根本转变》，《吉林大学社会科学学报》，2002 年第 3 期。

《马克思恩格斯全集》，中文 1 版，（第 1 卷），中共中央马克思恩格斯列宁斯大林著作编译局编译，人民出版社 1956 年版。

《马克思恩格斯选集》，中文 1 版，（第 3 卷），中共中央马克思恩格斯列宁斯大林著作编译局编译，人民出版社 1995 年版。

《马克思恩格斯选集》，中文 1 版，（第 4 卷），中共中央马克思恩格斯列宁斯大林著作编译局编译，人民出版社 1995 年版。

《马克思恩格斯选集》，中文 1 版，（第 7 卷），中共中央马克思恩格斯列宁斯大林著作编译局编译，人民出版社 1995 年版。

《马克思恩格斯全集》，中文 1 版，（第 30 卷），中共中央马克思恩格斯列宁斯大林著作编译局编译，人民出版社 1995 年版。

〔德〕马克斯·韦伯：《经济与社会》（上卷），林荣远译，商务印书馆 1997 年版。

马少华：《冲突与宽容的言论生态——中美报纸言论版比较研究》，《国际新闻界》2002 年第 3 期。

〔美〕迈克尔·波特：《国家竞争优势》，李明轩、邱如美译，华夏出版社 2002 年版。

〔英〕丹尼斯·麦奎尔：《麦奎尔大众传播理论》，崔保国、李琨译，清华大学出版社 2009 年版。

Oh My Media：《〈南方周末〉之〈系统〉与中国媒体之“系统”》，http：//ohmy-media. com/2007/12/23/735/。

《毛泽东选集》第 4 卷，人民出版社 1991 年版。

〔法〕孟德斯鸠：《论法的精神》（上册），张雁深译，商务印书馆 1963 年版。

《南方周末》编者：《我的纸里包着你的火》，《南方周末》，2004 年 1 月 1 日。

《南方周末》编者：《致敬！2003中国传媒》，《南方周末》，2004年1月1日。

聂伟迅：《论20世纪中国全能主义政治及其成因》，《江汉论坛》，2007年第9期。

潘多拉：《“负面报道”之说也该寿终正寝了》，《燕赵都市报》，2008年2月16日。

潘忠党：《传媒的公共性与中国传媒改革的再起步》，《传播与社会学刊》，2008年第6期。

潘忠党：《新闻改革与新闻体制的改造——我国新闻改革实践的传播社会学之探讨》，《新闻与传播研究》，1997年第3期。

彭菊华等：《传播禁止论纲》，《新闻与传播研究》，2003年第2期。

钱蔚：《政治、市场与电视制度——中国电视制度变迁研究》，河南人民出版社2002年版。

〔美〕乔治·索罗斯：《索罗斯演讲，未来的路》，FT中文网，2009年10月，http://www.ftchinese.com/comments/index/001029659。

秦晖：《改革战略中的“尺蠖效应”》，《人民论坛》，2009年第15期。

秦晖：《中国的第二轮改革》，《招商周刊》，2007年第4期。

秋风：《什么扭曲了“公共利益”》，《经济管理文摘》，2005年第9期。

权衡：《中国社会转型：政治经济学的思考——哈佛大学著名中国问题专家托尼·赛奇教授访谈录》，《探索与争鸣》，2004年第3期。

〔比〕热若尔·罗兰：《转型与经济学》，张帆、潘佐红译，北京大学出版社2002年版。

人民论坛“千人问卷”调查组：《网络PK信访：什么是最有效的“减压阀”?》，《人民论坛》2009年15期。

任卫东、朱薇：《如此“控负”无异掩耳盗铃》，新浪网，2005年9月19日。

任贤良：《舆论监督的现状、问题与解决方法思考》，《中国记者》2005年第7期。

任仲平：《决定现代化命运的重大抉择》，《人民日报》，2010年3月1日。

荣敬本、何增科等：《从压力型体制向民主合作体制的转变——县乡两级政治体制改革》，中央编译出版社1998年版。

汝信、陆学艺、李培林：《2006年：中国社会形势分析与预测》，社会科学文献出版社2005年版。

〔美〕塞缪尔·亨廷顿：《变革社会中的政治秩序》，李盛平、杨玉生译，中国社会出版社1999年版。

单波：《反思与展望（下）：中国传媒改革开放三十周年笔谈》，《传播与社会学刊》，2008年第6期。

邵培仁、陈兵：《论中国报业集团管理改革中的十大悖论》，《新闻与传播评论》，2004年第4期。

〔美〕斯蒂格利茨：《自由、知情权和公共话语》，宋华琳译，《环球法律评论》，2002年第3期。

〔美〕西摩·马丁·李普塞特：《政治人——政治的社会基础》，上海人民出版社1997年版。

宋克明：《美英新闻法制与管理》，中国民主法制出版社1998年版。

沈荟：《公信力：传媒经济与伦理的融合——对美国主流商业新闻媒体经营观的思

考》，《中国传媒报告》，2004 年第 4 期。
沈原、孙武三：《“制度的形同异质”与社会团体发育》，中国青少年发展基金会编：《处于十字路口的中国社团》，天津人民出版社 2000 年版。
宋华琳：《美国广播管制中的公共利益标准》，《行政法学研究》，2005 年第 1 期。
苏力、陈春声：《中国人文社会科学三十年》，三联书店 2009 年版。
孙立平：《博弈：断裂社会的利益冲突与和谐》，社会科学文献出版社 2006 年版。
孙立平：《失衡——断裂社会的运作逻辑》，社会科学文献出版社 2004 年版。
孙立平：《首要的问题是利益表达》，《经济观察报》，2005 年 11 月 14 日。
孙立平：《我国贫富差距不断拉大的特征与原因》，《新远见》，2007 年第 3 期。
孙立平：《用新的思维重建社会秩序——孙立平访谈录》，《南方周末》，2007 年 12 月 13 日。
孙立平：《和谐社会：用制度规范利益表达》，《理论参考》，2006 年第 2 期。

孙立平：《转型与断裂——改革以来中国社会结构的变迁》，清华大学出版社 2004 年版。
孙立平：《总体性社会研究——对改革前中国社会结构的概要分析》，《中国社会科学季刊》，1993 年第 1 卷。
〔美〕孙隆基：《中国文化的深层结构》，广西师范大学出版社 2004 年版。
孙玉胜：《十年——从改变电视的语态说起》，三联书店 2003 年版。
〔法〕托克维尔：《论美国的民主》，董果良译，商务印书馆 1988 年版。
〔美〕唐：《中国民意与公民社会》，胡赣栋、张东锋译，中山大学出版社 2008 年版。
陶铠：《光明日报与真理标准讨论》，光明日报出版社 1999 年版。
童兵：《主体与喉舌》，河南人民出版社 1994 年版。
童大焕：《风险社会需要全新的稳定大局观》，博客网，2008 年 10 月 8 日，http：//www. blogchina. com/20081008612799. html。
童静蓉：《中国语境下的新闻专业主义社会话语》，《传播与社会学刊》，2006 年第 1 期。
〔美〕托德・吉特林：《新左派运动的媒介镜像》，华夏出版社 2007 年版。
万俊人：《罗尔斯的政治哲学遗产（上）》，《马克思主义与现实》，2006 年第 1 期。
汪晖：《“去政治化的政治”与大众传媒的公共性》，《传播与社会学刊》，2009 年第 8 期。
王贵秀：《政治体制改革为何不能缓行》，《煤炭经济研究》，2000 年第 5 期。
宏磊、谭震：《在第一时间抢占舆论制高点》，《对外传播》，2005 年第 10 期。
王缉思：《中国学者看世界——国家利益卷》，新世界出版社 2007 年版。
王建军：《保障公众的知情权与社会主义政治文明建设》，《四川大学学报（哲学社会科学版）》，2003 年第 3 期。
王坚平：《目击历史：〈新闻调查〉幕后的故事》，文化艺术出版社 1999 年版。
王君平：《我国民营传媒业的现状及 SWOT 分析》，人民网，2004 年 11 月 15 日，http：//www. people. com. cn/GB/14677/21963/39509/2987794. html。
汪凯：《转型中国：媒体、民意与公共政策》，复旦大学出版社 2005 年版。
王平：《中国传媒上市风云》，《今传媒》，2005 年第 7 期。

王绍光：《胡温改革：新的共识，新的走向》，《凤凰周刊》，2007年4月25日。

王绍光：《美国进步时代的启示》，中国财政经济出版社2002年版。

王伟光：《利益论》，中国社会科学出版社2010年版。

王学文：《中国传媒结构与市场份额分析》，《中华新闻报》，2003年9月1日。

王毓莉：《网路论坛与国家机器的碰撞：从三个新闻事件看大陆网路论坛对公共性的实践》，《新闻学研究》，2007年第92期。

王永生：《不同阶层收入日益扩大 调查称国家干部收入第一》，《法制晚报》，2010年1月8日。

王中汝：《利益表达与当代中国的政治发展》，《科学社会主义》，2004年第5期。

魏永征：《中国新闻传播法纲要》，上海社会科学院出版社1999年版。

魏永征等：《西方传媒的法制、管理和自律》，中国人民大学出版社2003年版。

温飚：《英国广播公司的改革之路》，《视听界》，2004年第5期。

文化部、广电总局、新闻出版署、发改委、商务部：《关于文化领域引进外资的若干意见》，新华网，2005年8月4日，http：//news. xinhuanet. com/newmedia/2005-12/14/content _ 3921001. html。

吴虹飞：《电视"老人"白岩松》，《南方人物周刊》，2007年第19期。

吴敬琏：《吴敬琏谈中国改革30年》，《小康》，2008年第4期。

吴敬琏：《呼唤法治的市场经济》，三联书店2007年版。

吴清：《国家——社会关系：变迁与发展的政治动力之迷》，《上海社会科学院学术季刊》，1994年第3期。

〔美〕西奥多·格拉瑟：《公共新闻事业的理念》，邬晶晶译，华夏出版社2009年版。

席恒：《利益、权力与责任》，中国社会科学出版社2006年版。

席佳琳：《默多克呼吁中国开放媒体》，FT中文网，2009年10月10日，http：//www. ftchinese. com/story/001029107。

夏倩芳：《公共利益与广播电视规制》，武汉大学博士论文，2004年。

萧功秦：《一个并不奢侈的心愿：对孙志刚案件的反思》，《社会科学报》，2003年6月12日。

萧功秦：《中国的大转型——从发展政治学看中国变革》，新星出版社2008年版。

笑蜀：《中国社会的两极振荡与传播革命》，《社会参考》，2009年第10期。

笑蜀：《市场化媒体是公民社会的主心骨》，《南方传媒研究》，2009年4月23日。

谢静：《论受众的"经济人"性质》，《薪继火传》，复旦大学出版社1999年版。

谢岳：《大众传媒与民主政治》，上海交通大学出版社2005年版。

谢岳：《当代中国政治沟通》，上海人民出版社2006年版。

新浪财经：《财新传媒正式成立 首推媒体公信力委员会》，新浪网，2010年3月25日，http：//finance. sina. com. cn/roll/20100326/10497639067. shtml。

新闻出版署报刊司：《中国报业发展年度报告（2005）》，人民网，2005年9月30日，http：//media. people. com. cn/BIG5/22114/45733/53735/3733536. html。

新闻战线编辑部、北京新闻学会：《人民日报编辑委员会向中央的报告》，《报纸工作研究参考资料》，1985年第4期。

〔美〕新闻自由委员会：《一个自由而负责的新闻界》，展江等译，中国人民大学出版社 2004 年版。
徐寿松等：《中国富豪的“财富地图”》，《瞭望》2012 年第 10 期。
徐显明主编：《人权研究》第 2 卷，山东人民出版社 2002 年版。
徐迅：《暗访与偷拍：记者就在你身边》，中国广播电视出版社 2003 年版。
徐勇：《市民社会：现代政治文化的原生点》，《天津社会科学》，1993 年第 4 期。
薛冰：《个人偏好与公共利益的形成》，《西北大学学报（哲学社会科学版）》，2003 年第 4 期。
薛晓源、刘国良：《全球风险世界：现在与未来——德国著名社会学家、风险社会理论创始人乌尔里希·贝克教授访谈录》，《马克思主义与现实》，2005 年第 1 期。
〔古希腊〕亚里士多德：《政治学》，吴寿彭译，商务印书馆 1983 年版。
燕继荣：《发展政治学》，北京大学出版社 2006 年版。
颜运秋、石新中：《论法律中的公共利益》，《中国人民公安大学学报（社会科学版）》，2004 年第 4 期。

杨峰：《财产征收中“公共利益”如何确定》，《法学》，2005 年第 10 期。
杨建顺：《日本行政法通论》，中国法制出版社 1998 年版。
杨鹏：《中国社会当前的主要矛盾是什么》，《中国青年报》，2005 年 11 月 16 日。
杨雪冬：《全球化、风险社会与复合治理》，《马克思主义与现实》2004 年第 4 期。
杨寅：《公共利益的程序主义考量》，《法学》2004 年第 10 期。
姚洋：《转轨中国：审视社会公正和平等》，中国人民大学出版社 2004 年版。
殷大奎：《关于建立公平高效的卫生医疗服务体系》，2006 年 9 月 20 日，新浪网，http：//finance. sina. com. cn/hy/20060920/15262932019. shtml。
喻国明：《我国新闻工作者职业意识与职业道德调查报告》，《民主与科学》，1998 年第 3 期。
于建嵘：《“信访悖论”及其出路》，《南风窗》，2009 年第 8 期。
于建嵘：《技术性的减压方式不能治本》，人民网，2009 年 8 月 11 日，http：//theory. people. com. cn/GB/41038/9831966. html。
于建嵘：《中国的社会泄愤事件与管治困境》，《当代世界与社会主义》，2008 年第 1 期。
于建嵘：《利益博弈与抗争性政治——当代中国社会冲突的政治社会学理解》，《中国农业大学学报（社会科学版）》，2009 年第 1 期。
俞可平：《民主与陀螺》，北京大学出版社 2006 年版。
俞可平：《全球化时代的政治管理模式》，《方法》，1999 年第 1 期。
俞可平：《社群主义》，中国社会科学出版社 1998 年版。
俞可平：《中国公民社会的兴起与治理的变迁》，社会科学文献出版社 2002 年版。
俞可平：《中国治理变迁 30 年（1978—2008）》，《吉林大学社会科学学报》，2008 年第 3 期。
郁建兴、徐越倩：《从发展型政府到公共服务型政府》，《马克思主义与现实》，2004 年第 5 期。
喻国明：《方向比速度更重要》，《国际公关》，2009 年第 2 期。
喻国明：《传媒的“语法革命”：解读 Web2. 0 时代传媒运营新规则》，南方日报出版社 2007 年版。

喻国明：《中国传媒业发展的关键与“问题单”——兼论传媒体制改革的现实性与迫切性》，《新闻记者》，2003 年第 3 期。

喻国明等：《中国媒体：责任与方向》，《南方周末》，2003 年 2 月 27 日。

袁方等：《社会学家的眼光：中国社会结构转型》，中国社会出版社 1998 年版。

曾繁旭：《国家控制下的 NGO 议题建构：以中国议题为例》，《传播与社会学刊》，2009 年第 8 期。

曾庆香、李蔚：《论发泄型群体性事件的信息传播特征与媒体报道》，第二届中国青年传播学者研讨会，2009 年。

曾子墨：《劫后定州目击》，《凤凰周刊》（香港），2005 年 7 月 4 日。

展江：《警惕传媒的双重“封建化”》，《青年记者》，2005 年第 3 期。

展江：《审慎而积极地调整国家—媒体关系——胡锦涛在人民日报社考察工作时的讲话解读》，《国际新闻界》，2008 年第 7 期。

展江：《舆论监督在中国》，《青年记者》，2009 年第 31 期。

〔英〕詹姆斯·卡伦，《大众媒介与社会》，杨击译，华夏出版社 2006 年版。

〔美〕詹姆斯·M·布坎南等：《同意的计算——立宪民主的逻辑基础》，陈光金译，中国社会科学出版社 2000 年版。

张朝阳：《不完全的市场经济时刻在妨碍竞争》，《东方企业家》，2010 年第 3 期。

张朝阳：《90 年代以来中国传媒变革研究》，吉林大学博士学位论文，2006 年。

张朝阳、宁亚梅：《“终审权寻租”与“地方控负”：论舆论监督的制度困境》，《中共长春市委党校学报》，2007 年第 2 期。

张成福：《重建公共行政的公共理论》，《中国人民大学学报》，2007 年第 4 期。

张洁：《转型期的媒体诉求》，《新闻大学》，2009 年第 4 期。

张宁：《中国转型时期政府形象的媒介再现》，复旦大学博士学位论文，2007 年。

张淑华：《评论符号权力的生成与“公民写作”期待》，《郑州大学学报（哲学社会科学版）》，2006 年第 5 期。

张建中：《政治、权力与选举：大众媒介与墨西哥的民主转型》，中国传媒大学博士学位论文，2009 年。

张金海：《传媒公共性与公共性传媒——兼论传媒结构的合理建构》，《武汉大学学报（人文科学版）》，2007 年第 6 期。

中国青少年发展基金会、非营利组织研究委员会编：《扩展中的公共空间》，天津人民出版社 2002 年版。

章平；《大众传媒上的公共商议》，第二届中国青年传播学者研讨会，2009 年。

张千帆：《“公共利益”的构成——对行政法的目标以及“平衡”的意义之探讨》，《比较法研究》，2005 年第 5 期。

张玉堂：《利益论》，武汉大学出版社 2001 年版。

张咏华：《中外网络新闻业比较》，清华大学出版社 2004 年版。

张志安：《编辑部场域中的新闻生产》，复旦大学博士论文，2006。

张志安：《新闻生产中的“自我审查”——以 2008 年“毒奶粉”等事件为个案》，第二届中国青年传播学者研讨会，2009 年。

张志安、陆晔：《记者“权力寻租”中的社会资本转换及其伦理边界》，《国际新闻界》，2008 年第 10 期。

赵成根：《民主与政治决策研究》，黑龙江人民出版社 2000 年版。

赵鼎新：《社会与政治运动讲义》，社会科学文献出版社 2006 年版。

赵金：《媒体的“评论时代”》，《青年记者》，2008 年第 11 期。

赵凯、陶文静：《2008 年新闻伦理与职业道德研究综述》，《新闻记者》，2009 第 6 期。

赵玉红：《论新闻自由权》，《山西省政法管理干部学院学报》，2004 年第 1 期。

赵月枝：《公众利益、民主与欧美广播电视的市场化》，《新闻与传播研究》，1998 年第 2 期。

赵月枝：《批判·理性·正气》，人民网，2004 年 2 月 10 日，http：//www. people. com. cn/GB/14677/21965/22072/2329964. html。

赵月枝：《国家、市场与社会：从全球视野和批判角度审视中国传播与权力的关系》，《传播与社会学刊》，2007 年第 2 期。

赵月枝：《西方媒体的新自由主义转型与民主“赤字”》，中华传媒网，2010 年 3 月 10 日。

〔美〕珍妮特·V·登哈特、罗伯特·B·登哈特：《新公共服务：服务，而不是掌舵》，丁煌译，中国人民大学出版社 2004 版。

郑保卫、陈绚：《传媒人对“有偿新闻”的看法——中国新闻工作者职业道德调查报告》，《新闻记者》，2004 年第 5 期。

郑廷鑫：《当校长遇上县长》，《南方人物周刊》，2008 年第 3 期。

中共中央办公厅：《中央宣传部、国家广电总局、新闻出版总署〈关于深化新闻出版广播影视业改革的若干意见〉的通知》（“17 号文件”），新华网，2003 年 12 月 30 日。

中国社会科学院新闻研究所：《中国共产党新闻工作文件汇编》，新华出版社 1980 年版。

周葆华：《从〈南方周末〉看中国大陆时政报道的变迁》，首届中国新闻传播学科研究生学术年会论文，2003 年。

周劲：《传媒治理——理论与模式的中国式建构》，人民出版社 2008 年版。

周俊：《试析我国现行新闻职业规范——以〈中国新闻工作者职业道德准则〉为例》，《国际新闻界》，2008 年第 8 期。

朱成君：《“三个代表”与政治文明：政治合法性的两个支点》，《重庆社会主义学院学报》，2003 年第 3 期。

朱新力、黄金富：《论公共利益》，《浙江工商大学学报》，2004 年第 5 期。

庄永志：《迟滞中前行》，《新闻大学》，2009 年第 4 期。

邹东涛：《政治体制改革的目标：实现社会主义民主》，《学习时报》，2008 年 5 月 21 日。

英文部分：

Bennett and Serrin（2005），“The Watchdog Role”，in G. Overholser and K. Jamieson (Eds)，*Institutions of American Democracy*：*The Press*，New York：Oxford University Press.

Blumen，H. （1979），“The mass，the public and public opinion”，in A. M. Lee (ed), *New Outlines of the Principles of Sociology*, New York: Barnes and Noble.

Cook, Timothy (2005), "The Function of the Press in A Democracy" . in G. Overholser and K. Jamieson (Eds), *Institutions of American Democracy: The Press*, New York: Oxford University Press.

Croteau, D. & Hoynes, W. (2001), *The Business of Media: Corporate Media and the Public Interest*, California: Pine Forge Press.

Curran, James (2005a), "What Democracy Requires of the Media", in G. Overholser and K. Jamieson (Eds), *Institutions of American Democracy: The Press*, New York: Oxford University Press.

Curran, James (2005b), "Mediations of Democracy", in J. Curran and M. Gurevitch (Eds), *Mass Media and Society* (4th E dition), London: Arnold.

Davies James C. (1962), "Toward a Theory of Revolution", *American Sociological Review*.

Evan Osnos, The Forbidden Zone, *The New Yorker*, July 20, 2009.

Friedrich. Carl J., *Constitutional Government and Democracy*, Boston: Jinn and Company, 1950.

Gans, H. J. (2003), *Democracy and News*, NewYork: Oxford University Press.

Garnham, Nicholas (1992), "The Media and the Public Sphere", in Craig Calhoun (ed.), *Habermas and the Public Sphere*, Cambridge: MIT Press.

Gunther and Mughan (2000, Eds), *Democracy and the Media*, Cambridge: Cambridge University Press.

Hallin, Daniel (2000), "Media, Political Power, and Democratization in Mexico", in J. Curran and M. J. Park (Eds), *De-Westernizing Media Studies*, London: Routledge.

Harvey, D. (2003), *The New Imperialism*. Oxford, UK: Oxford University Press.

Herman, Edward S. and Noam Chomsky (1988), *Manufacturing Consent: The Political Economy of the Mass Media*, New York: Pantheon Books.

Ian O'Flynn (2006), *Deliberative Democracy and Divided Societies*, Edinburgh University Press.

Lin, F. (2008, August. 4), *Turning Gray: Changes of News in China*. Presentation at American Sociological association annual Meeting, Boston, Ma.

Oberschall, Anthony (1973), *Social Conflict and Social Movements*. Englewood Cliffs, NJ.: Prentice-Hall.

Peter Golding, Graham Murdock (1996), "Culture, Communications and Political Economy", *Mass Media and Society*, edited by James Curran and Michael Gurevitch, Arnold.

Rivers L. William and Mathews Cleve (1998), *Ethics for the Media*, New Jersey: Prentice Hall.

Ryan, Charlotte (1991), *Prime Time Activism*. Boston, MA: South End Press.

Sorauf, Frank J., "The Public Interest Reconsidered." *The Journal of Politics*,

Vol 19, 1957.

Stone Lawrence (1969), "Literacy and Education in English, 1640-1990." *Past and Present*.

Thorson, Esther (2005), "Mobilizing Citizen Participation", in G. Overholser and K. Jamieson (Eds), *Institutions of American Democracy: The Press*, New York: Oxford University Press.

Tracey, M. (1998), *The Decline and Fall of Public Service Broadcasting*, Oxford: Clarendon Press.

Waisbord, S. (2000), *Watchdog Journalism in South America: News Accountability and Democracy*, New York: Columbia University Press.

Zhao Yuezhi, "Watchdogs on Party Leashes? Contexts and Implications of Investigative Journalism in post-Deng China", *Journalism Studies* Volume 1, No. 4, Nov. 2000.

Zhao Yuezhi (2000), "From Commercialization to Conglomeration: The Transformation of the Chinese Press within the Orbit of the Party State", *Journal of Communication*, 50 (2) .

图书在版编目（CIP）数据

转型社会中的大众传媒与公共利益/刘必华著．
—北京：中国传媒大学出版社，2017.1
（新闻传播学丛书/李珮主编）
ISBN 978-7-5657-1733-8

Ⅰ.①转…
Ⅱ.①刘…
Ⅲ.①大众传播—传播媒介—关系—公共管理—利益—中国
Ⅳ.①G206.2

中国版本图书馆 CIP 数据核字（2016）第 133855 号

新闻传播学丛书
转型社会中的大众传媒与公共利益
ZHUANXING SHEHUI ZHONG DE DAZHONG CHUANMEI YU GONGGONG LIYI

著　　者　刘必华
策划编辑　姜颖昳
责任编辑　姜颖昳　司马兰
特约编辑　魏　征
装帧设计　拓美设计
排　　版　楠竹文化
责任印制　曹　辉

出版发行　中国传媒大学出版社
社　　址　北京市朝阳区定福庄东街 1 号　　邮编：100024
电　　话　86-10-64450532 或 65450528　　传真：010-65779405
网　　址　http://www.cucp.com.cn
经　　销　全国新华书店

印　　刷　北京中科印刷有限公司
开　　本　787mm×1092mm　1/16
印　　张　10.25
字　　数　253 千字
版　　次　2017 年 1 月第 1 版　2017 年 1 月第 1 次印刷

书　　号　ISBN 978-7-5657-1733-8/G·1733　　**定　　价**　48.00 元